Liebe Jana,

es ist endlich geschafft.

Viel Spaß beim Lesen!

Sebastian

Schriftenreihe

# Strategisches Management

Band 182

ISSN 1617-7762

Verlag Dr. Kovač

# Die Organisation von Social Businesses

# Eine explorative Analyse zum Management von Menschen mit Handicap

Von der Fakultät

Wirtschaftswissenschaften

der Leuphana Universität

Lüneburg

zur Erlangung des Grades

Doktor der Wirtschafts- und Sozialwissenschaften (Dr. rer. pol.)

genehmigte

Dissertation

von

Sebastian Göse

geb. am 08.11.1980 in Berlin

Eingereicht am: 18.03.2014

Mündliche Prüfung am: 06.03.2015

Erstgutachter: Prof. Dr. Reihlen

Zweitgutachter: Prof. Dr. Kahle

Drittgutachter: Dr. Krzeminska


Prüfungsausschuss: Prof. Dr. Reihlen, Vors.

Prof. Dr. Kahle

Dr. Krzeminska



Erschienen unter dem Titel:

Die Organisation von Social Businesses
Eine explorative Analyse zum Management von Menschen mit Handicap


Druckjahr: 2015

im Verlag Dr. Kovač

Sebastian Göse

# Die Organisation von Social Businesses

*Eine explorative Analyse zum Management
von Menschen mit Handicap*

**Verlag Dr. Kovač**

**Hamburg**
**2015**

# VERLAG DR. KOVAČ GMBH
### FACHVERLAG FÜR WISSENSCHAFTLICHE LITERATUR

Leverkusenstr. 13 · 22761 Hamburg · Tel. 040 - 39 88 80-0 · Fax 040 - 39 88 80-55

E-Mail info@verlagdrkovac.de · Internet www.verlagdrkovac.de

**Bibliografische Information der Deutschen Nationalbibliothek**
Die Deutsche Nationalbibliothek verzeichnet diese Publikation
in der Deutschen Nationalbibliografie;
detaillierte bibliografische Daten sind im Internet
über http://dnb.d-nb.de abrufbar.


ISSN: 1617-7762

ISBN: 978-3-8300-8784-7

Zugl.: Dissertation, Leuphana Universität Lüneburg, 2015

© VERLAG DR. KOVAČ GmbH, Hamburg 2015

# Inhaltsverzeichnis

# Abbildungsverzeichnis

# Tabellenverzeichnis

# Verzeichnis der Anhänge

# 1 Einleitung

## 1.1 Problemstellung und Zielsetzung der Arbeit

Die Konzepte des freien Marktes und des Kapitalismus führten in vielen Gesellschaften zu mehr Freiheit und Prosperität (Ghalib & Hossain, 2008). So ebnete der Kapitalismus durch den freien Wettbewerb den Weg für einen starken gesellschaftlichen Fortschritt. Auch nach dem Fall der innerdeutschen Mauer und der kommunistischen Systeme wurde der Kapitalismus als Lösung für eine Vielzahl von Problemen angesehen (Ghalib & Hossain, 2008). Es zeigte sich jedoch, dass der Kapitalismus das soziale und ökonomische Ungleichgewicht verstärkt (Beckmann, 2011).

Diese Spanne zwischen dem wohlhabenden und dem armen Teil der Bevölkerung steigt weltweit, und insbesondere die Entwicklungsländer profitieren nur wenig vom Fortschritt in den letzten Jahren. Daraus resultieren gravierende globale Probleme wie Hunger, Armut, Diskriminierung, Umweltverschmutzung oder Krankheiten, die teilweise ein größeres Ausmaß annehmen, als je zuvor in der Geschichte der Menschheit (Spiegel, 2011a). Daher wird der Kapitalismus in der heutigen Form nicht als geeignet eingestuft, um die gesellschaftliche Wohlfahrt langfristig zu sichern (Yunus, 2003). Er sollte allerdings nicht abgeschafft, sondern an einigen Stellen nachjustiert werden (Yunus, 2003). Unternehmer der heutigen Zeit „[…] are dedicated to only one mission in their business lives – to maximize profit. This interpretation of capitalism insulates entrepreneurs from all political, emotional, social, spiritual and environmental dimensions of their lives" (nobelprize.org). Um nun Werte zu schaffen, die die Welt nachhaltig verbessern, muss innerhalb der Politik und Wirtschaft ein Umdenken herbeigeführt werden. Einen Startpunkt, um die größten Probleme unserer Gesellschaft zu lösen, können die von den Vereinten Nationen im Jahr 2001 formulierten Millennium-Entwicklungsziele für die globale Zukunftssicherung bilden (Binagwaho & Sachs, 2005). Es erfolgte eine stärkere Sensibilisierung der Bevölkerung in den Industrienationen für benachteiligte Menschen und Bedürftige. So entstanden neue Organisationen im sozialen Sektor, die sich das Ziel gesetzt haben, diesen Menschen zu helfen: Beispielsweise stellte eine Supermarktkette mit über 100 Filialen in Deutschland viele Menschen mit Handicap an, um deren Inklusion in die Gesellschaft zu fördern (CAP-Markt). Es wird nötig, entsprechende Geschäftsmodelle zu schaffen und dadurch Konzepte zu entwickeln, die eine Erreichung der Entwicklungsziele ermöglichen.

Das von Muhammad Yunus entwickelte Konzept der Social Businesses baut auf diesen Zielen auf und liefert einen möglichen Lösungsansatz für eine neue *Parametrisierung* der kapitalistischen Wirtschaftsordnung. Diese Unternehmen zielen primär auf die Stiftung eines gesellschaftlichen Nutzens im Sinne der Millennium-Entwicklungsziele ab und stellen die ökonomische Überlebensfähigkeit an die zweite Stelle. Social Businesses sind somit marktwirtschaftlich arbeitende Unternehmen, die primär eine soziale Mission erfüllen (Wilson & Post, 2011). Das Überleben eines Social Businesses soll dabei, unabhängig von Spenden und anderen externen monetären Zuwendungen, aus der wirtschaftlichen Tätigkeit des Unternehmens gesichert werden (Yunus & Weber, 2010; Yunus, 2009). Sie lösen somit die in der Betriebswirtschaftslehre bisher vertretenen Ansätze der zahlungsstrommaximierenden Monozielorientierung der Kapitalgeber auf. Im Rahmen dieses Konzeptes gründete Yunus im Jahr 1983 die Grameen Bank, die Mikrokredite an Bedürftige vergibt, damit sie ein eigenes Unternehmen gründen können. Dafür erhielt Yunus 2006 den Friedensnobelpreis. Nicht zuletzt in Verbindung mit dieser Auszeichnung erlangte das Konzept sowohl in der Wissenschaft als auch in der Praxis eine hohe Bedeutung (Beckmann, 2011).

Neben den Aufgaben in den Entwicklungsländern existieren auch in den Industrienationen viele Probleme, die mit Hilfe von Social Businesses gelöst werden können. So setzt sich das Konzept mittlerweile weltweit durch. Einige Länder wie Großbritannien oder die USA adaptierten es relativ schnell, so dass dort mittlerweile rechtliche Rahmenbedingungen zur Gründung eines Social Businesses existieren. In Deutschland allerdings gab es nach 2006 zunächst nur wenige Aktivitäten in diesem Bereich. Dies liegt auf der einen Seite darin begründet, dass die nach dem zweiten Weltkrieg stark ausgebauten sozialen Systeme in Deutschland in einigen Bereichen mit den Produkten und Dienstleistungen von Social Businesses konkurrieren. Andererseits wird der soziale Sektor in Deutschland bisher als ein Bereich angesehen, in denen eher Nichtregierungsorganisationen oder öffentliche Organisationen der Kirche oder des Staates tätig sind. Dabei wird unterschätzt, dass Social Businesses im Gegensatz zu Hilfsorganisationen einen Profit erwirtschaften und somit marktwirtschaftlich nachhaltig existieren können (Beckmann, 2011).

Die globale Wirtschaftskrise von 2008 bewirkte in Deutschland ein Umdenken, da in die Rettung von Unternehmen investiert wurde und weniger finanzielle Mittel für Sozialleistungen zur Verfügung standen (Baker, 2011). Daher stieg die Nachfrage nach Gründerinnen und Gründern, die ein Social Business aufbauen möchten (Volkmann, Tokarski, & Ernst, 2012), und ein Umdenken der Unternehmen sowie der Politik begann. So entstehen mittlerweile in immer neuen Bereichen wie Handwerk, Gastronomie oder Bildung Social Businesses, die sich zum Ziel setzen, die Gesellschaft durch ihr unternehmerisches Handeln nachhaltig positiv zu verändern. Das Beispiel *Dialog im Dunkeln* zeigt, wie mit Hilfe eines Social Business Funktionen des Staates, wie beispielsweise die Integration von Behinderten, übernommen werden: In Form einer Ausstellung, die in vollständig abgedunkelten Räumen stattfindet, wird sehenden Menschen der Alltag von Blinden durch Geräusche, Gerüche und Texturen nähergebracht. Dadurch steigt die gesellschaftliche Akzeptanz Sehbehinderter und trägt zu ihrer Integration bei. Gleichzeitig bietet ihnen *Dialog im Dunkeln* einen interessanten Arbeitsplatz. Ein weiteres Beispiel ist in diesem Zusammenhang die *wellcome* gGmbH, durch die Eltern aktive Unterstützung von Ehrenamtlichen erhalten, um die Probleme und Herausforderungen, die ein neugeborenes Kind mit sich bringt, zu lösen. So werden Einkäufe übernommen oder Kinder betreut, um den Eltern eine spürbare Entlastung in der familiären Übergangssituation zu gewähren.

Die Struktur und die Abläufe von Social Businesses unterscheiden sich dabei von konventionellen Unternehmen (Wilson & Post, 2011; Yunus, Moingeon, & Lehmann-Ortega, 2010; Yunus & Weber, 2010). In der wissenschaftlichen Diskussion werden die Struktur und das Management von

Social Businesses in wenigen Aufsätzen bzw. Sammelbänden erläutert
(Grove & Berg, 2014; Beckmann, Zeyen, & Krzeminska, 2014; Wilson &
Post, 2011; Billis, 2010; Brandsen, Dekker, & Evers, 2010). Es zeigt sich
jedoch ein Defizit in der ausführlichen Darstellung der Geschäftsabläufe,
der Analyse der Mechanismen und der Definition von Herausforderungen
dieser neuartigen Organisationen und damit ein erheblicher Forschungsbedarf in diesem aufstrebenden und relevanten Forschungsfeld.

Die soziale Ausrichtung verändert die Art des Arbeitens und die Koordination innerhalb der Organisation und öffnet den Weg für Innovationen.
Durch diese unternehmerische Kreativität, mehr Effizienz und weniger Bürokratie sind Social Businesses Teil der Wirtschaft und bieten deutliche
Vorteile gegenüber subventionsabhängigen Sozialleistungen oder Spenden
(Spiegel, 2011a). Sie bringen aber auch Nachteile wie mangelnde finanzielle sowie personelle Ressourcen oder unzureichende Erfahrung. Deshalb
müssen Social Businesses nicht nur im gesellschaftlichen sondern ebenfalls
im wirtschaftlichen Sinne innovativ agieren. Alle Entscheidungen werden
dabei auf Grundlage des gesellschaftlichen Zieles getroffen, wobei das
nachhaltige Überleben am Markt gewährleistet sein muss (Grove & Berg,
2014). Social Businesses stehen somit stärker im Spannungsfeld zwischen
der gesellschaftlichen und ökonomischen Ausrichtung als andere Unternehmen und müssen diesen Widerspruch in den Zielstellungen auflösen
(Pache & Santos, 2013; Spiegel, 2011a). Die Mechanismen im Umgang mit
diesem Widerspruch sowie die hieraus resultierenden Strukturen und Abläufe unterscheiden sich von konventionellen Unternehmen, wurden jedoch
bisher in der Literatur nur andeutungsweise untersucht (Dacin, Dacin, &
Matear, 2010).

Einige Social Businesses basieren auf der Integration von Menschen mit
Handicap. Diese sind nur unzureichend in die Gesellschaft integriert, da
viele öffentliche Orte für sie nicht zugänglich sind und sie bestimmte Arbeiten nicht ausführen können, wodurch oft eine Diskriminierung entsteht.
Im Jahr 2011 betrug die Arbeitslosigkeit unter Schwerbehinderten in
Deutschland 28 % (Statistisches Bundesamt, 2013). Dieses gesellschaftliche Problem haben Unternehmerinnen und Unternehmer erkannt und gründeten Social Businesses wie *Dialog im Dunkeln*, *discovering hands*, *auti-*

*con, Specialisterne* oder *Passwerk* mit einer Strategie, die Menschen mit Handicap besser in die Gesellschaft integrieren (siehe auch Kapitel 4.1.2 und 5.4).

Hierbei gilt es, die spezifischen Besonderheiten des Umgangs mit Menschen mit Handicap zu beachten. Einerseits setzt sich jedes Unternehmen aus vielen verschiedenen Individuen zusammen, die jeweils individuelle Bedürfnisse und Verhaltensweisen aufweisen. Eine Organisation muss dieses Individualverhalten aufeinander abstimmen und zielgerichtet einsetzen. Bei Unternehmen, die viele Menschen mit Handicap beschäftigen, besteht hierbei eine größere Herausforderung als in anderen Unternehmen, weil die Heterogenität durch die verschiedenen Beeinträchtigungen deutlich größer ausfällt und diese Menschen eine individuelle Betreuung erfahren müssen.

Auf der anderen Seite besitzen die Menschen mit Handicap teilweise Eigenschaften, wodurch sie anderen Menschen überlegen sind. So existieren mittlerweile drei Unternehmen in Europa, die das ausgeprägte analytische Denken und die hohe Konzentrationsfähigkeit von Autisten nutzen, um eine Beratungsleistung anzubieten (www.auticon.de, www.specialisterne.com, www.passwerk.de). Beim Social Business *discovering hands* beispielsweise helfen Sehbehinderte mit ihrem sensiblen Tastsinn Brustkrebs bereits im Frühstadium zu erkennen (www.discovering-hands.de). Menschen mit Handicap können daher als Einflussfaktor auf die Struktur einer Organisation angesehen werden.

Bisherige Untersuchungen zu Menschen mit Handicap zeigen, wie Werkstätten funktionieren (Bieker, 2005), wie eine bessere Integration aus soziologischer Sicht erfolgen könnte (Hinte, 2006; Kubek, 2012) oder wie Menschen besser in konventionelle Unternehmen integriert werden können (Böhm, Dwertmann, & Baumgärtner, 2010). Social Businesses lassen sich mit ihrer gesellschaftlichen und zugleich ökonomischen Ausrichtung genau zwischen Werkstätten und konventionellen Unternehmen verorten, wozu es bisher noch keine Untersuchung gab. Insbesondere in der hohen Relevanz der Thematik begründet gilt es, diese Lücke in der Literatur zu schließen.

Vor dem Hintergrund der dargestellten Defizite in der Entrepreneurship-Forschung zu Aufbau und Abläufen von Social Businesses und im Speziellen zu Social Businesses, die auf der Integration von Menschen mit Handicap aufbauen, soll die vorliegende Arbeit zur Füllung dieser Forschungslücken und zur weiteren Erschließung dieses relevanten Forschungsfeldes beitragen.

Basierend auf der sich ergebenden Frage, welche Änderungen sich im Management und der Organisation eines Unternehmens ergeben, wenn es primär ein soziales Ziel verfolgt, sind der Arbeit vier Zielsetzungen zugrunde gelegt:

Erstens soll das Verständnis von Social Businesses durch die reichhaltigen Informationen aus Interviews und Beobachtungen verbessert werden, die in einer Fallstudie zusammengetragen werden.

Zweitens sollen die organisationalen Reaktionen des dargestellten Social Businesses auf den Konflikt zwischen der sozialen und der kommerziellen Logik untersucht und theoretisch fundiert werden.

Drittens soll der typische Aufbau eines Unternehmens mit primär gesellschaftlicher Zielstellung dargestellt werden. Eine solche Abstraktion kann den Einfluss auf die Struktur einer Organisation verdeutlichen, der durch ein primär soziales Ziel und die Arbeit mit Menschen mit Handicap ausgeübt wird.

Darauf aufbauend sollen viertens zukünftige Herausforderungen von Social Businesses und speziell von Social Businesses, die Menschen mit Handicap beschäftigen, herausgearbeitet und eine übergreifende Reflexion des Falles vorgenommen werden.


## 1.2  Aufbau der Arbeit

Die vorliegende Arbeit gliedert sich in einen theoretischen und einen empirischen Teil. Im ersten Teil werden nach einer kurzen Einführung die theoretischen Grundlagen von Social Businesses und der Theorien, auf denen die Auswertungen basieren, erörtert.

Um eine Abgrenzung und ein besseres Verständnis für das Social Business-Konzept zu erhalten, wird zunächst die terminologische Abgrenzung der genutzten Schlüsselbegriffe Social Entrepreneurship und Social Enterprise vorgenommen. Hierbei kann Social Entrepreneurship als ein Oberbegriff (Mair & Marti, 2006) und Social Enterprise als eine spezialisierte Form (Defourny & Nyssens, 2010) von Social Businesses angesehen werden. In einem weiteren Abschnitt (Kapitel 2.1.3) wird der Begriff Social Business detailliert betrachtet. Hier wird die geeignete Definition als Grundlage dieser Arbeit herausgearbeitet und die Bedeutung des Sektors in Abgrenzung zu konventionellen Unternehmen vorgestellt. Die Kürzungen der Sozialleistungen in Deutschland werden als Argument noch einmal aufgegriffen und vertiefend erläutert, um die gesellschaftliche und ökonomisches Bedeutung von Social Businesses herauszustellen.

Um die Besonderheiten von Social Businesses zu reflektieren und theoretisch zu fundieren, zieht diese Arbeit zwei Theorien heran: Den Neoinstitutionalismus (Kapitel 2.3) und die Konfigurationstheorie (Kapitel 2.4). Der Neoinstitutionalismus zeigt, dass die Struktur einer Organisation die Erwartungen der Umwelt widerspiegelt (Meyer & Rowan, 1977), da sie Legitimität erhalten möchte (Scott & Meyer 1991). Dabei ist jede Organisation von verschiedenen Interessensgruppen oder Institutionen umgeben, die jeweils unterschiedliche Erwartungen besitzen (DiMaggio & Powel, 1983). Organisationen wie Social Businesses müssen sehr vielseitige Erwartungen erfüllen, da sie, wie oben beschrieben, Eigenschaften eines kommerziellen Unternehmens besitzen und andererseits eine soziale Mission erfüllen müssen (Pache & Santos, 2013). Deshalb werden Social Businesses auch als hybride Organisation bezeichnet (Pache & Santos, 2013). Durch die unterschiedlichen Erwartungen an ein Social Business können Zielkonflikte entstehen, die sich auch auf die Struktur einer Organisation übertragen können (Besharov & Smith, 2012). Der Neoinstitutionalismus ermöglicht nun die Darstellung des Konfliktes zwischen der sozialen und der kommerziellen Logik und zeigt mögliche Lösungen auf (Pache & Santos, 2013). Vor diesem Hintergrund sollen diese Strategien an dem Untersuchungsobjekt reflektiert werden.

Als zweite Theorie zur Beschreibung von Social Businesses wird die Konfigurationstheorie angewendet (Meyer, Tsui, & Hinings, 1993; Miller, 1987; Mintzberg, 1979), die in Kapitel 2.4 eingeführt wird. Diese beschreibt, dass auf jede Organisation andere Einflussfaktoren wirken, weshalb sie ihre Struktur an die jeweilige Situation anpassen müssen. (Kieser, 2006b). Empirische Untersuchungen müssen nun bestimmen, wie diese Anpassungserscheinungen aussehen, um die Unterschiede zu konventionellen Unternehmen in der Organisationsstruktur darzustellen und zu erklären. Für diesen ganzheitlichen Ansatz entwickelte Mintzberg Prototypen von Organisationen (sog. Konfigurationen). Unter einer Konfiguration versteht man hierbei die Zusammenstellung der Elemente einer Organisation und deren Koordinationsmechanismen (Mintzberg, 1979). Durch diesen Fokus auf die Koordinationsmechanismen bietet der Ansatz die Möglichkeit, Abläufe innerhalb einer Organisation präzise zu untersuchen (Groth, 1999; Miller, 1996). Durch die Zuordnung von Organisationen zu einem dieser Prototypen können Handlungsempfehlungen abgeleitet werden.

Um die passende Konfiguration für Social Businesses zu definieren und den Einfluss der verschiedenen Stakeholder sichtbar zu machen, nutzt die Arbeit den Grounded Theory-Ansatz und orientiert sich dann am qualitativen Forschungsansatz und der Fallstudienmethodik. Die Grundlagen dieser empirischen Untersuchung werden in Kapitel drei dargestellt.

Hierauf aufbauend werden in Kapitel vier die Ergebnisse der empirischen Untersuchung in Form einer Fallstudie aufgezeigt. Im Rahmen der Fallstudie wurde die *Arbeit für Menschen mit Behinderungen gGmbH* (AfB) als Untersuchungsobjekt ausgewählt, da hier ca. 50 % der Mitarbeiter ein Handicap besitzen. Innerhalb von zwei Wochen wurden in der Zentrale des Unternehmens 20 Experteninterviews und teilnehmende Beobachtungen durchgeführt und dokumentiert. Außerdem wurde der Leiter der Filiale in Hannover interviewt, um eine Sichtweise außerhalb der Zentrale zu integrieren. Diese Informationen bilden neben dem von der AfB gGmbH zur Verfügung gestellten Sekundärmaterial, wie beispielsweise Organigramme, Pressemeldungen oder Zertifikate, die Datengrundlage für die Untersuchung. Das Datenmaterial wurde anschließend mit dem Programm Atlas.ti codiert und ausgewertet und dient als Grundlage für die spätere Theoriebildung.

Dieses Kapitel hat einen deskriptiven Charakter, um das Untersuchungsobjekt mit seinen Besonderheiten durch die Menschen mit Handicap näher zu spezifizieren. Im ersten Schritt wird das Partnerunternehmen AfB vorgestellt (Kapitel 4.1). Hierzu wird im ersten Schritt die Strategie und Entwicklung von AfB dargestellt. Anschließend erfolgen eine Vorstellung der Menschen mit Handicap und deren Probleme auf dem deutschen Arbeitsmarkt, eine Marktanalyse, eine Darstellung der Rechtsform und der Geschäftsprozesse. Das nächste Unterkapitel (Kapitel 4.2) zeigt ausgewählte Auswirkungen des Geschäftsmodells auf die Organisation von AfB. Hierbei wird zunächst der Aufgabenbereich der drei Geschäftsführer vorgestellt, um im späteren Verlauf die strategische Spitze in Mintzbergs Konfigurationstheorie charakterisieren zu können. Im folgenden Abschnitt (Kapitel 4.2.2) wird das Personalmanagement von AfB beschrieben, das durch die Menschen mit Handicap mehrere Besonderheiten aufweist. Signifikante Anpassungen werden ebenfalls im Produktionsmanagement vorgenommen, die in Abschnitt 4.2.3 nähere Betrachtung finden. Hier erfolgt eine hohe Standardisierung, um möglichst vielen Menschen mit Handicap einen Zugang zu der Arbeit zu ermöglichen. Im Abschnitt 4.2.4 wird die Ausgestaltung der Unternehmenskultur beschrieben. Abschließend werden die wichtigsten externen Einflussfaktoren auf die Strategie und die internen Anpassungsmaßnahmen von AfB durch ein Schaubild zusammengefasst und in einen Zusammenhang gestellt.

In Kapitel fünf werden die zuvor gewonnenen Erkenntnisse auf Basis der neoinstitutionalistischen und konfigurationstheoretischen Grundlagen diskutiert. Im ersten Schritt (Kapitel 5.1) erfolgt eine detaillierte Analyse der Multiplizität von Logiken innerhalb und außerhalb der untersuchten Organisation, die in die neoinstitutionalistische Theorie eingebettet wird und auf eine Erweiterung der Theorie abstellt. Darauf folgt in Kapitel 5.2 eine vergleichende Analyse der Konfiguration von AfB mit prototypischen Konfigurationen. Diese zeigt, dass AfB keinem Prototyp von Mintzberg zugeordnet werden kann, sondern eine ganz eigene Struktur besitzt. Diese wird ausführlich dargestellt, um hieraus einen spezifischen Prototyp für Social Businesses zu entwickeln.

Im folgenden Abschnitt (Kapitel 5.3) werden zukünftige Herausforderungen von AfB beschrieben, um im abschließenden Teil (Kapitel 5.4) eine übergreifende Reflexion des Falles auf andere Social Businesses vorzunehmen.

Im letzten Kapitel dieser Arbeit erfolgt eine kurze Zusammenfassung der gewonnenen Erkenntnisse. Außerdem wird auf die Grenzen der Studie eingegangen, um so auch weiteren Forschungsbedarf aufzudecken. In Abbildung 1 wird der Aufbau dieser Arbeit noch einmal zusammenfassend dargestellt.

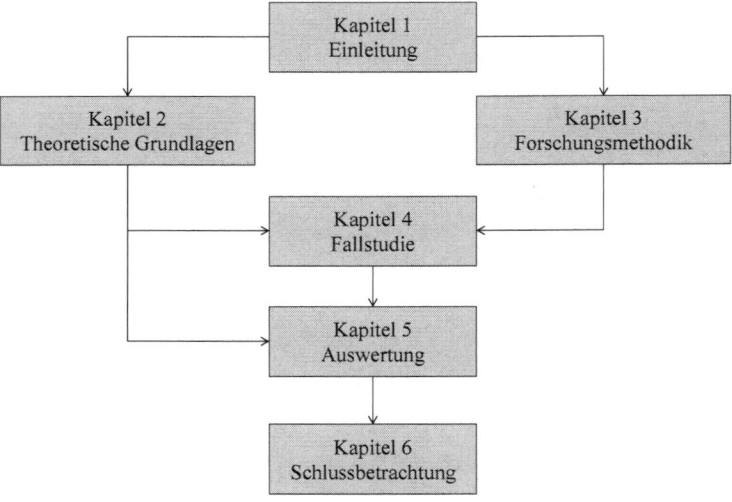

Abbildung 1: Aufbau der Arbeit

# 2 Theoretische Grundlagen

## 2.1 Begriffliche Abgrenzung von sozialen Organisationen

Der Bereich sozialer Organisationen gewinnt auf wirtschaftlicher wie auch auf wissenschaftlicher Ebene schnell an Bedeutung (Birkhölzer, 2011; Seelos & Mair, 2005). So entstanden in letzter Zeit viele verschiedenartige Organisationen, die gesellschaftliche Probleme unternehmerisch und damit oft effizienter lösen als der Staat (Seelos & Mair, 2005). Ferner nahmen sich verschiedene Forschungsdisziplinen des Problembereichs sozialer Organisationen an, so dass keine begriffliche Einigkeit herrscht (Short, Moss, & Lumpkin, 2009). In diesem Abschnitt der Arbeit werden daher die Ursprünge sozialer Organisationen dargelegt und verschiedene Definitionen gegenübergestellt, um ein breites und zugleich tiefgehendes Verständnis für die verschiedenen Begrifflichkeiten zu entwickeln. Nur so kann die heutige Entwicklung von sozialen Unternehmen verstanden und reflektiert werden, um eine tiefgreifende Untersuchung der Struktur durchführen zu können.

### 2.1.1 Ursprünge sozialer Organisationen

Durch eine starke Wachstumsphase in den letzten Jahren sind Social Businesses und andere soziale Organisationen ein wichtiger Bestandteil der Gesellschaft geworden. Doch diese existieren nicht erst seit dem letzten Jahrzehnt (Trivedi & Stokols, 2011). Die Kirche kann als Vorreiter sozialer Organisationen angesehen werden (Volkmann et al., 2012). Sie versuchte, durch die Vermittlung ihrer Werte, ihres Glaubens und durch finanzielle Unterstützung den Bedürftigen zu helfen. So gründete die christliche Kirche schon früh erste Krankenhäuser und half den Armen durch verschiedene Institutionen wie dem Johanniter-, dem Malteser- oder dem Deutschen Orden. Sie liefert somit viele Ansätze, die die Grundlage für die Entwicklung sozialen Unternehmertums in Europa bilden (Volkmann et al., 2012).

Weitere Ursprünge von Social Business und Social Entrepreneurship liegen in der Zeit der Aufklärung (Volkmann et al., 2012), da diese Phase gesellschaftliche Veränderungen hervorbrachte, die den privaten Sektor stärkten und gleichzeitig den Nährboden für die Entwicklung von sozialen Organisationen darstellte (Bornstein & Davis, 2010). Eine der ersten sozialen Organisationen, die als solche bezeichnet wurde, waren die *Cooperative Villages*, die 1799 von Robert Owen in England gegründet wurden (Díaz-Foncea & Marcuello, 2012). Mit dieser ersten Genossenschaft zeigte er, dass Effektivität in der Produktion und sozial verträgliche Arbeitsbedingungen sich nicht widersprechen müssen. Nach der Einführung einer kürzeren Arbeitszeit und einer Alters- und Krankenversicherung erhöhte sich die Produktivität in der Baumwollfabrik (Donnachie, 2005). Des Weiteren übten auch andere Institutionen einen positiven Einfluss auf die Entwicklung von neuen Sozialunternehmen aus. Wilhelm von Humboldt gründete 1810 die Universität in Berlin und gilt als einer der wichtigsten Social Entrepreneurs seiner Zeit (Gergs, 2011). Er konzipierte ein dreistufiges Bildungsmodell, das durch die Teilung in Elementarschule, Gymnasium und Universität deutlich effizienter funktionierte als das bisherige System. Es konzentriert sich auf die Bildung des Menschen unabhängig vom bürgerlichen Stand und unterstützt ein lebenslanges Lernen (Borsche, 1990). Noch heute beeinflusst die Arbeit von Humboldt das Wirken an vielen Universitäten der Welt (Benner, 2003). So brachte die Universität auch Unternehmer hervor, die dann eigene soziale Ideen umsetzten. Auch Florence Nightingale war eine wichtige soziale Unternehmerin des 19. Jahrhunderts (Bornstein, 2007): Durch die von ihr eingeführten stark verbesserten hygienischen Bedingungen, spezielle Krankennahrung und das regelmäßige Wechseln der Verbände konnte die Sterberate von Verwundeten im Krimkrieg 1854 stark reduziert werden (Gergs, 2011). Die so erlangte Popularität ermöglichte es ihr 1860 die erste Krankenschwesterschule zu eröffnen und so die Ausbildung von medizinischen Hilfskräften zu professionalisieren. Nightingale revolutionierte damit das Gesundheitswesen, da nicht mehr nur Ärzte eine Ausbildung absolvierten, sondern auch medizinisches Hilfspersonal (Beckmann, 2011). In den darauffolgenden Jahren wurde das Fundament für ein rasches Wachstum dieses Gebietes gelegt (Volkmann et al., 2012), so dass auch in anderen Bereichen der Gesellschaft soziales Engagement entstand: Die Suffragetten-Bewegung, die für das Frauenwahlrecht kämpfte, die Abschaffung der Sklaverei durch Abraham Lincoln oder Gefängnisreformen in verschiedenen Ländern sind hier als Beispiele zu benennen (Beckmann, 2011).

Die bisher genannten Beispiele von sozialem Engagement waren nicht darauf gerichtet, ein Unternehmen zu gründen. So können Wilhelm von Humboldt oder Florence Nightingale als soziale Innovatoren angesehen werden, die die weitere Entwicklung stark beeinflussten. Doch auch private Sozialunternehmen entstanden, die eine besondere Form der Wirtschaftsorganisation bildeten (Hackenberg & Empter, 2011). Eines der ersten Sozialunternehmen gründeten Friedrich Wilhelm Raiffeisen und Franz-Hermann Schulze-Delitzsch 1849. Es war die erste Landwirtschaftliche Genossenschaft (von Müller, 2010). Diese Bank vergab Mikrokredite an notleidende Menschen, um sie aus der Armut herauszuführen (Guinnane, 1997).

In Folge dessen entwickelten sich zwei verschiedene Strömungen, die gesellschaftliche Probleme aufgriffen und zu lösen versuchten. Auf der einen Seite entstanden staatliche und kirchliche Institutionen oder Organisationen, die sich direkt um die Belange von Bedürftigen kümmerten. Auf der anderen Seite engagierten sich immer mehr Unternehmer aktiv in der Gesellschaft, die mit ihrer philanthropischen Grundeinstellung eine Vorstufe zu den heutigen Social Entrepreneuren zählen.

Durch die industrielle Revolution und den daraus resultierenden Problemen entstand in der zweiten Hälfte des 19. Jahrhunderts eine Bewegung in Deutschland, die für die Proletarier in den Fabriken mehr soziale Leistungen forderte. Im Laufe der Jahre wurden verschiedene Gesetze verabschiedet, die die soziale Absicherung der Arbeiter verstärkte. So wurden 1883 die Krankenversicherung, 1887 die Rentenversicherung und während der Weimarer Republik die Arbeitslosenversicherung eingeführt (Chevalier, 2004). Auch nach dem zweiten Weltkrieg intensivierte der deutsche Staat das soziale Engagement (Butterwegge, 2001): 1950 entstand die Kriegsopferversorgung und 1971 wurde das Wohngeld eingeführt (Becker, Hockerts, & Tenfelde, 2010). Außerdem wurde beispielsweise die freie

Wohlfahrtspflege gegründet, zu der kirchliche, humanitäre und politische
Organisationen wie die Arbeiterwohlfahrt, der Deutsche Caritasverband
oder das Deutsche Rote Kreuz gehören. Zu 90 % wird dieses soziale Engagement aus staatlichen Mitteln über die Sozialversicherungen finanziert.
Beckmann (2011) charakterisiert diese Verbände als Unternehmen, die keine Verluste erwirtschaften und keine Dividenden auszahlen. Die gleichen
Charakteristika beschreibt Yunus ebenfalls für Social Businesses (vgl. Kapitel 2.1.3). Über 1,5 Millionen Menschen in Deutschland arbeiten bei diesen Verbänden, was den Stellenwert dieser Institutionen für die Gesellschaft verdeutlicht (Scholtyseck, 1999). In den vergangenen 50 Jahren
wuchs der soziale Sektor stark. Er gehört in Deutschland seit 1960 zu den
größten Wachstumsbranchen (Puch, 2001). So erhöhte sich die Anzahl der
Beschäftigten in der Kirche innerhalb von 44 Jahren von ca. 0,3 Millionen
auf 1,19 Millionen (Lührs, 2006). Birkhölzer (2011) identifiziert zwölf
Strömungen für die Entwicklung einer sozialen Unternehmenskultur: Genossenschaften, Wohlfahrtsorganisationen, Stiftungen, Ideelle Vereinigun-
gen, Integrationsunternehmen benachteiligter Gruppen, Freiwilligendienste
bzw. -agenturen, Unternehmen der Alternativ-, Frauen- und Umweltbewe-
gung, Unternehmen der Selbsthilfebewegung, Soziokulturelle Zentren, Be-
schäftigungs- und Qualifizierungsgesellschaften, Tauschsysteme auf Ge-
genseitigkeit und Nachbar- und Gemeinwesenökonomie-Initiativen. Dies
zeigt die Vielseitigkeit sozialer Initiativen, unabhängig davon, ob sie pri-
vatwirtschaftlicher Natur sind oder aus dem öffentlichen Sektor finanziert
werden.

Innerhalb der zweiten Strömung der sozialen Unternehmenskultur zeigten
Unternehmer ein immer stärkeres soziales Engagement. Durch die Industri-
alisierung Anfang des 20. Jahrhunderts veränderten sich viele Unternehmen
von kleinen Werkstätten zu großen, mitunter globalen Konzernen (Walter,
2011). Unternehmer wie Robert Bosch hatten großen wirtschaftlichen Erfolg und kamen zu erheblichem Reichtum. Viele sahen sich veranlasst, Teile ihres Wohlstandes der Gesellschaft zugutekommen zu lassen. Bosch en-
gagierte sich beispielsweise im ersten Weltkrieg für Verwundete, indem er
einige Fabriken zu Lazaretten umbauen ließ. Außerdem gründete er eine
eigene Stiftung, die sich technischen und bildungspolitischen Problemen

widmete und bis heute nach dem Willen ihres Gründers Verwalter der Bosch GmbH ist (Scholtyseck, 1999). In der zweiten Hälfte des 20. Jahrhunderts entwickelte sich ein neuer Typus von Unternehmern, die soziale Probleme durch innovative Ideen lösen wollten. Diese wurden Social Entrepreneure genannt. Social Entrepreneurship prägte unter anderem Bill Drayton, der 1980 die non-profit Organisation Ashoka gründete. Der frühere Unternehmensberater unterstützt mit dieser Organisation Menschen, die erfüllt sind von einer sozialen Vision, die sie unternehmerisch umsetzen möchten (Mair & Marti, 2006). Ashoka besitzt mit 3000 Fellows in 70 verschiedenen Ländern das größte Netzwerk von Social Entrepreneuren weltweit. Ein weiterer wichtiger Impulsgeber war Bill Strickland, der 1967 die Manchester Craftsmen's Guild gründete, in der arme Kinder die Chance erhalten, einen Schulabschluss zu machen. Über 90 % der Absolventen besuchten danach auch das College (Perrini, 2006). Aus diesen sozialen unternehmerischen Ideen entstanden im Laufe der Zeit Social Businesses, auf die der Schwerpunkt dieser Arbeit gerichtet ist.

Dieser Abschnitt zeigt, dass soziale Organisationen in Europa und Deutschland eine lange Tradition besitzen. Es gilt nun also, die Einordnung von Begriffen wie Social Entrepreneurship, Social Enterprise und Social Business vorzunehmen.

## 2.1.2 Social Entrepreneurship

Zunächst wird der Begriff Social Entrepreneurship eingeführt, der in der Literatur oft als Oberbegriff von weiteren Termen wie Social Enterprise oder Social Business angesehen wird (Dacin, Dacin, & Matear, 2010; Mair & Marti, 2006; Zahra, Gedajlovic, Neubaum, & Shulman, 2009).

In der Wissenschaft existieren viele verschiedene Definitionen von Social Entrepreneurship, die aus unterschiedlichen Blickwinkeln entstanden (Short et al., 2009). So schlussfolgern Volkmann et al. (2012), dass es keine präzise Definition der wichtigsten Terme innerhalb der Social Entrepreneurship-Forschung gebe. Das liegt insbesondere daran, dass Social Entrepreneurship aus vielen verschiedenen Richtungen betrachtet werden kann (Dacin et al., 2010). Deshalb lassen sich auch verschiedene Klassifikatio-

nen von Social Entrepreneurship vornehmen. Mair und Martí (2006) beispielsweise erkennen drei Hauptströmungen in der Literatur:

1. Aus der ersten Perspektive bedeutet Social Entrepreneurship eine
   not-for-profit Initiative mit alternativen Finanzierungsstrategien,
   Managementstrategien und Organisationsformen, die einen gesellschaftlichen Wert kreiert (Austin, Stevenson, & Wei-Skillern, 2006).

2. Weiterhin kann Social Entrepreneurship als Corporate Social
   Responsibility-Initiative von Unternehmen gesehen werden, die ein
   Joint Venture oder eine Kooperation mit einer sozialen Organisation
   eingehen (Sagawa & Segal, 2000).

3. Social Entrepreneurship wird ferner als Mittel definiert, um soziale
   Probleme zu lösen und diese Lösung in der Gesellschaft zu verankern (Alvord, Brown, & Letts, 2004).

In der ersten Strömung wird deutlich, dass Social Entrepreneurship eine
besondere Form von Entrepreneurship sein kann (Tan, Williams, & Tan,
2005). Weiterhin kann die zweite Klasse der in der Literatur vertretenen
Definitionen durch ein Joint Venture zwischen Danone und der Grameen
Bank verdeutlicht werden, das nährstoffergänzten Joghurt für Arme anbot.
Die dritte Strömung zeigt, dass Social Businesses nach dieser Definition
von Social Entrepreneurship eine bestimmte Ausprägung von diesem sein
können (Mair & Marti, 2006).

Dacin et al. (2010) erweitern diese Ausführungen noch, indem sie vier
grundlegende Aspekte im Bereich Social Entrepreneurship erkennen:

- Charakteristika von Social Entrepreneurs,

- der operative Bereich von Social Entrepreneurship,

- die genutzten Prozesse und Ressourcen und

- die primäre Mission und deren Erfolg.

Der erste Bereich konzentriert sich auf die Charakterisierung des Social
Entrepreneurs, in dem auf die individuellen Verhaltensweisen, die benötig-

ten Fähigkeiten und die persönliche Motivation eingegangen wird (Light, 2009). Es wird dabei diskutiert, worin die Unterschiede zwischen sozialen und anderen Formen von Entrepreneurship bestehen (Tan et al., 2005). Beispielsweise definiert Bornstein (2007) Social Entrepreneurs als Menschen, die mit ihrer Vision soziale Probleme lösen wollen. Social Entrepreneurship kombiniert also den Einfallsreichtum des traditionellen Entrepreneurship mit der Mission, die Gesellschaft positiv zu verändern (Dees, 1998; Prabhu, 1999; Short et al., 2009). Tan et al. (2005) grenzen Social Entrepreneurs noch untereinander ab, indem sie deren altruistische Grundeinstellung auf einer sechsstufigem Skala darstellen und somit unterschiedlich starke Ausprägungen von Social Entrepreneurship definieren.

Die Beschreibung des Bereichs, in dem Social Entrepreneure arbeiten, bietet einen weiteren Blickwinkel auf diesen Term. Aufsätze mit dieser Sichtweise auf Social Entrepreneurship beschreiben, in welcher Art und Weise das soziale Unternehmen vom Social Entrepreneur gegründet wird und in welchem Segment die Dienstleistungen oder Produkte angeboten werden (Dorado, 2006). Zahra, Gedajlovic, Neubaum und Shulman (2009) ergänzen diese Herangehensweise und bezeichnen Social Entrepreneurship als die primären Aufgaben des Social Entrepreneurs in seiner sozialen Organisation.

Die dritte Sichtweise von Dacin et al. (2010) basiert auf der Auswahl der Prozesse und Ressourcen, die genutzt werden, um ein soziales Unternehmen zu gründen und zu führen. Hierbei wird beispielsweise unterteilt in Prozesse und Ressourcen, die entweder im non-profit oder for-profit Bereich eingesetzt werden.

Das finale Kriterium stellt die primäre Mission und das Ergebnis von Social Entrepreneurship in den Vordergrund. Da der Erfolg von Social Entrepreneurs vorrangig über den geschaffenen sozialen Wert gemessen wird, rückt dieser Begriff bei der Definition in den Vordergrund (Dacin et al., 2010). So definieren Hibbert, Hogg und Quinn (2005) Social Entrepreneurship als eine Aktivität, die soziale Bedürfnisse befriedigt oder sich um die Belange von gesellschaftlich benachteiligten Menschen kümmert. Allerdings schränken einige Autoren ein, dass auch der ökonomische Erfolg betrachtet werden muss, da sonst die soziale Mission nicht nachhaltig erfüllt werden kann (Mair & Marti, 2006).

Aus der Sicht der Entrepreneurshipforschung erwächst ein weiteres wichtiges Kriterium: Social Entrepreneure identifizieren relevante gesellschaftliche Probleme, die allerdings bisher vom Staat oder vom Markt nicht gelöst werden konnten (Venkataraman, 1997). Durch unternehmerisches Handeln wollen sie dieses Problem beheben. Im zweiten Schritt gründet der Social Entrepreneur eine Initiative oder ein Unternehmen, um diese Idee umzusetzen. Hier steht also eher der Prozess als das Ergebnis im Vordergrund.

Nachdem hier die verschiedenen Blickwinkel von Social Entrepreneurship dargestellt wurden, soll noch eine für diese Arbeit geltende Definition der Prozesse des Social Entrepreneurships hergeleitet werden. Da das Untersuchungsobjekt ein Social Business darstellt, fokussiert die hier abgeleitete Definition auf die unternehmerische Umsetzung eines sozialen Ziels. So stellen die Verankerung in die Gesellschaft und die Erfüllung einer sozialen Mission mit unternehmerischen Mitteln die Hauptkomponenten eines Social Businesses dar. Die Prozesse des Social Entrepreneurships werden für diese Arbeit folgendermaßen definiert:

- Der Social Entrepreneur entdeckt eine unternehmerische Möglichkeit, um ein gesellschaftliches Problem zu lösen (Venkataraman, 1997).

- Daraufhin setzt er bestimmte Ressourcen ein, um diese Idee umzusetzen, indem er ein Social Business oder eine soziale Initiative gründet (Dacin et al., 2010).

- Dieses Unternehmen verfolgt mit der Lösung eines gesellschaftlichen Problems eine soziale Mission (Mair & Marti, 2006).

Aus dieser Definition kann abgeleitet werden, dass Social Businesses einen Teil der Social Entrepreneurship-Bewegung darstellen, worauf im nächsten Abschnitt näher eingegangen wird.

## 2.1.3 Social Business

Das Grundkonzept von Social Business existiert schon seit vielen Jahren, jedoch wird es unter verschiedenen Begriffen geführt wie Social Venture (Moss et al., 2011) oder Social Enterprise (Defourny & Nyssens, 2010). Anfänglich wurden sie als non-profit Organisationen definiert, die lebenswichtige Güter oder Dienstleistungen anbieten, die der Staat nicht im ausreichenden Maße zur Verfügung stellt und auch von der Marktwirtschaft nicht angeboten werden (Hansmann, 1987).

Im weiteren Verlauf änderte sich die Sichtweise in der Forschung. So sieht Dart (2004) in Social Enterprises eine Revolution im non-profit Sektor, da sie sich in Strategie, Struktur, Werten und Normen von traditionellen non-profit Organisationen unterscheiden. Sie konzentrieren sich stärker auf die Kundenbedürfnisse und verbinden so eine soziale und finanzielle Motivation, die Emerson und Twersky (1996) als *double bottom line* bezeichnen. Social Enterprises verfolgen also neben den sozialen auch ökonomische Ziele, die jedoch nachrangig bewertet werden. Dabei lassen sich Social Businesses von Social Entrepreneurship anhand der Kriterien Mission, Finanzierung und im Umgang mit Innovationen abgrenzen (Beckmann et al., 2014).

Diese Organisationen treten beispielsweise in den Bereichen Bildung, erneuerbare Energien und Kultur immer dann auf, wenn der Staat und der Markt versagen (Díaz-Foncea & Marcuello, 2012). So sehen Defourney und Nyssens (2010) Social Enterprises als Organisationen, die tendenziellen Problemgruppen des Arbeitsmarktes eine Perspektive bieten. Auch das Europäische Forschungsnetzwerk EMES unterstreicht, dass das Ziel von Social Enterprises darin besteht, im *non-profit* Sektor einen Nutzen für die Gesellschaft zu stiften (Defourny & Nyssens, 2012). Die Europäische Union entwickelte sieben Prinzipien, um diesen Organisationen einen rechtlichen Rahmen zu geben (www.socialeconomy.eu.org):

1. Der Vorrang der individuellen und sozialen Ziele vor dem Kapital,

2. ehrenamtliche und offene Mitgliedschaft,

3. demokratische Kontrolle durch die Mitglieder,

4. Verbindung der Mitgliederinteressen mit den generellen Interessen,

5. Verteidigung und Implementierung der Werte Solidarität und Verantwortlichkeit,

6. Unabhängigkeit des Managements hinsichtlich des Staates und

7. Überschüsse sollen für nachhaltige Entwicklung der Organisation, Interessen der Mitglieder oder für generelle Interessen eingesetzt werden.

Durch diese Vorgaben möchte die Europäische Union ihre Mitgliedsstaaten animieren, Social Businesses aktiv zu fördern (Díaz-Foncea & Marcuello, 2012). Diese Prinzipien zeigen nur Ansatzpunkte von den Aktivitäten von Social Businesses, da das Ehrenamt oder die demokratische Kontrolle hier nicht zwingend sind. Die Europäische Union fasst diese Definition bewusst sehr weit, damit möglichst viele Organisationen davon profitieren.

Social Businesses variieren in ihrer Struktur und ihrem Aufbau, haben aber die Kernpunkte einer sozialen Mission und einer Marktorientierung gemeinsam (Wilson & Post, 2011). Deshalb werden sie oft auch als hybride Organisationen bezeichnet (Billis, 2010; Brandsen, Dekker, & Evers, 2010), die zwischen den klassischen konventionellen Unternehmen und non-profit Organisationen stehen (Wilson & Post, 2011; Yunus, Moingeon, & Lehmann-Ortega, 2010). Es sind also Unternehmen, die keinen Verlust erwirtschaften, keine Dividende an die Anteilseigner ausschütten und eine soziale Mission verfolgen (Wilson & Post, 2011; Yunus & Weber, 2010). Eine entscheidende Konkretisierung und die Prägung des Begriffes Social Business gelang Muhammad Yunus (2009), indem er sieben Kriterien aufstellte, die diese Unternehmen erfüllen müssen.

1. Das Social Business hat als Ziel, soziale Probleme in Anlehnung an die Millennium-Entwicklungsziele der Vereinten Nationen zu lösen.

2. Des Weiteren soll finanzielle und ökonomische Nachhaltigkeit erreicht werden.

3. Investoren erhalten über ihren Investitionsbeitrag hinaus keine Dividenden.

4. Der erwirtschaftete Profit wird vielmehr zur weiteren Verbesserung und Expansion in das Social Business reinvestiert.

5. Ein weiteres Ziel besteht darin, alle Aktivitäten an einer ökologischen Nachhaltigkeit auszurichten.

6. Mitarbeiter von Social Businesses erhalten einen Lohn auf Marktniveau mit überdurchschnittlichen Arbeitsbedingungen.

7. Mach es mit Freude!

Yunus (2007: 243) erklärt, dass Social Businesses die Chance bieten, unsere heutige Gesellschaft nachhaltig zum Positivem zu verändern: „By defining entrepreneur in a broader way we can change the character of capitalism radically." Er besitzt eine langjährige Erfahrung im Bereich der sozialen Unternehmen, da er 1983 die Grameen Bank (Yunus et al., 2010) gründete, welche Mikrokredite an Unternehmer vergibt, die aufgrund ihrer finanziellen Situation keine Sicherheiten für einen konventionellen Kredit besitzen. Dieses Konzept der Mikrokredite bietet den bedürftigen Menschen in Entwicklungsländern Hilfe zur Selbsthilfe, da sie so eigene Unternehmen gründen können (Gergs, 2011). Die Kunden unterliegen einem sozialen Gruppenzwang, so dass eine Rückzahlungsquote von 90 – 95 % erreicht wird (Basher, 2010). Außerdem gründete Yunus mittlerweile weitere Social Businesses, die oft durch Joint Ventures zwischen der Grameen Bank und einem Industrieunternehmen entstanden. Dieses Wissen aus den Unternehmen nutzte er, um die oben aufgeführten Kriterien für Social Businesses zu entwickeln. Für die Entwicklung der Mikrokredite auf Basis des Social Business-Konzeptes erhielt er 2006 den Friedensnobelpreis.

Nach Yunus (2009) besteht das oberste Ziel von Social Businesses darin, mit dem Geschäftsmodell einen gesellschaftlichen Nutzen zu stiften. Zur Identifizierung von Problemen orientiert er sich an den Millennium-Entwicklungszielen der Vereinten Nationen (2000), die im Jahr 2001 im Rahmen des Millennium-Gipfels verabschiedet wurden. Für 2015 formulierte die UN folgende Ziele:

1. Bekämpfung von Armut und Hunger,

2. Primärschulbildung für alle Menschen,

3. Gleichstellung aller Menschen,

4. Senkung der Kindersterblichkeit,

5. Verbesserung der Gesundheitsversorgung,

6. Bekämpfung von schweren Krankheiten,

7. ökologische Nachhaltigkeit,

8. globale Partnerschaft für Entwicklungshilfe.

Social Businesses sollten also gemäß Yunus mindestens eines dieser Ziele als primäre Unternehmensausrichtung verfolgen. Durch diese soziale Mission übersteigt der soziale Nutzen der Social Businesses den von konventionellen Unternehmen (Lingane & Olsen, 2004). Die soziale Mission steht somit als der wichtigste Treiber für den Strategiebildungsprozess eines sozialen Unternehmens (Mair & Marti, 2006; Peredo & McLean, 2006) und muss erfüllt werden, um langfristig überleben zu können (Studdard & Darby, 2011).

Trotz des sozialen Ziels arbeiten Social Businesses nach den Prinzipien eines konventionellen Unternehmens (Haugh, 2005). Um finanziell unabhängig zu sein und sich langfristig am Markt zu etablieren, benötigen Social Businesses einen eigenen Gewinn oder zumindest keinen Verlust. So können Social Businesses die besten Eigenschaften von *for-profit* und *non-profit* Unternehmen miteinander verbinden (Quddus, 2007), um so ökonomische und soziale Wertschöpfung zu integrieren (Mair & Marti, 2006). Die Abgrenzung zu *for-profit* und *non-profit* Unternehmen wird in Kapitel 2.1.3.2 erläutert.

Die beiden Primärziele von Social Businesses, die Lösung von sozialen Problemen und ökonomische Nachhaltigkeit, führen zu Widersprüchen in den Organisationen, da die Zielstellungen dieser beiden Ausrichtungen in vielen Fällen miteinander konkurrieren. Somit bewegen sich diese Organisationen in einem Spannungsfeld zwischen möglichst hohem gesellschaftlichem Nutzen bei gleichzeitig möglichst hohem ökonomischem Erfolg.

Ein weiteres Kriterium von Yunus (2009) sagt aus, dass Social Businesses keine Dividende ausschütten, da sie Überschüsse reinvestieren, um so die soziale Mission besser erfüllen zu können. Investoren sollen ihr Engagement eher als investive Spende sehen, bei der, im Unterschied zu anderen Spenden, eine funktionsfähige Organisation entsteht (Spiegel, 2011b). Somit grenzen sich Social Businesses auf der einen Seite von konventionellen Unternehmen und auf der anderen Seite von non-profit Organisationen und anderen Social Enterprises ab (Prahalad, 2004).

Social Businesses sollen ferner nicht nur ökonomisch, sondern auch ökologisch nachhaltig handeln. Um eine Ausbeutung der Belegschaft durch zu niedrigere Löhne zu verhindern, fordert Yunus (2009) einen Lohn auf Marktniveau, jedoch mit besseren Arbeitsbedingungen als in durchschnittlichen Unternehmen. Das letzte Kriterium soll dabei helfen, den Herausforderungen der Arbeit im Unternehmen motiviert und mit Freude entgegenzutreten (Yunus, 2013).

Die weiteren Definitionen von Social Business bauen auf den Aussagen von Yunus auf, da er diesen Begriff als erster prägte. So bezeichnet Baker (2011) Social Businesses als Unternehmen, die darauf abzielen, Ressourcen so zu alloziieren, dass ihr Nutzen auf nachhaltige Weise optimiert wird. Dabei spielen beispielsweise Begriffe wie Corporate Social Responsibility (CSR), Entrepreneurship oder Globalisierung eine wichtige Rolle. Spiegel (2011a) konkretisiert diese Einschätzung und sieht Social Businesses als Sonderform von Social Entrepreneurship, da diese ebenfalls innovative Lösungen für gesellschaftliche Probleme generieren, sich aber nicht vollständig selbständig finanzieren. Social Businesses sind sich selbst tragende wirtschaftliche Unternehmen, die eine Innovationskultur auf sozialer und wirtschaftlicher Ebene entwickeln müssen (Spiegel, 2011a). Auch Taylor (2009) bezeichnet Social Businesses als lebensfähige Unternehmen, die im Gegensatz zu konventionellen Unternehmen gesellschaftliche Ziele vor die Gewinnmaximierung stellen und keine Dividenden ausschütten.

Die Negierung der Dividendenausschüttung ist jedoch kritisch zu betrachten. So argumentiert Spiegel (2011b), dass ohne Gewinnausschüttung wesentlich weniger Kapital für soziale Projekt zur Verfügung stünde. Prahalad

(2010) untersucht den sozialen Einfluss von Organisationen und deren Produkten, bei denen es eine Gewinnausschüttung gibt. Das Ergebnis zeigt,
dass diese Gewinnorientierung den sozialen Einfluss in keiner Weise verringert. Deshalb nennt Spiegel (2011b) alle Social Businesses, unabhängig
von der vorgenommenen Gewinnausschüttung, Social Impact Businesses.
Durch die Erweiterung des Begriffes kann auch für die Industrienationen
eine breite Gründungswelle resultieren, da so mehr Investoren in Social
Businesses investieren. Dessen ungeachtet sollte nur eine begrenzte und
bescheidene Verzinsung des eingesetzten Kapitals erfolgen, um den sozialen Nutzen vor Investoreninteressen zu schützen.

Für diese Arbeit wird nun eine Synthese aus den vorangegangenen Definitionen gewählt, um die Konfiguration eines Social Business bestmöglich
erarbeiten zu können: Social Businesses besitzen eine soziale Mission,
durch die gesellschaftliche Probleme verringert werden sollen (Rauch,
2007). Dabei setzen diese Unternehmen gesellschaftliche Ziele mit Marktmechanismen um und stehen deshalb zwischen konventionellen Unternehmen mit dem Ziel der Profitmaximierung und den non-profit Organisationen, die gesellschaftliche Probleme lösen wollen (Wilson & Post, 2011).
Social Businesses sind also wirtschaftliche Unternehmen, die nicht auf
Spenden und sonstige Zuwendungen angewiesen sind und sich somit selbst
tragen (Spiegel, 2009; Yunus & Weber, 2008). Um die Zielerreichung noch
zu verstärken, werden die erwirtschafteten Gewinne nicht an die Anteilseigner ausgeschüttet, sondern in das Unternehmen reinvestiert.

Eines der ersten Social Businesses ist das 2006 gegründet Joint Venture
Grameen-Danone Foods Ltd., das erfolgreich Joghurt mit essentiellen In-
haltsstoffen für Bedürftige in Bangladesch verkauft (Ghalib & Hossain,
2008; Quddus, 2007). Yunus entwarf dieses Konzept für Entwicklungsländer. Doch in zunehmenden Maße wird das Konzept von Social Businesses
auch auf Industriestaaten übertragen, da auch hier eine Fülle von sozialen
Problemen auftreten, die mit Hilfe von Social Businesses gelöst werden
können (Gergs, 2011; Spiegel, 2011b). In Deutschland ist die Situation jedoch eine besondere, da hier der Staat in vielen Bereichen unterstützend
eingreift. Dies geschieht aber in immer schwächerer Form, da den öffentlichen Institutionen weniger Finanzmittel zur Verfügung stehen. Da der un-

tersuchte Fall in Deutschland ansässig ist, soll hier die Situation von sozialen Organisation darstellt werden.

Nach dem zweiten Weltkrieg übernahm in Deutschland der Wohlfahrtsstaat viele soziale Funktionen, um das Leben der Bevölkerung zu erleichtern (Butterwegge, 2001). Es stellt sich die Frage, welche gesellschaftlichen Veränderungen das Social Business-Feld trotz der Übernahme sozialer Aufgaben durch den Staat vorantreiben kann. Beckmann (2011) identifiziert drei grundlegende strukturelle Veränderungen, die das rasche Wachstum dieses Feldes bedingen.

1. Durch die Wiedervereinigung von Deutschland, den Fall von Diktaturen in Südamerika, Asien und Südeuropa entstand eine globale politische Veränderung, die bürgerliche Freiheiten mit sich brachte und als Ursprung für soziale Innovationen anzusehen ist.

2. Durch gewachsenen Wohlstand rücken finanzielle Ziele von Individuen in den Hintergrund, wodurch Altruismus oder soziale Verantwortung an Bedeutung zunehmen.

3. Das erhöhte Bildungsniveau und umfassende Informations- und Kommunikationstechnologien tragen dazu bei, dass gesellschaftliche Probleme schneller aufgedeckt und gelöst werden können.

Spiegel (2011a) wiederum begründet das Wachstum des Social Business-Feldes in Deutschland mit der starken Kürzung der staatlichen Leistungen. Wie in Kapitel 2.1.1 beschrieben, übernahm der Staat im Laufe der Zeit viele soziale Aufgaben, die den Bürgern eine langfristige Sicherheit boten. Infolge von finanziellen Kürzungen der öffentlichen Hand wurden die Förderprogramme und -strukturen in den letzten Jahrzehnten sukzessive gekürzt oder gestrichen (Birkhölzer, 2011; Heinze, 2009). Einer der Hauptgründe für die finanziellen Probleme Deutschlands ist der demografische Wandel (Strohmeier & Neu, 2011). Das Sozialstaatsprinzip funktioniert hier so, dass die jeweils junge und arbeitende Generation für die Altersvorsorge oder die Altenpflege der älteren Generation aufkommt (Butterwegge, 2001). Doch infolge des Wandels leben in Deutschland immer weniger junge und immer mehr alte Menschen, wodurch es zu einem Ungleichge-

wicht in den sozialen Kassen kam. Bundeskanzler Gerhard Schröder verab-
schiedete 2003 mit der Agenda 2010 die umfassendste Sozialreform in
Deutschland, die erhebliche Kürzungen im sozialen Sektor beinhaltete
(Hassel & Schiller, 2010). Außerdem wird der Bedarf an sozialen Leistungen in der Zukunft noch steigen, so dass die Lücke zwischen Angebot und
Nachfrage noch größer wird (Strohmeier & Neu, 2011). Dieser Effekt verstärkte sich nach der Weltwirtschaftskrise 2008 (Baker, 2011) und führte zu
einer Übernahme der bisher vom Staat geleisteten sozialen Verantwortung
durch Social Businesses.

Social Businesses bieten in einigen Bereichen eine Lösung der finanzielle
Probleme des Staates, da diese durch die marktwirtschaftlichen Prinzipien
Ressourcen besser nutzen können als der Staat (Heinze, Schneiders, &
Grohs, 2011). Beckmann (2011) ergänzt diesen Vorteil noch: Einerseits
werden Aufgaben des Staates nun zum Teil auch von Social Businesses
übernommen, da diese viel stärker in die Problemlösungen einbezogen
werden. Andererseits können bis dahin unentdeckte Probleme mit höherer
Wahrscheinlichkeit identifiziert werden und das Spektrum von Lösungsan-
sätzen erweitert werden, da ein größerer Teil der Gesellschaft sich damit
auseinandersetzt.

Somit könnten Social Businesses eine Lösung für einige Probleme des So-
zialstaates darstellen. Allerdings müssen die Staaten erst institutionelle
Rahmenbedingungen schaffen, damit dieses Konzept seine Wirkung entfalten kann (Heinze et al., 2011). Beispielsweise entwickelte die britische
Rechtsprechung mit der *public interest company* eine Organisationsform,
die speziell auf die Bedürfnisse von sozialen Unternehmen ausgerichtet ist.
Zwar existieren in Deutschland mittlerweile auch gemeinnützige Aktienge-
sellschaften oder Gesellschaften mit beschränkter Haftung, aber im Institu-
tionalisierungsprozess sind die angelsächsischen Länder bereits einen
Schritt weiter (Beckmann, 2011).

Das Spektrum, in dem Social Businesses auch in Industrienationen tätig
werden können, ist vielfältig und übersteigt das soziale Tätigkeitsfeld des
Staates. So existiert ein großes Potential für Social Businesses in den Sek-
toren Bildung, Gesundheit, Integration von Benachteiligten oder in der

Ökowirtschaft (Spiegel, 2011b). In den Industrienationen gilt eine besondere Aufmerksamkeit dem Teil der Bevölkerung knapp oberhalb der Armutsgrenze (Spiegel, 2011b). Das heißt, Social Businesses wirken dort, wo der Marktmechanismus und staatliche Aktivitäten nicht zu gesellschaftlichem Erfolg führen. Beispielsweise gibt es keinen Ausgleich für die Exklusion benachteiligter Gruppen wie Migranten oder Menschen mit Handicap, so dass sich in diesem Feld vermehrt Social Businesses engagieren (Beckmann, 2011).

Eines der bekanntesten Beispiele für Social Business in Deutschland ist das von Andreas Heinecke gegründete Unternehmen *Dialog im Dunkeln*. In Form einer Ausstellung werden dabei Sehende von sehbehinderten Menschen in vollkommen dunklen Räumen durch alltägliche Situationen geführt. Dabei lernen sie das Überqueren einer Straße, machen einen Parkspaziergang oder bestellen ein Getränk in einer Bar. Durch dieses Unternehmen erhalten sehbehinderte Menschen einen Arbeitsplatz und zeigen dabei den Besuchern, wie sie die Welt wahrnehmen (Volery & Hackl, 2009). Sehende Menschen werden so aus ihren Routinen gerissen und sind plötzlich auf die Hilfe von Menschen mit Sehbehinderung angewiesen. Der Rollentausch vermittelt den Besuchern anschaulich, wie sich sehbehinderte Menschen im Alltag fühlen. Das Unternehmen fördert also mit dieser Ausstellung die aktive Inklusion von Menschen mit Sehbehinderung (Gergs, 2007). Das im Jahr 2000 gegründete Unternehmen lockte bisher über 6 Millionen Besucher in weltweit 110 Städten an (Dialog-im-Dunkeln.de). Die starke Verbreitung des Konzeptes gelingt durch ein Social Franchise-System. So konnten bereits über 4.000 Arbeitsplätze für sehbehinderte Menschen geschaffen werden (Gergs, 2007).

Das Beispiel *Dialog im Dunkeln* zeigt, dass das Social Business-Konzept von Yunus auch auf Industrienationen übertragen werden kann. Großbritannien fördert schon seit über zehn Jahren die Verbreitung von Social Businesses und nimmt somit unter den Industrienationen eine Vorreiterrolle ein. Dort wurden schon im Jahr 2004 mehr soziale Unternehmen gegründet als in konventionellen Wirtschaftsbereichen (Harding & Cowling, 2006). So gab es in den letzten Jahren viele neue Geschäftsmodelle, die den Menschen gezielt helfen und somit die Möglichkeit eröffnen, den Kapitalismus zu einem nachhaltigen Wirtschaftssystem weiterzuentwickeln. Wenn normale Marktmechanismen und staatlichen Lösungen nicht funktionieren, dann können Social Businesses das Angebot ergänzen.

Neben der Tauglichkeit, staatliche Aufgaben übernehmen zu können, existieren noch weitere Indizien, die die Wirksamkeit der Social Businesses untermauern. Organisationen wie beispielsweise die Ashoka Foundation, die Schwab Foundation oder die Skoll Foundation unterstützen Social Entrepreneure und Social Businesses in ihrer Arbeit. Im Jahre 2004 baute der Gründer von Ebay Inc., Jeff Skoll, mit 4,4 Millionen Pfund ein Social Entrepreneurship Center auf, das Gründer bei ihrer Arbeit unterstützt (Seelos & Mair, 2005). Neben dem Friedensnobelpreis für Yunus gab es noch eine weitere wichtige internationale Prämierung im Bereich Social Business: Das ägyptische Social Business SEKEM erhielt 2003 den alternativen Friedensnobelpreis für das Engagement, nachhaltige Lebensmittel in Nordafrika zu produzieren (Ellis, 2010).

Social Businesses fördern durch ihre zweigleisige Zielsetzung das ganzheitliche Denken der Unternehmer, da sie immer den gesellschaftlichen Gesamtnutzen – also die Gesellschaft als System – überblicken müssen (Ulrich, 1968).

## 2.1.3.1 Social Business in der Wissenschaft

Social Business ist für die Wissenschaft ein relativ neues Forschungsfeld (Beckmann, 2011; Mauksch, Engelke, & Darkow, 2011), das allerdings in den letzten Jahren eine immer bedeutendere Position einnimmt. So erschien eine Vielzahl neuer Veröffentlichungen in Form von Aufsätzen und Büchern. Weiter entstanden spezielle Journals und Lehrstühle, die sich mit dieser Thematik auseinandersetzen (Volkmann et al., 2012). Der erste Lehrstuhl in diesem Bereich wurde an der Leuphana Universität in Lüneburg 2009 eingerichtet. Als eine der ersten Universitäten gründete die Harvard Universität 1993 einen Cluster für Social Entrepreneurship (Nicholls, 2006). Short et al. (2009) zeigen, dass Social Entrepreneurship auch in der Forschung eine immer bedeutendere Rolle einnimmt. Sie beschreiben, dass Social Entrepreneurship und Social Business in vielen verschiedenen Disziplinen wie Entrepreneurship, Economics oder Management untersucht wird und mittlerweile von der Wissenschaft akzeptiert und breit bearbeitet wird.

### 2.1.3.2 Abgrenzung zwischen Social Businesses und anderen Organisationen

Da Social Businesses eine differenziertere Zielsetzung besitzen als konventionelle Unternehmen[1] und deshalb ihre Funktionsweisen ebenfalls anders ausgestaltet sind, soll im Folgenden eine Abgrenzung zwischen Social Businesses und den traditionellen (konventionellen, for-profit) Unternehmen vorgenommen werden. Um den Unterschied von sozialen und konventionellen Unternehmen zu verdeutlichen, können zwei Zitate von Friedman und Yunus betrachtet werden. Milton Friedmann (1970) sieht die soziale Verantwortung von Unternehmen darin, dass sie einen Gewinn generieren. Dieses Gewinnstreben führt auch auf gesellschaftlicher Ebene zu Verbesserungen. Smith (2006) bezeichnet diese Selbstregulierung des Marktes als *unsichtbare Hand*. Somit sind Gewinne ein Anreiz für die Unternehmen und für die Gesellschaft, einen bestmöglichen sozialen Nutzen zu erzielen (Beckmann, 2011). Muhammad Yunus (2009; 2010) erweitert diesen Gedanken: Die soziale Verantwortung von Unternehmen besteht nicht nur darin, einen Profit zu erzielen, sondern soziale Ziele der Gesellschaft zu erfüllen. Das heißt, das oberste Ziel von Social Businesses besteht darin, den sozialen Nutzen direkt zu maximieren. Der Unterschied zwischen konventionellen und sozialen Businesses liegt in der Priorität zwischen der Kreierung von gesellschaftlichem Nutzen und wirtschaftlichen Erfolg. In der Zielhierarchie bei Social Businesses steht der gesellschaftliche Nutzen deutlich vor dem wirtschaftlichen Erfolg, weil sonst das Geschäftsmodell gar nicht funktionieren würde (Mair & Marti, 2006). Bei konventionellen Unternehmen ist der gesellschaftliche Nutzen ein Zusatzprodukt neben dem ökonomischen Wert (Venkataraman, 1997). Sie schaffen Arbeitsplätze, produzieren Konsumgüter und zahlen Steuern, die der Staat zur Bereitstellung öffentlicher Güter nutzt. Doch negative externe Effekte, wie bei-

---

[1] Das Wort konventionell wird in dieser Arbeit als Synonym für kommerziell genutzt, um Social Business von anderen Unternehmen abzugrenzen.

spielsweise Umweltverschmutzung oder Lücken im Rechtssystem, führen dazu, dass konventionelle Unternehmen nicht immer die beste Lösung zur Bereitstellung von Gütern und Dienstleistungen darstellen (Beckmann, 2011). Daraus geht hervor, dass konventionelle und Social Businesses andere Zielhierarchien besitzen als konventionelle Unternehmen (Beckmann, 2011).

Abbildung 2 stellt die Unterscheidung der direkten und indirekten Erfüllung gesellschaftlicher Bedürfnisse von Social Businesses und konventionellen Unternehmen übersichtlich dar.

|  | Social Business | Konventionelle Unternehmen |
|---|---|---|
| Oberstes unternehmerisches Ziel | Soziale oder ökologische Nutzenmaximierung | Gewinnmaximierung |
| Befriedigung gesellschaftlicher Bedürfnisse | Direkt | Indirekt |

Abbildung 2: Unterschiede zwischen konventionellen Unternehmen und Social Businesses (in Anlehnung an Beckmann, 2011)

Einige Autoren gehen mit ihren Ausführungen noch einen Schritt weiter. Da Social Businesses auch gewinnwirtschaftlich arbeiten (Yunus et al., 2010), bieten sie auf zwei Wegen einen gesellschaftlichen Nutzen: direkter sozialer Nutzen durch das Geschäftsmodell und indirekt über die Steigerung des Gewinnes (Volkmann et al., 2012). Lingane und Olsen (2004) erläutern, dass die sozialen Auswirkungen von Social Businesses somit größer sind als im Industriestandard. Konventionelle Unternehmen erhöhen zwar den Wohlstand einer Gesellschaft durch das Erbringen von Leistungen und die Schaffung von Arbeitsplätzen, doch dieser soziale Nutzen fällt schwächer aus als bei Social Businesses, da diese ebenfalls Arbeitsplätze schaffen und Leistungen anbieten.

Allerdings fällt es schwer, die Performance für soziale Unternehmen zu messen, da unterschiedliche Berechnungen und Herangehensweisen hierfür existieren (Studdard & Darby, 2011). Wie oben beschrieben liegt die Hauptleistung von Social Businesses nicht in den finanziellen, also gut operationalisierbaren Kategorien, sondern in der sozialen Mission, die nur schwer messbar ist. Zwar kann gezeigt werden, wie viele Menschen beispielsweise Hilfe oder einen Arbeitsplatz durch das Unternehmen bekommen, aber die Messung der Wirkung und der Nachhaltigkeit fällt dabei schwer (Studdard & Darby, 2011). Trivedi und Stokols (2011) sehen außerdem ein großes Problem in der Vergleichbarkeit der Performance von Social Businesses und konventionellen Unternehmen, da bei letzteren eher das Wachstum als Indikator für die Performance herangezogen wird. Beide Unternehmensarten verfolgen unterschiedliche Strategien. Social Businesses wollen ihre soziale Mission erfüllen, um nachhaltig existieren zu können (Mair & Marti, 2006; Peredo & McLean, 2006). Bei konventionellen Unternehmen (Studdard & Darby, 2011) stufen einige Autoren weiterhin das Wachstum als notwendiges Überlebensmerkmal ein (Bantel, 1998; Murphy, Trailer, & Hill, 1996). Social Businesses stehen nicht unter diesem Wachstumszwang, da sie die finanzielle Nachhaltigkeit nur als zweitrangiges Ziel verfolgen.

Des Weiteren können Social Business durch die Überschussverwendung von konventionellen Unternehmen abgegrenzt werden. Nach den Kriterien von Yunus dürfen Social Businesses ihren erwirtschafteten Gewinn nicht an die Anteilseigner ausschütten, sondern müssen ihn reinvestieren (Yunus, 2009). Die Besitzer bekommen eine Dividende in Form eines sozialen Wandels, der durch den social impact ihrer Investitionen gemessen werden kann (Grove & Berg, 2014).

Konventionelle Unternehmen schütten Teile des Gewinns aus, da dies von den Anteilseignern verlangt wird. Diese wollen an dem Unternehmen verdienen. Für Social Businesses entwickelte Deutschland beispielsweise die Rechtsform der gemeinnützigen GmbH, bei der der vollständige Gewinn reinvestiert werden muss (vgl. Kapitel 4.1.1).

Neben der Abgrenzung zu konventionellen Unternehmen muss auch eine Trennung zu anderen sozialen Initiativen oder non-profit-Organisationen erfolgen. Diese werden in der Wissenschaft oft mit verschiedenen Begriffen wie karikativer Sektor, ehrenamtlicher Sektor oder non-governmental Organisationen in Verbindung gebracht, wobei hier non-profit Organisationen eine Schnittmenge bilden (Salamon & Anheier, 1992). Im Gegensatz zu kommerziellen Unternehmen erwirtschaften sie keinen Gewinn, sondern streben eher soziale, kulturelle oder gemeinnützige Ziele an. Dazu gehören Vereine, Verbände, Genossenschaften oder Stiftungen. Meist arbeiten dort freiwillige Helfer oder Ehrenamtliche, weil die Organisationen kein Geld für die Entlohnung zur Verfügung haben (Meyer & Simsa, 2013). Finanzieren können sich non-profit-Organisationen über Spenden oder staatliche Zuwendungen oder einen selbst erwirtschafteten Teil. Sie streben also nach zwei Zielen: dem Sachziel und einem Gleichgewicht aus Einnahmen und Ausgaben. Hierin besteht die größte Abgrenzung zu Social Businesses, da diese sich nach der Definition von Yunus (2009) aus ihrem eigenen Umsatz finanzieren müssen und somit ökonomisch nachhaltiger arbeiten (Beckmann, Hielscher, & Pies, 2014).

Die Unterstützung eines Social Businesses hat im Vergleich zu Spenden einen deutlich größeren Nutzen, da dieses Konzept deutlich nachhaltiger ist. Es entsteht eine Organisation, die sich dauerhaft um eine Problemlösung bemüht. Eine Spende führt meist zu einer nur kurzfristigen Lösung. Zum anderen werden Bedürftige aus dem „psychologischen Gefängnis der Almosen […] befreit", da sie nun eher Empfänger von Dienstleistungen oder selbst Arbeitnehmer werden (Spiegel, 2011b: 136).

Somit besitzen die non-profit-Organisationen in der Zielstellung der sozialen Mission eine Übereinstimmung mit Social Businesses. Das Spektrum der Rechtsform von Social Businesses reicht von Genossenschaften bis zu AGs. Hier wird deutlich, dass auch Social Businesses ein Spektrum zwischen sozialen und kommerziellen Organisationen füllen und somit einige Unternehmen eher zu non-profit-Organisationen oder zu kommerziellen Unternehmen tendieren.

Die in Kapitel 2.1.2 und 2.1.3 aufgezeigten Definitionen von Social Entrepreneurship und Social Business ähneln sich zu großen Teilen stark. So rücken hier die soziale Mission und der damit im Zusammenhang stehende gesellschaftliche Nutzen in den Vordergrund. Außerdem sind die eingesetzten Ressourcen von entscheidender Bedeutung, um die Ziele des Social Entrepreneurs zu erreichen. Deshalb führen einige Autoren diese beiden Konzepte zusammen und nennen die Organisationen von Social Entrepreneurs *Social Entrepreneurial Organization* (Beckmann, 2011; Hackenberg & Empter, 2011; Heinze et al., 2011).

Andere Autoren sehen Social Business eher als Teil der Social Entrepreneurship Bewegung, da sie das Produkt von sozialen Gründungen sind. Der Begriff Social Entrepreneurship ist also deutlich weiter gefasst, da auch non-profit Organisationen mit eingeschlossen sind (Mair & Marti, 2006), die finanziell nicht so nachhaltig arbeiten wie Social Businesses, da sie auf externe Geldgeber angewiesen sind (Beckmann, Hielscher, & Pies, 2014). Deshalb wird für diese Arbeit der Begriff Social Business verwendet, da er deutlich präziser den empirischen Rahmen vorgibt.

Zur Beschreibung der in der Einleitung formulierten Problemstellung eignet sich das Konzept von Social Business am besten, da im Gegensatz zu Social Entrepreneurship, der gesamte Fokus auf das Unternehmen ausgerichtet ist. Diese Unternehmen müssen dabei keine innovative soziale Geschäftsidee besitzen, wie sie in der Social Entrepreneurship Definition meist gefordert wird (Beckmann et al., 2014; Short et al., 2009). Außerdem arbeiten die Unternehmen nach marktwirtschaftlichen Gesichtspunkten, um nachhaltig existieren zu können. Gerade dieser Aspekt ist bei dieser Arbeit von besonderer Bedeutung, da ein gewinnorientiertes Unternehmen unter anderen Effizienzbedingungen arbeitet als eine non-profit Organisation, die meist durch Spenden finanziert wird.

Diese Arbeit orientiert sich an der Definition von Yunus (2009): Social Businesses sind Organisationen, die eine soziale Mission erfüllen, einen Gewinn oder zumindest keinen Verlust erwirtschaften und keine Dividende auszahlen. Sie stehen in Konkurrenz zu anderen Social Businesses und zusätzlich zu konventionellen Unternehmen. So werden sie dazu gezwungen, effizienter zu arbeiten, um den sozialen Nutzen zu erhöhen (Ghalib & Hossain, 2008). Die oben gezeigte Definition bietet den besten Rahmen, um die Konfiguration eines Social Businesses darzustellen. Da der Fokus auf der Beschäftigung von Menschen mit Handicap liegt, bietet der Ansatz von Yunus eine gute Grundlage, da hier gute Arbeitsbedingungen als eine Grundlage von Social Businesses verstanden werden.

In diesen ersten Abschnitten des zweiten Kapitels wurde die Definition für Social Businesses und deren Abgrenzungen erarbeitet. Social Businesses treten hier als Innovatoren auf, weil sie vorhandene Strukturen aufbrechen und durch neue Problemlösungskonzepte ersetzen (Beckmann, 2011; Mair & Marti, 2006). Um diese Problemlösungskonzepte zu verstehen, nutzt diese Arbeit den Neoinstitutionalismus und die Konfigurationstheorie, die in den folgenden Abschnitten erläutert wird.

## 2.2  Organisationsbegriff

Bevor auf die Konfigurationstheorie und der Neoinstitutionalismus ausführlich eingegangen werden kann, muss der Begriff Organisation kurz erläutert werden. Dieser kann nur schwer definiert werden, weil Organisationen komplexe Systeme sind und somit viele Blickwinkel möglich sind. Organisationen bestimmen große Teile des Lebens in unserer Gesellschaft, beispielsweise Aspekte der Arbeit und Freizeit. Abhängig von der gewählten theoretischen Perspektive können so verschiedene Definitionen entstehen. Kieser und Walgenbach (2010) definieren eine Organisation als ein soziales Objekt mit einer formalen Struktur, das mit Hilfe der Mitglieder langfristige Ziele verfolgt. Die Literatur brachte im Laufe der Zeit verschiedene Klassifikationen von Organisationen hervor:

-   Burns und Stalkers (1961) unterscheiden zwischen mechanischen und organischen Organisationen. Der mechanistische Typ orientiert sich an Webers Bürokratie mit einer stabilen Umwelt, während der organische Typ eher in einem dynamischen, instabilen Umfeld auftritt.

- Miles und Snow (1978) unterteilen Organisationen in Vertei-
  diger, Prospektoren, Analytiker und Reaktoren. Diese Typen
  werden von äußeren Einflussfaktoren zu unterschiedlichen
  Wettbewerbsstrategien getrieben.

- Mintzberg (1979) orientiert sich an den erstgenannten Arbeiten und stellt verschiedene Prototypen von Organisationen vor,
  wobei er nicht nur deren äußere Erscheinung mit der Ausgestaltung der verschiedenen Elemente, sondern auch die situativen Kräfte beschreibt.

- Eine dynamische Sichtweise bei der Beschreibung der organisationalen Gestaltung bildet die Unterteilung in Abhängigkeit
  vom Lebenszyklus der Organisation (Dodge, Fullerton, &
  Robbins, 1994; Miller & Friesen, 1983).

- Greenwood und Hinings, (1993) erläutern, dass Organisationen durch ihre Eigenschaften gruppiert werden können, um
  dann idealtypische Archetypen aufzustellen. So können Rück-
  schlüsse auf erfolgreiche und nachhaltige Geschäftsmodelle
  bei gegebenen Umwelteinflüssen geschlossen werden (Miller
  & Friesen, 1978).

- Luhmann (1997) beschreibt die Gesellschaft und somit ebenfalls die Unternehmen als einheitliches soziales System. Innerhalb dieses Systems müssen Zwang und Konsens in Einklang gebracht werden. Dabei wird die Legitimation von Entscheidungen als Lernprozess angesehen, da Organisationen einer ständigen Änderung der Erwartungen von der Umwelt
  ausgesetzt sind (Luhmann, 2001).

Eine breite Reflexion der Fallstudie wird in dieser Arbeit auf der Grundlage
zweier Theorien vorgenommen, die eine Beleuchtung entscheidender Aspekte von Social Businesses zulassen. So kann einerseits die Konkurrenz
der verschiedenen Logiken innerhalb eines Social Businesses unter Zuhil-
fenahme der Theorie des Neoinstitutionalismus analysiert werden (Besha-

rov & Smith, 2014). Hiermit wird auf die Legitimität einer Organisation eingegangen, um den Zielkonflikt zwischen der sozialen Ausrichtung und dem wirtschaftlichen Erfolg abzubilden. Weiterhin werden die verschiedenen Umwelterwartungen und die entsprechenden organisationalen Reaktionen dargestellt, um so ein besseres Verständnis für hybride Organisationen wie Social Businesses zu erhalten. Die Arbeit baut also ein Verständnis auf, wie innerhalb der Organisation ein Konsens ermittelt wird, um das Konzept der nachhaltigen Unternehmensführung zu verwirklichen. So können bei der untersuchten Organisation die internen Teile und Prozesse sowie der Zielkonflikt zwischen den unterschiedlichen institutionellen Erwartungen der Organisation dargestellt werden.

Anderseits können die einzelnen Elemente der Organisation und deren Zusammenspiel mit Hilfe der Konfigurationstheorie untersucht werden (Walgenbach & Oberg, 2008). Dieser liegt der Gedanke zu Grunde, dass die Koordination als einer der wichtigsten Merkmale einer Organisation angesehen wird (Nadler & Tushman, 1988). Um eine Organisation nun in ihrer Gesamtheit zu verstehen, wird eine Theorie benötigt, die die Koordination in den Mittelpunkt der Untersuchung rückt. Groth (1999) beschreibt, dass die organisationale Koordination in der Konfigurationstheorie von Mintzberg (1979) besondere Berücksichtigung erfährt und die Strukturelemente der entsprechenden Organisation in einem Modell dargestellt werden können. Dies kann insbesondere zu einer breiten Reflexion einer Fallstudie und zur Erarbeitung von verständlichen und praktisch umsetzbaren Handlungsempfehlungen genutzt werden (Groth, 1999). So erfolgt in Kapitel 5.3 eine Darstellung der zukünftigen Herausforderungen für das untersuchte Social Business.

## 2.3  Neoinstitutionalismus

Die Entstehung des Neoinstitutionalismus basiert auf einer Untersuchung, die erklärt, dass die Struktur einer Organisation die Erwartungen der organisationalen Umwelt widerspiegelt (Walgenbach, 2006). So erläutern Meyer und Rowan (1977: 341) „[...the formal structures of many organizations in postindustrial society dramatically reflect the myths of their institutional environments instead of the demands of their work activities".

Im Neoinstitutionalismus werden die verschiedenen Interessensgruppen als Institutionen bezeichnet, die bestimmte Erwartungen an die Organisation haben. (DiMaggio & Powel, 1983). Wenn Organisationen ihr Handeln an diese Erwartungen anpassen, erhalten sie von ihrer institutionalisierten Umwelt Legitimität. Somit beinflusst die organisationale Umwelt die Struktur einer Organisation (Scott & Meyer, 1991). Die Institutionalisierung kann sowohl als Prozess als auch als Zustand verstanden werden. Institutionen werden als etablierte Einrichtungen bezeichnet, die zweckmäßig und sinnvoll sind (Jepperson, 1991: 147). Deshalb werden sie von vielen Wissenschaftlern als „die Regeln des Spiels" betrachtet, die organisationales Verhalten lenken und abgrenzen (Kraatz & Block, 2008: 243). Jede Institution besitzt andere Erwartungen und funktioniert nach einer individuellen Logik, weshalb diese auch als institutionelle Logiken bezeichnet werden können. Diese werden von Thornton und Ocasio (1999: 804) als "socially constructed, historical patterns of material practices, assumptions, values, beliefs and rules" definiert. Dies führt dazu, dass innerhalb der Organisation bestimmte Teile wie das Lohnsystem oder die Buchführung als gegeben angesehen werden (Walgenbach, 2006).

Die Vertreter des Neoinstitutionalismus argumentieren also, dass das Verhalten von Organisation von den Institutionen vorgeschrieben wird (DiMaggio & Powel, 1983). Das heißt, Organisationen sind in ein soziales Umfeld eingebettet, das verschiedene Erwartungen hat und damit das Verhalten des Managements beeinflusst (Johnson & Greenwood, 2007). Somit erklärt der Neoinstitutionalismus Strukturen und Handlungen von Organisationen durch den Bezug zu Normen, Erwartungen und Leitbildern der institutionellen Umwelt (Meyer & Rowan, 1977). Mittlerweile wird der Neoinstitutionalismus als eine der populärsten Theorien zur Beschreibung von organisationalen Phänomenen angesehen (Suddaby, 2010; Walgenbach 2006; Bühner, Stiller, & Tuschke, 2004).

In der Literatur lassen sich zwei Hauptströmungen des Neoinstitutionalismus identifizieren (Walgenbach, 2006). Beim makroinstitutionalistischen Ansatz wird davon ausgegangen, dass die Umwelt durch ihren institutionellen Druck entscheidenden Einfluss auf die Organisation ausübt. Die bekanntesten Aufsätze dieser Strömung sind von Meyer und Rowan (1977) und DiMaggio und Powell (1983). Der mikroinstitutionalistische Ansatz untersucht das Verhalten von Individuen, das durch institutionelle Erwartungen entsteht (Zucker, 1977).

### 2.3.1 Rationalitätsmythen und Legitimität

Die Anzahl an Stakeholdern nimmt in unserer Gesellschaft immer weiter zu, was zu einem institutionellen Pluralismus führt (Meyer & Rowan, 1977). Als Beispiele können hierfür der Umweltschutz, die erhöhte gesellschaftliche Verantwortung oder der Verbraucherschutz angesehen werden (Hoffman & Ventresca, 2002). Hierdurch nehmen auch die Erwartungen an Organisationen und Unternehmen zu (Meyer & Rowan, 1977). Jeder dieser Umweltbereiche hat andere Erwartungen, sodass ausgeprägte Widersprüche entstehen (Walgenbach, 2006). Die unterschiedlichen Anspruchsgruppen besitzen also heterogene Vorstellungen von der Rationalität einer Organisation, weshalb Meyer und Rowan (1977) den Begriff der Rationalitätsmythen prägen. Diese entstehen durch den kollektiven Glauben der Gesellschaft und werden von Organisationen als Regeln verstanden, die objektiv nicht geprüft werden können (Walgenbach, 2006). Diese Regeln können beispielsweise Managementmethoden oder Verhaltensweisen in der Organisation betreffen (Scott, 1983).

Nach Meyer und Rowan (1977) bestimmt die gesellschaftliche Modernisierung mit der zunehmenden Anzahl an Stakeholdern die Ausgestaltung der Organisationsstrukturen. Zum einen nimmt die Komplexität in den Austauschbeziehungen und im Netzwerk von Organisationen zu. Zum anderen bilden sich institutionelle Verhaltensregeln, denen sich jede Organisation unterordnen muss, da ihr sonst keine Legitimität von der Umwelt zugesprochen wird (Walgenbach, 2006). So entstehen Managementpraktiken, die aus rationaler Sicht nicht vorzuziehen sind, aber von der institutionellen

Umwelt verlangt werden. So übernehmen Organisationen extern legitimier-
te Verhaltensweisen, um selber Legitimität zu erlangen (Meyer, Rowan,
1977; Zucker, 1987). Somit wird das Management unter Druck gesetzt, bestimmte Elemente in der Organisation zu implementieren (Powell, 1991).
Diese Zusammenhänge werden in Abbildung 3 dargestellt.

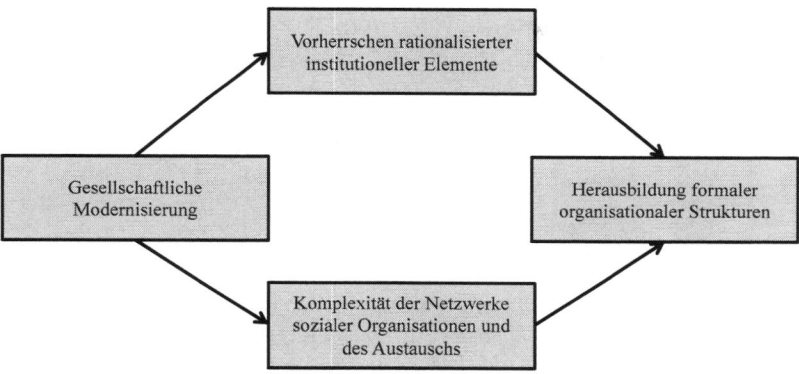

Abbildung 3: Die Herausbildung formaler organisationaler Strukturen (in
Anlehnung an Meyer & Rowan, 1977: 346)

Durch die Umsetzung der Rationalitätsmythen erhalten Organisationen Legitimität. Dieser Begriff wird in der Literatur unterschiedlich definiert und
vielseitig verwendet. Max Weber (2002: 16) beschreibt beispielsweise den
Begriff als „Orientierung an jenen Maximen […], weil sie als […] verbind-
lich oder vorbildlich angesehen werden". Berger und Luckmann (1967:
111) greifen die Idee von Max Weber auf und sehen den Begriff der Legitimation als einen Prozess der Institutionalisierung: „Legitimation not only
tells the individual why he should perform one action and not another; it
also tells him why things are what they are". Stinchcombe (1987) beschreibt den Begriff Legitimität so, dass starke externe Akteure die Aktionen einer Organisation befürworten müssen, damit sie überlebt. Suchman
(1995: 574) geht noch einen Schritt weiter und beschreibt Legitimität als
„generalized perception or assumption that the actions of an entity are de-
sirable, proper, or appropriate within some socially constructed systems of

norms, values, beliefs, and definitions". Die Legitimität zeigt also, in welchem Umfang eine Organisation Unterstützung von der Umwelt bekommt (Meyer & Rowan, 1977). Um das Überleben einer Organisation zu sichern, benötigt also jede Organisation Legitimität und Ressourcen aus der Umwelt. Dafür bedarf es einer Konformität mit den von der Umwelt vorgegeben institutionalisierten Rationalitätsmythen. Trotzdem betonen die Institutionalisten, dass die Implementierung von Umwelterwartungen mit einem ökonomischen Vorteil einhergehen kann (DiMaggio & Powell, 1991) und sie sich deshalb nicht ausschließen. Diese Zusammenhänge werden in Abbildung 4 dargestellt.

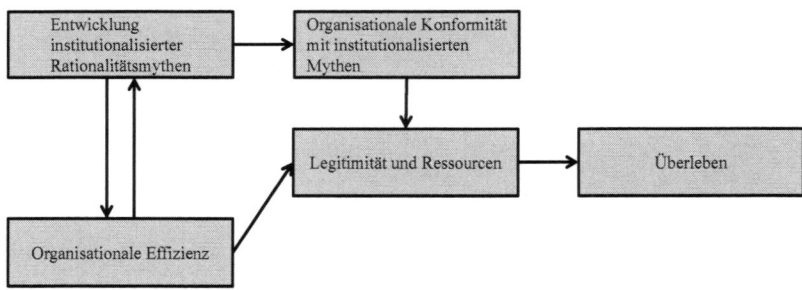

Abbildung 4: Überleben von Organisationen (angelehnt an Meyer & Rowan, 1977: 353)

### 2.3.2 Institutionelle Isomorphie

Institutionalisten verglichen das Verhalten von verwandten Organisationen, die beispielsweise in der gleichen Branche tätig sind, und entdeckten ein weiteres Phänomen: Innerhalb eines organisationalen Feldes passen sich Organisationen immer weiter an (DiMaggio & Powell, 1983). Dabei kann das organisationale Feld weiter gefasst werden als eine Branche, da auch Organisationen zu einem Feld gehören, die einfach nur Einfluss ausüben wie beispielsweise Ämter oder Non-Profit-Organisationen (Walgenbach, 2006). DiMaggio und Powell (1983: 148) sehen deshalb ein organisationales Feld als die „totality of relevant actors". Die Angleichung der Organisationen eines Feldes entsteht nicht durch die Wettbewerbsbedingungen, sondern durch die Herausbildung von institutionalisierten Strukturen und die daraus resultierende Isomorphie (DiMaggio & Powell, 1983).

Es können drei verschiedene Arten der Isomorphie identifiziert werden: Isomorphie durch Zwang, durch mimetische Prozesse und durch normativen Druck (Walgenbach, 2006). Der Staat zwingt die Organisationen durch Gesetze wie das Steuerrecht oder das Umweltschutzgesetz zu bestimmten Verhaltensweisen und beeinflusst so die Struktur von Organisationen, die dadurch immer homogener werden und einheitliche Strukturen entwickeln (DiMaggio & Powell, 1991; Hoffman & Ventresca, 2002). So entsteht Isomorphie durch Zwang. Daneben können sich Organisationen durch mimetische Prozesse angleichen, weil sie in nicht eindeutigen Situationen und bei Problemen erfolgreiche Strukturen von anderen Organisationen einfach übernehmen (Walgenbach, 2006). Normative Angleichung von Organisationen entsteht durch eine zunehmende Professionalisierung der Gesellschaft (Abbott, 1988). Innerhalb einer Profession oder Berufsgruppe entstehen ähnliche Verhaltensmuster (DiMaggio & Powell, 1983) und eine „gemeinsame kognitive Orientierung" (Walgenbach, 2006: 371). Durch das Studium an der Universität entwickeln beispielsweise Ingenieure oder Juristen ein gemeinsames Verständnis ihrer Profession. Berufsverbände verstärken diesen Prozess der Angleichung (Walgenbach, 2006). In Professionen, in denen bei der Einstellung verstärkt auf Zertifikate oder Zeugnisse geachtet wird, verstärkt sich die Isomorphie durch normativen Druck noch (DiMaggio & Powell, 1983). Umgekehrt können Organisationsstrukturen veralten, weil sich die Umwelt ändert und somit andere Erwartungen entstehen. Sie besitzen dann eine Struktur, die den anderen Organisationen nicht mehr ähnelt. So erläutern Davis, Diekman und Tinsley (1994), wie sich die Vorstellung, ein Konglomerat sei die beste Struktur für eine Organisation, gewandelt hat. Die drei Mechanismen der Isomorphie sind in der Literatur nicht unumstritten (vgl. z. B. die Diskussion in Zucker (1977)), sie sind jedoch für die vorliegende Untersuchung ausreichend.

### 2.3.3 Entkopplung und institutioneller Wandel

Organisationen müssen trotz der institutionellen Erwartungen einen bestimmten Grad an Effizienz erfüllen, um unter wettbewerblichen Bedingungen nachhaltig existieren zu können. Auch können die verschiedenen
Stakeholder inkompatible Erwartungen haben, sodass diese nicht gleichzeitig erfüllt werden können. Walgenbach (1998) beschreibt exemplarisch den
Zielkonflikt zwischen Lean Management und der Einführung einer DIN
ISO 9000 Zertifizierung. Auf der einen Seite soll Bürokratie abgebaut werden und auf der anderen Seite entstehen Strukturen mit einer starken Do-
kumentationspflicht für Verhalten und Verfahren. Meyer und Rowan
(1977) beschreiben fünf verschiedene Strategien, wie Organisationen mit
diesem Problem umgehen können:

- Zurückweisung

- Totale Einhaltung

- Eingestehen der Inkompatibilität

- Versprechung von Reformen

- Entkopplung

Wenn die Organisation die Erwartungen der Umwelt nicht erfüllt und zu-
rückweist, erhält sie keine Legitimität von der Gesellschaft auch wenn sie
technisch sehr effizient arbeitet. Bei der absoluten Einhaltung aller Erwartungen der Umwelt entstehen Zielkonflikte innerhalb Organisation. Das
Eingestehen einer Inkompatibilität mit der Umwelt resultiert in einem Ent-
zug der Legitimität. Beim Versprechen von Reformen wird der jetzigen
Struktur trotzdem die Legitimität entzogen, da sie im Moment nicht Um-
weltkonform gestaltet ist und Versprechen nicht immer umgesetzt werden.
Daher empfehlen Meyer und Rowan (1977) die Strategie der Entkopplung.
Hierbei löst die Organisation Strukturelemente und die dazugehörigen Aktivitäten voneinander, um die Überprüfung der formalen Struktur zu mini-

mieren (Walgenbach, 2006). Beispielsweise sprechen Krankenhäuser nie davon, dass sie Patienten heilen, sondern behandeln (Walgenbach, 2006). Oft erfolgt nur eine ritualisierte Kommunikation mit der Umwelt in Form von Geschäftsberichten oder Pressemitteilungen, um die Erwartungen der Umwelt zu erfüllen (Power, 1997). S o können Organisationen den formalen Strukturerwartungen der Umwelt entsprechen und gleichzeitig die technische Effizienz für den Erhalt im Wettbewerb erfüllen. Meist erfolgt keine direkte Überprüfung, ob die Organisation nur eine Fassade aufbaut (Brunsen, 1989) oder die Erwartungen wirklich in die Struktur implementiert (Meyer & Rowan, 1977). Organisationen bauen beispielsweise durch Zertifikate oder die Einstellung von Spezialisten Vertrauen und Konformität auf, damit ihre Entscheidungen nicht hinterfragt werden (Walgenbach, 2006).

Die Forschung auf dem Gebiet zur Erlangung von gesellschaftlicher Legitimität hat mittlerweile weitere Strategien hervorgebracht. So können Organisationen Einfluss auf die gesellschaftlichen Erwartungen nehmen (Bresser & Millonig, 2003). Oliver (1991) identifiziert Maßnahmen, wie Organisationen auf institutionelle Erwartungen reagieren können und zeigt mögliche Strategien auf. Suchman (1995) konkretisiert diese Strategien, um organisationale Legitimität zu erlangen. Außerdem entstanden Untersuchungen über bestimmte Arten von Organisationen. So untersuchten Reihlen, Smeths und Veit (2010) Strategien von Unternehmensberatungen, wie sie Einfluss auf ihre institutionelle Umwelt nehmen können. Dabei identifizierten sie folgende Strategien: Lobbyismus, Mitgliedschaft, Standardisierung und Einflussnahme (Reihlen et al., 2010: 332). Außerdem entstand das Forschungsfeld des „Institutional Entrepreneurship" in dem erklärt wird, wie Organisationen institutionellen Wandel herbeiführen können (DiMaggio, 1988; Battilana, Leca, & Boxenbaum, 2009).

### 2.3.4 Neoinstitutionalismus und hybride Organisationen

Jede Organisation befindet sich in einem Kontinuum zwischen dem Einfluss der technischen und der institutionellen Umwelt (Meyer & Rowan, 1977: 354). Einerseits existieren Unternehmen, die unter strenger Markt-

kontrolle stehen wie z.b. Pharmaunternehmen und anderseits gibt es Organisation, die von ihrer Zweckmäßigkeit also von der institutionellen Umwelt abhängen, wie beispielsweise Schulen oder Kirchen (Scott, 1998:
138). Zusätzlich zu der oben beschriebenen Pluralität der Stakeholder entstehen viele verschiedene Umweltlogiken, denen Organisationen entsprechen müssen. Die institutionellen Logiken können sich in verschiedenster
Form innerhalb der Organisation verankern, je nachdem in welchem geo-
grafischen, historischen oder kulturellen Kontext sich die Organisation bewegt (Greenwood, Díaz, Li, & Lorente, 2010). Des Weiteren besitzen Organisationen eine Abhängigkeit von bestimmten Institutionen, die ihnen
essentielle Ressourcen zur Verfügung stellen, sodass die entsprechenden
Logiken besonders in der Organisation verankert werden (Jones, Maoret,
Massa, & Svejenova, 2012).

So entstehen zunehmend konkurrierende Logiken, mit denen Organisationen umgehen müssen. (Greenwood, Raynard, Kodeih, Micelotta, & Lounsbury, 2011). Organisationen, die in einem besonderen Spannungsfeld zwischen konkurrierenden Logiken stehen, nennen Pache und Santos (2013b)
hybride Organisationen. Innerhalb hybrider Organisationen entstehen durch
unterschiedliche Logiken Konflikte, die durch geschicktes Verhandeln gelöst werden müssen (Glynn, 2000; Zilber, 2002). Die Hybride existieren in
vielen verschiedenen Bereichen der Gesellschaft wie beispielsweise bei
Biotechnologiefirmen zwischen der Markt- und der Wissenschaftslogik
(Powell & Sandholtz, 2012) oder in Partnerschaften zwischen privaten und
öffentlichen Organisationen (Jay, 2013).

Social Businesses müssen verschiedene Bedürfnisse von Institutionen erfüllen, die teilweise im Widerspruch zueinander stehen (Moss, Short, Payne, & Lumpkin, 2010). Deshalb können sie ebenfalls als hybride Organisationen angesehen werden. Sie müssen marktwirtschaftliche und soziale Erwartungen in Einklang bringen (Battilana & Dorado, 2010), die zueinander
in Konkurrenz stehen (Besharov & Smith, 2012), widersprüchliche Handlungen erfordern und deshalb harmonisiert werden müssen (Tracey, Phillips, & Jarvis, 2011). Diese Praktiken führen oft zu Koalitionen von Orga-

nisationsmitgliedern, wodurch die institutionellen Konflikte auch auf die interne Organisation übertragen werden (Glynn, 2000; Zilber, 2002). Besharov und Smith (2014) beschreiben verschiedene Arten von Konflikten die auftreten können und wie man diese lösen kann. Sie entwickeln vier idealisierte Typen von Organisationen, in denen ein unterschiedlicher Grad an Konflikten auftritt (vgl. Kapitel 5.1.2).

Pache und Santos (2013b) fokussieren auf die Untersuchung von hybriden Organisationen, indem sie Konflikte zwischen der sozialen und der kommerziellen Logik, so wie sie auch in Social Businesses auftreten, analysieren. Hierbei wird deutlich, dass die Ziele, die entstehende Struktur und die resultierenden Verhaltensweisen der beiden Logiken stark miteinander konkurrieren und sich eine Dualität bildet. Dies wird in Abbildung 5 dargestellt.

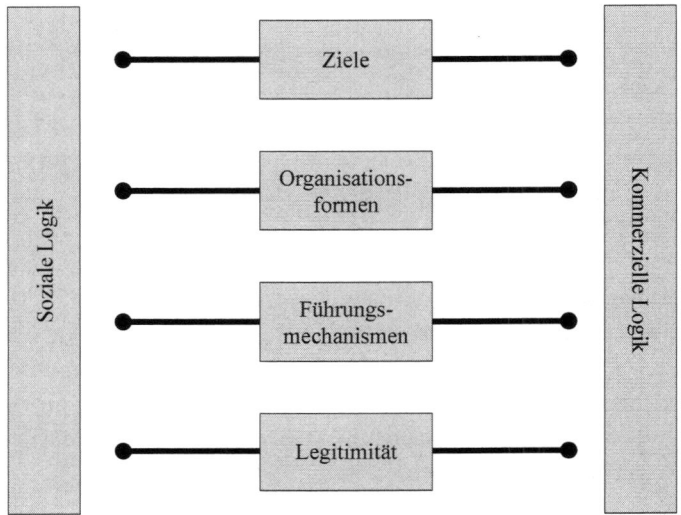

Abbildung 5: Entgegengesetzte Erwartungen der sozialen und der kommer-
            ziellen Logik (Eigene Entwicklung angelehnt an Pache &
            Santos, 2013b: 980)

Pache und Santos (2013b) zeigen, dass Entkopplung (Meyer & Rowan,
1977) und Kompromissfindung (Oliver, 1991) nicht die Problemlöser sind,
sondern nur das selektive Koppeln zum Erfolg führt. Diese Strategie bringt
die konkurrierenden Denkweisen durch die Implementierung von Aktivitäten in Einklang, die beide Logiken simultan bedienen.

2.3.5  Corporate Social Responsibility und Neoinstitutionalismus

Der Begriff Corporate Social Responsibility (CSR) wird seit zwei Jahrzehnten im Feld der Business Ethics-Forschung untersucht und diskutiert
(McWilliams, Siegel, & Wright, 2006; Schwartz & Carroll, 2003). McWilliams und Siegel (2001) definieren CSR als Situation, in denen Organisationen sich über die eigenen Interessen und die der staatlichen Gesetzgebung
hinaus sozial engagieren. Basen, Jastram und Meyer (2005) argumentieren,
dass CSR verschiedene Elemente der Nachbarströmungen Nachhaltigkeit,

Corporate Governance oder Corporate Citizenship aufgreift. Sie sehen deshalb CSR als „ein dynamisches Konzept […], welches einen gesellschaftlichen Diskurs um die moralische Verantwortung von Unternehmen für die ökologischen und sozialen Konsequenzen ihrer Aktivitäten reflektiert" (Basen, Jastram, Meyer, 2005: 235).

Die Stakeholder beeinflussen entscheidend die CSR-Aktivitäten, da sie bestimmte Erwartungen an das gesellschaftliche Engagement von Organisationen haben aber auch die nötige Macht zu Durchsetzung besitzen (vgl. Kapitel 2.1.1). So integriert die europäische Kommission diese in ihre Definition: CSR ist „ein Konzept, das den Unternehmen als Grundlage dient, auf freiwilliger Basis soziale Belange und Umweltbelange in ihre Unternehmenstätigkeit und in ihre Wechselbeziehungen mit den Stakeholdern zu integrieren." (Europäische Kommission, 2001). Dabei plädieren die meisten Unternehmen dafür, CSR als freiwillige Maßnahme anzusehen, ohne dass staatliche Institutionen einen Zwang implementieren (Basen, Jastram, Meyer, 2005). Weiter greift die Definition des Bundesministeriums für Umwelt, nach der CSR mehrere Handlungsfelder umfasst: den betrieblichen Umweltschutz, die ökologische Produktverantwortung, den betrieblichen Arbeitsschutz und den Verbraucherschutz. Die Basis hierfür bildet die Umsetzung fairer Handels- und Geschäftspraktiken, aber auch soziales Engagement und die Unterstützung gesellschaftlicher Entwicklung (BMU, 2009).

Das Modell von Carroll und Buchholtz (2014) erweitert die vorherigen Definitionen um die philanthropische Komponente von CSR. Dieses Modell wird in Form einer Pyramide in Abbildung 6 dargestellt und unterteilt das Verständnis von CSR in vier Teile: die ökonomische Verantwortung, die rechtliche Verantwortung, die ethische und die philanthropische Verantwortung.

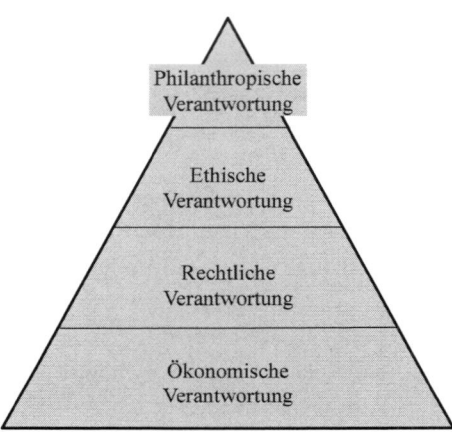

Abbildung 6: Pyramide der Corporate Social Responsibility (Carrol & Buchholtz, 2006: 35)

Die Basis für nachhaltiges Handeln eines Unternehmens bildet die ökonomische Verantwortung, Waren zu produzieren, Dienstleistungen anzubieten und diese zu angemessenen Preisen zu verkaufen (Carroll & Buchholz, 2014). Außerdem müssen Unternehmen Arbeitsplätze mit einer gerechten Entlohnung anbieten. Der daraus resultierende Gewinn soll dann die Investoren ausreichend entlohnen (Carroll & Buchholz, 2014). Somit bildet die ökonomische Verantwortung die als Fundament die erste Stufe. Die zweite Stufe gibt vor, dass die Unternehmen alle geltenden Gesetze und Regeln einhalten müssen. Darüber hinaus sollen sich alle Unternehmen an gesellschaftlichen Werten und Normen sowie den ethischen Erwartungen aller Stakeholder ausrichten. Die philanthropische Verantwortung wird umgesetzt, indem das Unternehmen sich in die Gesellschaft einbringt, ohne dass dies durch Gesetze oder ethische Grundsätze verlangt würde. Sie sollen ein „good corporate citizen" sein (Carroll & Buchholtz, 2006: 35). Während das ökonomische Handeln und die Einhaltung der Gesetze eine Notwendigkeit darstellen und die ethische Verantwortung von der Öffentlichkeit erwartet wird, kann die Gesellschaft die Übernahme von philanthropischer Verantwortung nur „wünschen". (Schwartz & Carroll, 2003). Immer mehr kommerzielle Unternehmen übernehmen, über ihren ökonomischen Unternehmenszielen hinaus, gesellschaftliche Verantwortung. In einer Weiterführung des Ansatzes werden die philanthropische und die ethische Ebene zusammengeführt (Schwartz & Carroll, 2003).

CSR wurde schon in mehreren wissenschaftlichen Untersuchungen mit dem Neoinstitutionalismus verknüpft. So untersucht Jones (1995), wie Unternehmen auf Basis von Vertrauen ihren Stakeholdern signalisieren, dass sie ethisch aufrichtig handeln. Jennings und Zandbergen (1995) analysieren die Rolle von Institutionen bei der Etablierung einer ökologisch nachhaltigen Organisation.

Im weiteren Verlauf dieser Arbeit soll gezeigt werden, welche Stakeholder besonderen Einfluss auf Social Businesses haben und wie das Thema CSR damit verknüpft ist.

## 2.4  Konfigurationstheorie

Durch die Erweiterung des situativen Ansatzes um die Struktur und die Strategie einer Organisation entstand die Konfigurationstheorie von Mintzberg (1979). Die Konfigurationstheorie untersucht viele verschiedenen Faktoren, um eine ganzheitliche Beschreibung von idealtypischen Organisation zu erhalten (Meyer et al., 1993). Miller (1981) greift zum ersten Mal die Besonderheiten der Situationstheorie auf und hinterfragt die Grundsätze kritisch. Er findet dabei verschiedene Mängel wie beispielsweise Monokausalität, Undifferenziertheit, lineare Beziehungen oder Ignoranz.

Diese Mängel führten dazu, dass viele Wissenschaftler zur Beschreibung von Organisationen eher einen gestaltorientierten Ansatz wählten. So entstanden viele Publikationen, die diesen Ansatz für ihre Arbeiten und Weiterentwicklungen nutzten (Miller, Friesen, & Mintzberg, 1984; Mintzberg, 1979; Wührer, 1995). Nun wurden zur Beschreibung von Organisationen neben den externen Einflussfaktoren ebenfalls interne Variablen herangezogen, um hierbei Erfolgsmuster im Zusammenhang zwischen Gestalt und Kontext einer Organisation zu identifizieren (Wolf, 2011). Bei der Konfi-

gurationstheorie streben die Organisationen also nach einer Harmonisierung der verschiedenen internen Eigenschaften mit den externen Hand-
lungssituationen, „um sich wohler zu fühlen" (Mintzberg, 1979: 303). Mittlerweile ist die Konfigurationstheorie verbreitet und wird als eine wichtige
Denkrichtung in der Organisationsforschung angesehen (Mintzberg, 1990;
Wolf, 2011).

Einen der wichtigsten Vertreter der Konfigurationstheorie stellt Mintzberg
(1979) dar, der verschiedene Prototypen entwickelte, die zu bestimmten
Umweltfaktoren passen. Um die internen Abläufe, Elemente und äußeren
Einflussfaktoren einer Organisation zu beschreiben, ist der konfigurations-
theoretische Ansatz geeignet. Diese Theorie wurde in der Literatur schon
häufig untersucht und zur Erklärung interner Strukturen von Organisation
herangezogen (Dess, Newport, & Rasheed, 1993; Miles, Snow, Meyer, &
Coleman, 1978; Short, Payne, & Ketchen, 2008). Eine Konfigurationen
bildet eine Anordnung homogener Elemente zu einer Gruppe und kann
auch auf die Organisationsforschung übertragen werden (Meyer et al.,
1993). Hier werden Organisationen mit bestimmten Eigenschaften zu Typen zusammengefasst (Fiss, 2011). Dabei können die Begriffe Konfiguration, Archetyp oder Gestalt von Organisationen als Synonyme betrachtet
werden (Dess et al., 1993). Die Konfigurationstheorie betrachtet Organisationen als ein ganzheitliches Konstrukt, in dem alle Teile von der Struktur
über das Personalmanagement bis hin zur Unternehmenskultur beschrieben
werden. Diese ganzheitliche Ausrichtung wird benötigt, um Social Businesses zu beschreiben, da ihre gesellschaftliche Ausrichtung alle Teile der
Organisation tangiert.

Dennoch existieren auch in den Organisationswissenschaften verschiedene
Sichtweisen auf die Konfiguration von Organisationen. So wird diese von
einigen Wissenschaftlern als Teil der Organisationsstruktur angesehen und
als äußere Form des Stellengefüges definiert (Kieser & Walgenbach, 2010;
Pugh, Hickson, Hinings, & Turner, 1968). Diese Form stellt das Organigramm einer Organisation dar und zeigt die verschiedenen Instanzen mit
den untergeordneten Stellen. Im Gegensatz dazu beschreibt Miller (1987)
die Konfiguration als übergeordnetes Modell mit vier grundsätzlichen Faktoren: Umwelt, Struktur, Strategie und ausführende Persönlichkeiten. Er

argumentiert, dass diese einzelnen Aspekte von verschiedenen Vertretern analysiert und separat betrachtet werden. Die Konfiguration besteht aber aus dem Zusammenspiel dieser verschiedenen Bereiche, weshalb für eine umfassende Darstellung die verschiedenen Blickwinkel gemeinsam betrachtet werden müssen (Moores & Yuen, 2001).

Eine umfassende Definition nutzen Meyer et al. (1993), indem sie eine Konfiguration als eine multidimensionale Konstellation mit verschiedenen Charaktereigenschaften und Elementen bezeichnen, die gemeinsam auftreten. Darin sind verschiedene Dimensionen wie beispielsweise Umwelt, Strategie, Kultur, Angestellte oder Prozesse enthalten. So können mit dem Konfigurationsbegriff Analysen auf verschiedenen Ebenen wie beispielsweise zwischen Individuen, Gruppen, Organisationen oder Netzwerken durchgeführt werden. Diese Definition kann sowohl für typologische als auch für taxonomische Ansätze zur Erklärung von Konfigurationen herangezogen werden (Fiss, 2009). Mintzberg (1979: 2) beschreibt die Konfiguration einer Organisation folgendermaßen: Eine Konfiguration ist „the sum total of the ways in which it divides its labor into distinct tasks and then achieves coordination among them". Für die Beschreibung einer Konfiguration können viele verschiedene Variablen herangezogen werden, wovon nur wenige sinnvoll sind, um Organisationen besser zu verstehen und erfolgreiche Konfigurationen zu bestimmen. Mintzberg (1979) stellt für die Bestimmung dieser Variablen drei Hypothesen auf:

1. In einer effektiven Organisation müssen die situativen und die strukturellen Faktoren miteinander harmonieren.

2. Die Gestaltungsparameter müssen in sich konsistent sein.

3. Es bedarf einer Konsistenz zwischen den Gestaltungsparametern und den situativen Faktoren.

Miller (1981) argumentiert, dass mindestens drei Klassen von Faktoren existieren, die die Konfiguration beeinflussen: Strategie, Umwelt und Organisation. Jeder Gestaltungsparameter und jeder situative Faktor kann einem dieser Begriffe zugeordnet werden. Organisationen müssen also durch Adaption und Lernprozesse eine funktionierende Einheit aus den verschiedenen Faktoren bilden, um ein effizientes Ergebnis zu erhalten, das das langfristige Überleben sichert (Fiss, 2009). Hierfür müssen im ersten Schritt die verschiedenen Grundbausteine einer Organisation betrachtet werden. Mintzberg (1979) nimmt hier folgende Einteilung vor:

- Strategische Spitze,

- mittlere Ebene,

- operative Kern,

- Hilfsstab,

- Technostruktur,

- Ideologie.

Neben diesen Elementen einer Organisation beschreibt Mintzberg (1979) die wichtigsten Koordinationsmechanismen, Gestaltungsparameter und situativen Faktoren zur Beschreibung einer Organisation, die jeweils der Strategie, Umwelt oder Organisation zugeordnet werden können. Da mit seiner Einteilung prototypische Organisationen beschrieben werden, sollen diese Faktoren auch für diese Arbeit genutzt werden, da für Social Businesses ebenfalls eine prototypische Konfiguration aufgestellt werden soll. Konfigurationen wurden bisher nur für konventionelle Unternehmen entwickelt. Doch wie Kapitel 2.1.3.2 zeigt, unterscheiden sich Social Businesses von diesen, wodurch hier das Zusammenspiel von internen Faktoren und externen Einflüssen auf einem anderen Weg harmonisiert werden muss. Die Koordinationsmechanismen, Gestaltungsparameter und situative Faktoren, die später für die Bestimmung des Prototyps herangezogen werden, sollen im Folgenden detailliert beschrieben werden.

## 2.4.1 Koordinationsmechanismen

Die Koordinationsmechanismen werden als bedeutendes Merkmal einer Konfiguration beschrieben, da hiermit die Abläufe und Prozesse innerhalb einer Organisation abgestimmt werden (Mintzberg, 1979). Auch March und Simon (1958) argumentieren, dass eine Organisation erst durch Koordination zu dieser wird, womit sie zwingend notwendig ist. Innerhalb einer Organisation sind viele Koordinationsmechanismen notwendig, um das Zusammenspiel der Elemente zu sichern. Galbraith (1974) bezeichnet den Modus, also das System der Koordinationsmechanismen einer Organisation, sogar als wichtigstes Merkmal, da er die Aufgabe besitzt, die vielen kleinen Tätigkeiten innerhalb der Organisation zu koordinieren, um das Hauptziel zu erreichen.

Um eine Organisation umfassend zu erläutern, muss die Beschreibung auf einem koordinationsbasierten Modell aufgebaut werden. Groth (1999) beschreibt die Konfigurationstheorie von Mintzberg (1979) als besten Ansatz, um Organisationen in Bezug auf ihre Koordination zu untersuchen. Außerdem ermöglicht der Ansatz von Mintzberg, alle Einflussfaktoren in ein Modell zu integrieren, um Organisationen in ihrer Gesamtheit beschreiben zu können. Der Bestimmung der Koordinationsmechanismen kommt bei einem Social Business, in dem fast 50 % der Angestellten Menschen ein Handicap besitzen, eine besondere Bedeutung zu. Wie der Abschnitt 4.1.2 zeigt, benötigen diese Menschen eine besondere Fürsorge mit einer intensiven Betreuung. Deshalb liegen viele Besonderheiten der Konfiguration des Social Business in den Koordinationsmechanismen.

Mintzberg (1979) identifiziert sechs Hauptkoordinationsmechanismen: Wechselseitige Abstimmung, direkte Weisung, Standardisierung der Arbeit, Standardisierung der Fertigkeiten, Standardisierung der Normen und Standardisierung des Outputs.

Die gegenseitige Abstimmung erreichen die Mitglieder einer Organisation meist durch informelle Kommunikation (Mintzberg, Lampel, Quinn, & Ghoshal, 2003). Dies kann entweder innerhalb aber auch außerhalb regulierter Abläufe erfolgen. Im Gegensatz dazu steht die direkte Überwachung, die über persönliche Weisungen entlang der hierarchischen Linie erfolgt (Mintzberg, 1979). Diese Klasse der Koordinationsmechanismen geht jedoch mit einer permanenten Anpassung an die jeweilige Situation einher.

Eine Vereinheitlichung der Produkte und Abläufe in der Organisation erfolgt bei der Arbeitsstandardisierung. Die Standardisierung der Fertigkeiten

erfolgt über die Ausbildung, die die Mitarbeiter vor Eintritt in die Organisation abgeschlossen haben. Meist wird diese Ausbildung, wie beispielsweise bei Ärzten oder Rechtsanwälten, zur Erbringung der Leistung vo-
rausgesetzt. Bei der Standardisierung der Normen erfolgt die Koordination
über gemeinsame Werte und Überzeugungen, die zu einer starken Identifikation mit der Organisation führen (Mintzberg, 1979). Dabei spielt die Sozialisation der Angestellten im und ihre Inklusion ins Unternehmen eine
entscheidende Rolle. Die Koordination durch Standardisierung des Outputs
bildet die letzte Form der Koordinationsmechanismen. Dieser Mechanismus wird meist bei divisionalisierten Organisationen angewendet, damit
der Mutterkonzern durch bestimmte Kontrollmechanismen die Macht über
die Töchter behält (Mintzberg et al., 2003). Mintzberg (1979) argumentiert,
dass diese Koordinationsmechanismen in einem Kontinuum zwischen simpel und komplex abgebildet werden können. Dabei wird davon ausgegangen, dass nur die gegenseitige Abstimmung komplexe Sachverhalte koordinieren kann, um so Probleme innerhalb einer Organisation zu lösen. Diese sechs Hauptkoordinationsarten werden in Abbildung 7 dargestellt.

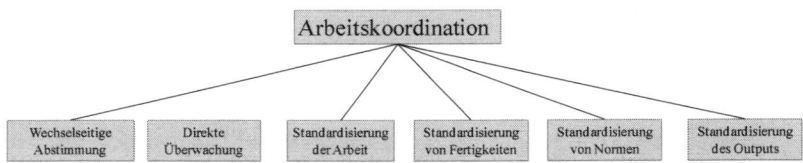

Abbildung 7: Die   wichtigsten   Koordinationsmechanismen   (Mintzberg,
              1979)

Durch das Wachstum einer Organisation ändern sich im Verlauf der Zeit
deren Koordinationsmechanismen (Mintzberg, 1979). Ein Start-up Unternehmen beispielsweise wird meist vom Gründer durch direkte Überwachung koordiniert, während in einem großen Konzern die Standardisierung
der Arbeit als vorrangiger Koordinationsmechanismus gewählt wird. Diese
Unterschiede werden auch bei der Unterscheidung der verschiedenen Prototypen in Kapitel 2.4.5 sichtbar.

## 2.4.2 Elemente einer Organisation

Aufbauend auf den dargestellten Koordinationsmechanismen definiert Mintzberg (1979) fünf prototypische Organisationsformen, die jeweils unterschiedliche Ausprägungen der Elemente aufweisen. Um die verschiedenen Organisationsformen beschreiben zu können, werden vorher die von Mintzberg (1979) definierten Elemente einer Organisation beschrieben: strategische Spitze, mittlere Ebene, operativer Kern, Technostruktur, Hilfsstab und Ideologie. Diese Elemente bedingen sich gegenseitig und können nur als Gesamtheit im Zusammenspiel auftreten (Zimmermann, 2011).

Die strategische Spitze besteht, je nach Konfiguration, aus dem Topmanagement in Form der Geschäftsführung oder des Vorstandes (Mintzberg et al., 2003). Bei kleinen Organisationen bekleidet dieses Amt meist der Gründer. Diese Geschäftsführer sind dafür verantwortlich, die strategische Ausrichtung der Organisation zu koordinieren, um so das langfristige Überleben zu sichern (Mintzberg, 1979). Die strategische Spitze stellt sicher, dass die organisationale Mission und die Bedürfnisse der Eigentümer erfüllt werden (Mintzberg, 1979). Das Topmanagement rekrutiert Mitarbeiter für den operativen Kern, in dem die grundsätzlichen Arbeiten wie beispielsweise die Verwaltung oder die Produktion verrichtet werden (Mintzberg et al., 2003). Außerdem übernimmt der operative Kern den Verkauf der Produkte oder Dienstleistungen und den anschließenden Support beim Kunden (Mintzberg, 1979). Mit zunehmender Größe der Organisation kann das Topmanagement die operative Ebene nicht mehr koordinieren, da die Abläufe zu komplex werden, so dass eine mittlere Ebene eingeführt wird (Mintzberg, 1979). Diese Manager übernehmen Instanzen, die zwischen dem Topmanagement und dem operativen Kern zur Koordination eingesetzt werden (Mintzberg, 1979).

Neben diesen existieren zwei weitere Elemente, in denen Stabsmitarbeiter angestellt sind: In der Technostruktur werden die Kontrollsysteme für die Arbeitsplanung entwickelt (Lemieux, 1998). Das fünfte Element, der Hilfsstab, besteht aus verschiedenen spezialisierten Abteilungen, die unterstützende Dienstleistungen anbieten, die außerhalb der normalen Arbeitsabläufe stehen (Mintzberg et al., 2003). Dazu gehören beispielsweise die Public Relations-Abteilung, die Kantine oder die Rechtsabteilung.

Die Ideologie umspannt diese fünf Kernelemente einer Organisation und gibt durch Tradition gewachsene Werte und Normen vor, die so alle Elemente indirekt beeinflussen. Diese sechs verschiedenen Elemente werden in Abbildung 8 dargestellt. Im späteren Verlauf der Arbeit wird die Ausprägung dieser verschiedenen Elemente in einem Social Business prototypisch dargestellt.

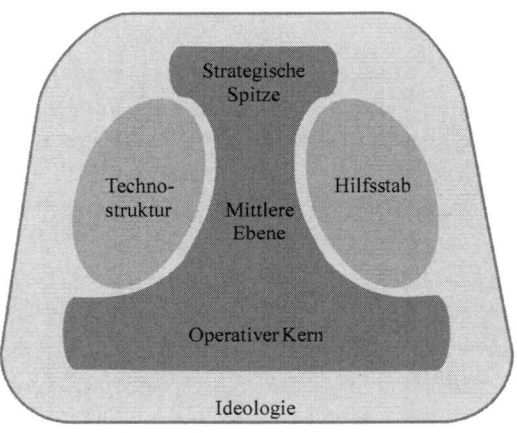

Abbildung 8: Sechs Elemente einer Organisation (Mintzberg, 1979)

Diese sechs Elemente einer Organisation sind miteinander verbunden. Die Organisation kann als System regulierter Abläufe angesehen werden, die die unterschiedlichen Elemente der Organisation integrieren. Mintzberg (1983) unterscheidet drei verschiedene Flüsse innerhalb der Organisation: der operative Arbeitsfluss, der Kontroll- und Entscheidungsfluss und der Stabsinformationsfluss. Diese werden in Abbildung 9 dargestellt.

Der operative Arbeitsfluss bewegt sich durch den operativen Kern und besteht aus dem Input, der Verarbeitung und dem Output. Dabei beinhaltet er einen Material- und Informationsfluss. Der Kontroll- und Entscheidungsfluss beinhaltet die vom operativen Kern zur jeweiligen Instanz nach oben fließenden Informationen und die von der Leitung nach unten fließenden

Arbeitsanweisungen. Dabei sind meist, wie in Abbildung 9 mit Hilfe nach oben und unten gerichteter Pfeile dargestellt, die mittlere Ebene, die strategische Spitze und der operative Kern involviert. Der dritte regulierte Ablauf innerhalb einer Organisation umfasst den Informationsaustausch zwischen den Stabsabteilungen Hilfsstab und Technostruktur, und den Linienmanagern, die meistens in der mittleren Ebene angesiedelt sind (Mintzberg, 1979).

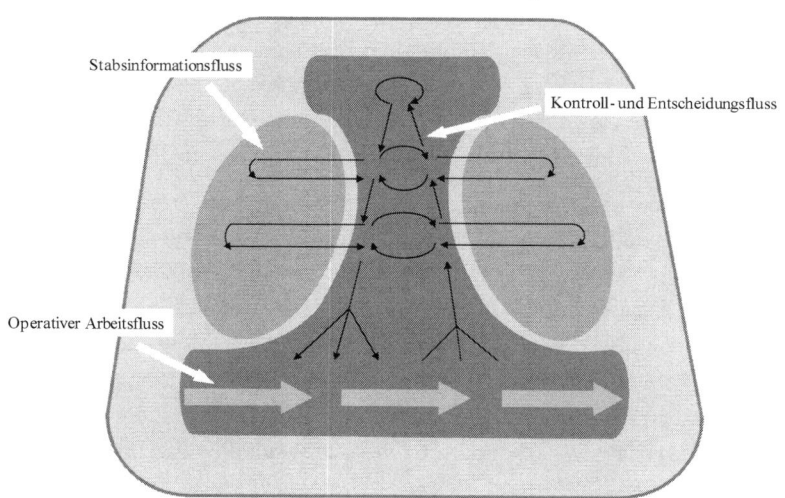

Abbildung 9: Regulierte Arbeitsabläufe in einer Organisation (Mintzberg, 1979)

Die regulierten Arbeitsflüsse innerhalb einer Organisation werden durch informelle Informationsflüsse ergänzt, die beispielsweise durch Netzwerke der Mitglieder entstehen (Mintzberg, 1979). Diese Flüsse bewegen sich unabhängig von dem regulierten System, können aber zur besseren Koordination der Abläufe beitragen, da Entscheidungen teilweise schneller getroffen werden. In Abhängigkeit von der Machtausgestaltung entlang den regulierten und informellen Arbeitsflüssen in den einzelnen Elementen entstehen Wirkungskräfte, die die Organisation in verschiedene Richtungen treiben können (Mintzberg, 1983). Um eine Organisation umfangreich zu beschreiben, müssen die Charakteristika verschiedener Gestaltungsparameter identifiziert werden.

## 2.4.3 Gestaltungsparameter einer Organisation

Mintzberg (1979) definiert neben den verschieden Abläufen in Organisationen neun Gestaltungsparameter, die die Basiskomponenten für die Struktur bilden: Aufgabenspezialisierung, Ausbildung, Sozialisation, Formalisierung der Verhaltensweisen, Bildung von Abteilungen, Verbindungseinrichtungen, Planungs- und Kontrollsysteme, Abteilungsgrößen und vertikale und horizontale Dezentralisierung. Diese bestimmen die Arbeitsteilung und die Koordination der Arbeit (Lemieux, 1998).

Die Aufgabenspezialisierung, die Formalisierung der Verhaltensweisen, das interne Training und die Sozialisation beeinflussen die Gestaltung der einzelnen Positionen in der Organisation (Mintzberg, 1983). Die Arbeitsspezialisierung unterteilt Mintzberg (1979) in zwei verschiedene Dimensionen: horizontal und vertikal. Die horizontale Aufgabenspezialisierung beschreibt die Breite oder den Umfang von einzelnen Positionen. Sie wird von Mintzberg (1983) als die häufigste Form der Aufgabenteilung bezeichnet. Im Gegensatz dazu definiert die vertikale Aufgabenspezialisierung die Tiefe der jeweiligen Position, also wie stark ein Mitarbeiter für seine Arbeit verantwortlich ist (Mintzberg et al., 2003).

Die Formalisierung der Verhaltensweisen beschreibt die Ausprägung der Entscheidungsfreiheit der einzelnen Positionen innerhalb der Organisation und kann in drei Kategorien eingeteilt werden: Formalisierung nach Position, Arbeitsablauf und Regeln (Mintzberg, 1983). Die Anforderungen an die Ausbildung der Stelleninhaber umfasst den dritten Aspekt der Positionsgestaltung (Mintzberg et al., 2003). Nach der Einstellung wird ein neuer Mitarbeiter durch verschiedene Maßnahmen wie Fortbildungen oder Arbeitsplatzwechseln durch die Organisation sozialisiert. Damit wird eine Übernahme der organisatorischen Normen bewirkt (Mintzberg, 1983).

Die Bildung von Abteilungen und ihre Größe gestalten die Rahmenstruktur einer Organisation (Mintzberg, 1983). Die Gruppierung, also die Bildung von Abteilungen, bewirkt vier verschiedene Effekte in der Organisation: Schaffung eines Weisungssystems, gemeinsame Nutzung von Ressourcen, Entwicklung gemeinsamer Leistungsmaßstäbe und Förderung der gegenseitigen Abstimmung. Somit unterstützt sie die oben genannten Koordinationsmechanismen einer Organisation (Mintzberg et al., 2003). Die Größe der Einheiten übt einen Einfluss auf die Leitungsspanne der Organisation aus, da so die Anzahl der Mitarbeiter einer Instanz bestimmt wird (Mintzberg, 1983). Wenn die Organisation, bedingt durch ihre Produkte, eine geringe Standardisierung besitzt, müssen die Abteilungen und somit auch die Leitungsspanne eher klein sein. Mintzberg (1983) unterscheidet vier Kriterien, die Einfluss auf die Art der Gruppierung haben:

- Interdependenzen bei Arbeitsabläufen,

- bei Arbeitsprozessen,

- wirtschaftlich optimale Arbeitsbereiche und

- soziale Arbeitsbedingungen.

Hierbei muss die Organisation beachten, dass die Gruppierung dem natürlichen Arbeitsablauf entsprechen sollte (Mintzberg, 1983). Auf diese Weise kann die Koordination der verschiedenen Elemente vereinfacht werden.

Die Planungs- und Kontrollsysteme und die Koordination über persönliche Kontakte bauen die Rahmenstruktur der Organisation aus. Die Planungs- und Kontrollsysteme können in zwei verschiedene Arten unterteilt werden: die Steuerung der Gesamtorganisation und die Lenkung bestimmter Aktivitäten (Mintzberg et al., 2003). Die erste Art der Planungs- und Kontrollsysteme beschreibt Kontrollsysteme, die die erbrachte Leistung innerhalb der Organisation überwachen. Sie verfolgen das Ziel, die Ergebnisse der Mitglieder zu messen und diese somit stärker zu motivieren (Mintzberg, 1983). Die Planung verschiedener Handlungen innerhalb der Organisation ist das zweite Instrument der Planungs- und Kontrollsysteme und deutlich spezifischer formuliert. Es sollen konkrete Ziele mit spezifischen Maßnahmen zu einem bestimmten Zeitpunkt erreicht werden (Mintzberg, 1983). Persönliche Kontakte unter den Mitarbeitern verhelfen Organisationen zu einer gegenseitigen Abstimmung, da oft persönliche Weisungen oder Standardisierung dafür nicht ausreichen. Organisationen richten beispielsweise Arbeitskreise ein oder benennen Projektleiter, um diesen informellen Informationsaustausch zu fördern (Mintzberg, 1979).

Zentralisation und Dezentralisation sind Konzepte, die in der Literatur schon häufig untersucht wurden (Hall, 2002; Kieser & Walgenbach, 2010). Die Ausprägung der horizontalen und vertikalen Dezentralisierung zeigt die Art der Entscheidungsfindung und die Verteilung der Macht innerhalb einer Organisation (Mintzberg, 1983). Allgemein betrachtet bietet Dezentralisierung den Vorteil, dass eine Organisation schneller auf Veränderungen der Umwelt reagieren kann, da Entscheidungen auf mehrere Ebenen verteilt werden. Die vertikale Dezentralisation beschreibt hierbei die Machtverteilung entlang der Autoritätskette, also von der strategischen Spitze bis hin zum operativen Kern (Mintzberg, 1983). Bei der horizontalen Dezentralisation sind statt Führungskräften meist Stabsmitarbeiter entscheidungsbefugt (Mintzberg, 1979).

Des Weiteren unterscheidet Mintzberg (1983) fünf Arten von Dezentralisation:

- vertikale und horizontale Zentralisation,

- eingeschränkte horizontale Dezentralisation,

- eingeschränkte vertikale Dezentralisation,

- selektive vertikale und horizontale Dezentralisation und

- vertikale und horizontale Dezentralisation.

Bei der vertikalen und horizontalen Zentralisation konzentriert sich die Macht in der strategischen Spitze. In Organisationen mit einer eingeschränkten horizontalen Dezentralisation besitzen die Mitarbeiter der Technostruktur neben der strategischen Spitze die höchsten Machtbefugnisse, da sie das Verhalten der Mitglieder formalisieren (Mintzberg, 1983). Diese Form tritt am häufigsten bei großen standardisierten Organisationen auf. Bei divisionalisierten Organisationen herrscht eine eingeschränkte vertikale Dezentralisation, da die Spartenmanager auf der mittleren Ebene einen Teil der Entscheidungsbefugnisse übernehmen (Mintzberg, 1979). Trotzdem behält die strategische Spitze die letzte formale Macht. Die selektive vertikale und horizontale Dezentralisation eignet sich zur Koordination von heterogenen Projekten, da die Macht je nach Arbeitskonstellation auf die jeweilige Ebene delegiert wird. Sie tritt also in vielen verschieden Elementen der Organisation auf, konzentriert sich jedoch im Hilfsstab, da dort das notwendige Wissen vorhanden ist (Mintzberg et al., 2003). Bei der vertikalen und gleichzeitig horizontalen Dezentralisation konzentriert sich die Macht im operativen Kern. In diesen Organisationen arbeiten vorrangig professionelle und hochqualifizierte Experten, die durch die Standardisierung der Fertigkeiten koordiniert werden (Mintzberg, 1983). Die Elemente, Koordinationsmechanismen und Gestaltungsparameter einer Organisation werden auch von den situativen Faktoren beeinflusst, die im Folgenden näher betrachtet werden.

## 2.4.4 Situative Faktoren einer Organisation

Die Einbeziehung der äußeren Faktoren resultiert aus dem situativen Ansatz, aus dem die Konfigurationstheorie hervor gegangen ist. Diese Theorie besagt, dass Organisationen nur effizient sein können, wenn sie sich ihren äußeren Bedingungen anpasst (Kieser, 2006a). Nur eine passende Struktur kann das Überleben einer Organisation langfristig sichern. Beispielsweise benötigen kleine Organisationen eine andere Struktur als große oder junge Organisationen eine andere als alte. Somit hat die Umwelt ebenfalls einen starken Einfluss auf die Konfiguration des untersuchten Social Businesses. Sie beeinflusst die Identität und es entsteht ein sogenanntes *Imprinting* (Stinchcombe, 1965).

So können Organisationen in einem bestimmten Umfeld mit den entsprechenden situativen Faktoren am besten überleben. Diese sogenannten Kontingenzfaktoren sind das Alter, die Größe, das technische System, die Machtverhältnisse oder das direkte Umfeld der Organisation. Mintzberg (1979) reflektiert die Ergebnisse der Kontingenztheorie und stellt verschiedene Hypothesen auf, die die Zusammenhänge zwischen den Kontingenz-

faktoren und der Struktur der Organisation beleuchten. Je größer beispielsweise eine Organisation im Laufe der Zeit wird, desto formalisierter sind
die internen Arbeitsabläufe. Eine große Organisation besitzt differenziertere Abteilungen mit einer höheren Spezialisierung. Das technische System
beschreibt die Ausgestaltung der Technologie (Mintzberg, 1983).

Bei der Beschreibung des technischen Systems existieren drei grundlegende Ausrichtungen: Einzelfertigung, Massenfertigung und Prozessfertigung.
Beispielsweise stellt Mintzberg (1983) hierbei die Hypothese auf, dass ein
regulatives technisches System eine starke bürokratische Struktur des betrieblichen Kernes nach sich zieht. Macht spielt innerhalb einer Organisation eine wichtige Rolle, da diverse Faktoren hierbei ebenfalls die Struktur
beeinflussen. Beispielsweise erhöht eine starke externe Kontrollausübung
die Zentralisierung und Formalisierung der Organisation (Mintzberg,
1983). Der Kontingenzfaktor Umwelt kann in vier Dimensionen unterteilt
werden: Stabilität, Komplexität, Marktdiversität und Hostilität (Mintzberg,
1983). Eine dynamische Umwelt erfordert beispielsweise eine fließende
und anpassungsfähige Struktur (Mintzberg, 1979).

Das Ziel, gesellschaftliche Probleme zu lösen, bedeutet für Social Businesses neben den standardmäßigen situativen Faktoren, die Mintzberg (1979)
beschreibt, zusätzliche Einflüsse auf die Organisationsstruktur. Die Unternehmen *Dialog im Dunkeln* oder *Discovering Hands* beispielsweise beschäftigen viele sehbehinderte Menschen, wodurch sie zu einem Einflussfaktor auf die Organisationsstruktur werden. Auch diese Arbeit untersucht
ein Social Business, in dem viele Menschen mit Handicap arbeiten. Dieser
Einfluss auf die Konfiguration soll im späteren Verlauf gezeigt werden.

Die vorgestellten Koordinationsmechanismen, Gestaltungsparameter, Elemente und situativen Faktoren beeinflussen die Konfiguration einer Organisation. Mintzberg (1979) beschreibt drei Hypothesen, die erfolgreiche
Konfigurationen erfüllen müssen:

- Eine effiziente Organisation benötigt ein gutes Zusammenspiel zwischen den situativen Faktoren und den Gestaltungsparametern.

- Die Gestaltungsparameter müssen untereinander konsistent sein.

- Erfolgreiche Organisationen erreichen eine Konsistenz zwischen den Gestaltungsparametern und den situativen Faktoren.

Wie Abbildung 10 zeigt, bedingen sich die Einflussfaktoren gegenseitig. Beispielsweise bedingt der Koordinationsmechanismus Arbeitsstandardisierung gleichzeitig den Gestaltungsparameter Spezialisierung. Eine hohe Ausprägung des einen führt zu einer ebenfalls hohen Ausprägung des anderen. Organisationen mit bestimmten Charakteristika befinden sich in einer für sie typischen Umwelt, da sie dort besser existieren können. Allerdings verfügt die strategische Spitze nur über wenige Möglichkeiten, diese situativen Faktoren zu verändern. Dadurch entsteht eine Ausgestaltung der Elemente einer Organisation, die sich in den verschiedenen Prototypen von Mintzberg (1979) mit einer bestimmten Konfiguration wiederfinden. Diese verschiedenen Typen werden in den folgenden Abschnitten beschrieben.

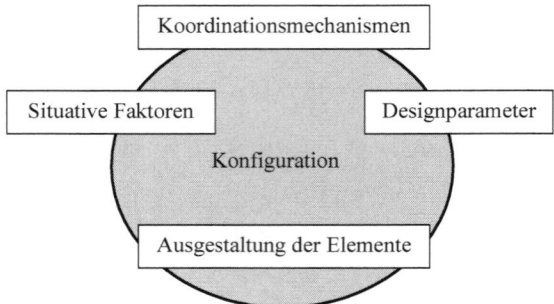

Abbildung 10:     Einflussfaktoren     auf     die     Konfiguration     einer
                  Organisation

## 2.4.5 Prototypische Organisationsformen

### 2.4.5.1 Einfachstruktur

Bei dieser Konfiguration handelt es sich um die einfachste Form aller
Strukturen (Mintzberg, 1979). Am häufigsten wird sie in kleinen und jungen Unternehmen genutzt, da sie nur wenige Standardisierungen und For-
malisierungen besitzt (Kimberly & Miles, 1980). Deshalb können die Charakteristika der Einfachstruktur mit denen von neu gegründeten Unternehmen verglichen werden: klein, informelle Strukturen, unbürokratisch, zentrale Macht in der strategischen Spitze mit direkter Weisung und einer wenig ausgeprägten Mittelebene (Lemieux, 1998). Diese Charakteristika spiegelt die Abbildung 11 wieder, in der deutlich wird, dass es neben der strategischen Spitze lediglich einen kleinen operativen Kern in der Organisation gibt. In Folge dessen dominiert der Geschäftsführer an der strategischen
Spitze, da er meist alle Machtbefugnisse in seiner Person vereint (Buchele,
1967), wodurch die Konfiguration auch ihren Namen erhält.

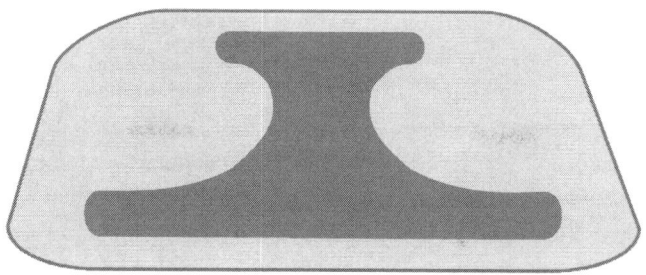

Abbildung 11:      Einfachstruktur (Mintzberg, 1979: 307)

Bei der Ausgestaltung der Strukturen und der Strategie der Organisation spielt die Persönlichkeit des Topmanagers eine zentrale Rolle (Collins & Moore, 1970). Ein erfahrener und kompetenter Manager an der Spitze bietet die Grundlage für einfache und flexible Innovationen (Hambrick & Mason, 1984). Die starke Zentralisierung der Macht verhilft dieser Konfiguration zu einer hohen Flexibilität, um auf Veränderungen in der Umwelt zu reagieren (Miller, 1990). Diese hohe Anpassungsfähigkeit erlaubt es der Einfachstruktur, in einer sich schnell ändernden Umwelt zu überleben. Dabei darf das Umfeld nicht zu komplex sein, damit die Person an der Spitze der Organisation dieses bewältigen kann (Lemieux, 1998). Die Umwelt muss ständig auf Veränderungen überprüft werden, um mit Adaptionen darauf zu reagieren (Hambrick, 1982). In einer dynamischen Umwelt hat die einfachste Organisationsform Vorteile gegenüber großen Bürokratien (siehe Kapitel 2.2.5.2), die es ermöglichen, sich dort langfristig zu etablieren (Mintzberg et al., 2003).

Typisch für diese Konfiguration sind außerdem nichtautomatisierte Produkte, die keine hohen Investitionen benötigen, da die finanzielle Ausstattung gering ausfällt. Um diese Lücke in der finanziellen und menschlichen Ausstattung zu kompensieren, existiert in diesen Organisationen eine einfache Struktur mit informellen Entscheidungsprozessen (Miller, 1990). Die Markteintrittsbarrieren sind trotz der geringen Investitionen für Organisationen mit dieser Konfiguration relativ hoch, da sie wenig Marktmacht in Relation zu ihren Wettbewerbern, Kunden oder Lieferanten besitzen (Scherer, 1980), weshalb sie oft die Nischenstrategie nutzen (Porter, 1980).

Die Einfachstruktur besitzt eine nur wenig ausgeprägte Technostruktur und einen kleinen Hilfsstab, da kaum Standardisierungen oder unterstützende Einheiten notwendig sind. Wenige Arbeitsschritte innerhalb der Organisation sind formalisiert, wodurch Planung, Training und Verbindungselemente zwischen den Organisationselementen kaum genutzt werden (Mintzberg, 1979). Dabei kann diese Konfiguration als eine der elementaren Konfigurationen angesehen werden, da sie allein die Koordinationsform der gegenseitigen Abstimmung nutzt (Groth, 1999).

Da Organisationen mit dieser Konfiguration wenige finanzielle Ressourcen und eine geringe Marktmacht besitzen, sind sie einer hohen Gefahr des Scheiterns ausgesetzt. Stinchcombe (1965) argumentiert deshalb, dass junge Organisationen, und somit auch die Einfachstruktur, eine höhere Sterblichkeit besitzen als alte. Junge Organisationen müssen ihre Rolle in der Gesellschaft erst schaffen und haben deshalb eine geringere Legitimität als etablierte Organisationen (Freeman, Carroll, & Hannan, 1983). Ein weiteres Problem besteht darin, dass einfache Organisation ebenfalls bürokratische Strukturen aufbauen müssen, um zu wachsen. Diesen Aspekt vergessen Geschäftsführer von Einzelunternehmen oft, so dass viele dieser Organisationen am Wachstum scheitern (Mintzberg, 1979).

Da das Social Business-Feld noch jung ist, können viele dieser Organisationen als Einfachstruktur angesehen werden. Ein gutes Beispiel einer Einfachstruktur im Social Business-Bereich stellt *specialisterne* dar (www.specialisterne.com). Durch die Autismuserkrankung seines Sohnes hatte Thorkil Sonne die Idee, diesen Menschen durch einen Arbeitsplatz zu einer besseren Inklusion in die Gesellschaft zu verhelfen. So gründete er ein Unternehmen, das diese soziale Mission erfüllen sollte, wodurch es stark durch seine Vorstellungen geprägt ist.

### 2.4.5.2 Maschinenbürokratie

Nach der industriellen Revolution entwickelten sich viele Organisationen von kleinen inhabergeführten Werkstätten zu großen globalen Konzernen (Walter, 2011). Dieses starke Wachstum führte zu einer zunehmenden Bürokratisierung der Organisationen. Somit sehen einige Forscher die Büro-

kratie als Begleiterscheinung der am Anfang des 20. Jahrhunderts aufge-
kommenen Massenproduktion in großen Unternehmen (Perrow, 1970).
Chandler (1977) erklärt beispielsweise die starke Verbreitung der Maschinenbürokratie am Anfang des 20. Jahrhunderts mit der technologischen
Entwicklung in der Industrie und im Transportwesen sowie die Herausbildung von Massenmärkten in den Industrienationen. So mussten neue Koordinationsmechanismen implementiert werden, die diese Veränderungen
adaptieren. Solche großen Unternehmen werden auch Maschinenbürokratie
genannt und ihnen werden folgende Eigenschaften zugesprochen: Ein hohes Maß an Standardisierung sowie definierte Rollen und Beziehungen der
Mitglieder innerhalb der Organisation (Cyert & March, 1963; March &
Simon, 1958; Weber, 1956).

Organisationen mit der Konfiguration einer Maschinenbürokratie besitzen
die besten Voraussetzungen zur Massenproduktion, um so die Strategie der
Kostenführerschaft umsetzen zu können (Hambrick, 1984). Für diese Strategie muss die Organisation groß sein und ein hohes Alter besitzen. Gleichzeitig tendieren diese Organisationen durch vertikale Integration und fort-
laufender Bürokratisierung zu weiterem Wachstum (Mintzberg, 1979).
Diese Anpassung an die äußeren Umstände brachte den Organisationen
standardisierte Abläufe, viele formale Regeln und eine detaillierte Arbeits-
beschreibung mit einem hohen Grad an Spezialisierung (Miller, 1990).

Mintzberg (1979) sieht in der Arbeitsstandardisierung den wichtigsten Koordinationsmechanismus in bürokratischen Organisationen. Durch diese
Standardisierung und damit verbundene hohe Spezialisierung der Arbeitsplätze besteht innerhalb bürokratischer Organisationen der Zwang zu einer
hohen Kontrolle durch direkte Anweisungen von Vorgesetzten (Miller,
1990). Die Macht ist somit in der Spitze konzentriert (Mintzberg, 1983).
Damit das Topmanagement diese Macht ausüben kann, bedarf es einer einfachen Umwelt und, wie oben beschrieben, eines einfachen Produktions-
systems. Allerdings erfordert die hohe Standardisierung viele Mitarbeiter in
der Technostruktur, die diese Systeme entwickeln und implementieren,
wodurch sie viele Befugnisse und Macht in der Organisation erhalten. Somit entsteht ein hoher Grad an horizontaler Dezentralisation mit einer ausgeprägten Technostruktur (Mintzberg, 1979). Die vielen spezialisierten

Stellen erfordern außerdem eine weitreichende hierarchische Struktur mit einer ausgeprägten mittleren Ebene (Mintzberg et al., 2003). Um Stabilität zu erhalten, ist in der Bürokratie der Hilfsstab mit seinen unterstützenden Dienstleistungen ebenfalls stark ausgeprägt (Mintzberg, 1979). Dabei können Umweltänderungen und Innovationen die standardisierten Abläufe behindern, wodurch die Organisation dann ineffizient wird (Miles & Snow, 1978). Stark von außerhalb regulierte Organisationen tendieren ebenfalls dazu, eine bürokratische Form anzunehmen, da diese Kontrolle die Zentralisation und Bürokratisierung unterstützt (Mintzberg et al., 2003).

Durch die hohe Standardisierung und starke Spezialisierung der Arbeitsplätze ergeben sich weitreichende Probleme für die Organisation und ihre Mitglieder. So besteht durch die starke Trägheit der Organisation die Gefahr, sich nicht ausreichend an eine sich verändernde Umwelt anpassen zu können (Hannan & Freeman, 1984). Innerhalb der Organisation herrscht durch die ausgeprägte Spezialisierung der Arbeitsplätze mit sich häufig wiederholenden Aufgaben eine starke Monotonie für die Arbeitskräfte, die sich negativ auf die Arbeitsmotivation auswirkt. Verstärkt wird diese Demotivation durch ein Übermaß an Kontrolle durch die jeweiligen Instanzen (Mintzberg et al., 2003). Trotz dieser Probleme bleibt die Maschinenbürokratie die am häufigsten auftretende Konfiguration, da sie am besten den Drang der Konsumenten nach preisgünstigen Produkten erfüllen kann. Die Ausgestaltung der verschiedenen Elemente einer Maschinenbürokratie ist in Abbildung 12 dargestellt.

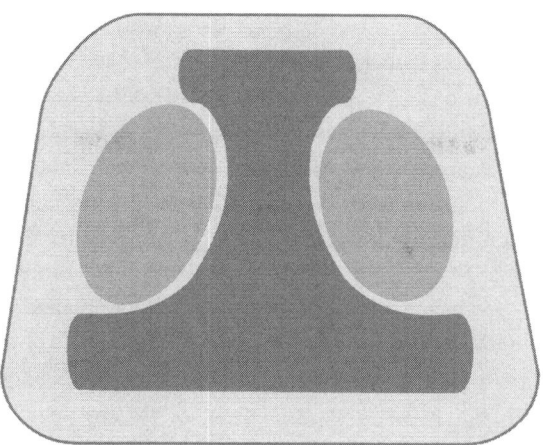

Abbildung 12:     Maschinenbürokratie (Mintzberg, 1979: 325)

Da Social Businesses bisher meist klein sind und nicht auf eine Massenproduktion setzen, können nur wenige Organisationen dieser Konfiguration
zugeordnet werden. Trotzdem tendieren einige Social Businesses dazu,
Teile der Ausprägungen einer Maschinenbürokratie wie beispielsweise die
Standardisierung der Arbeit zu übernehmen, da so die Tätigkeiten simpler
gestaltet und somit von einer größeren Anzahl von Menschen ausgeübt
werden können. Auch die hier untersuchte Organisation besitzt diese Tendenzen, die ausführlich im Kapitel fünf beschrieben werden.

### 2.4.5.3 Adhokratie

Die Adhokratie kann als Gegenteil zur Maschinenbürokratie angesehen
werden, da sie komplexe Innovationen hervorbringen muss (Mintzberg et
al., 2003). Bürokratische Strukturen sind zu starr und die Einfachstruktur
ist zu zentralisiert, um Innovationen zu erzeugen. Diese organisationale
Form kann sich schnell an Veränderungen des Marktes, der Konkurrenten,
der Kunden oder der allgemeinen Umwelt anpassen und wird deshalb von
Mintzberg (1979) als flexibelste Organisationsform bezeichnet (Miller,
1990).

Diese Konfiguration verbreitete sich seit dem zweiten Weltkrieg stark und existiert beispielsweise in der Raumfahrt-, Film-, Mode- oder der petrochemischen Industrie (Mintzberg, 1979). Um die notwendige Flexibilität zu erreichen, delegiert die Organisation die Autorität an Personen, die auf dem jeweiligen Gebiet große Expertise haben (Lawrence, Lorsch, & Garrison, 1967). Das erfordert regelmäßige Kommunikation zwischen den verschiedenen Elementen der Organisation, wodurch eine intensive Zusammenarbeit entsteht, die durch ein hohes Maß an Adaption komplexe Probleme lösen kann (Thompson, 1967). Es arbeiten Experten aus verschiedenen Disziplinen interaktiv am gleichen Projekt zusammen, wobei die Machtverhältnisse sich ständig verändern und fließend ineinander übergehen. Deshalb braucht die Adhokratie gut ausgebildete und hoch spezialisierte Experten, die den größten Teil des operativen Kernes ausmachen. Die Spezialisten verstreuen sich auf das ganze Unternehmen, so dass diese auch auf der mittleren Ebene, der Technostruktur, im Hilfsstab oder der strategischen Spitze zu finden sind (Mintzberg, 1983). Machtbefugnisse werden in der Organisation immer an die Position transferiert, wo sie für ein Projekt benötigt werden. Dabei nehmen Instanzen oft eine Doppelfunktion ein, indem sie genauso wie andere Mitarbeiter in die Projektarbeit involviert sind. In Abbildung 13 wird dieses Verschwimmen der verschiedenen Elemente der Organisation sichtbar. So existiert beispielsweise keine klare Abgrenzung zwischen dem operativem Kern, der Technostruktur und dem Hilfsstab, so dass die Unterschiede zwischen Stab und Linie verschwinden. Deshalb kann die gegenseitige Abstimmung als wichtigster Koordinationsmechanismus angesehen werden (Mintzberg, 1979).

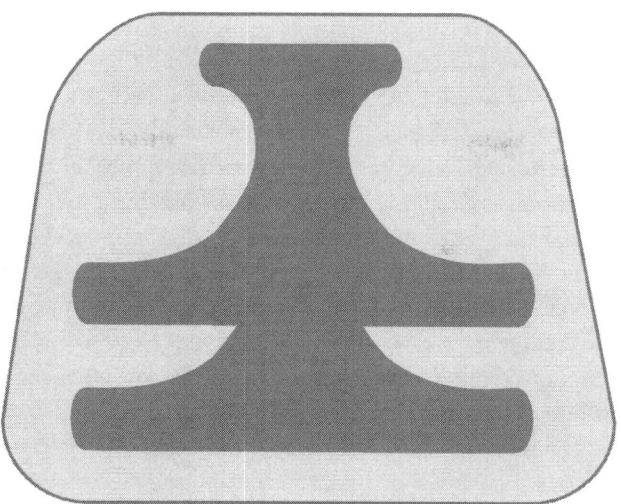

Abbildung 13:     Adhokratie (Mintzberg, 1979: 443)

Um schnell auf Veränderungen des Marktes reagieren zu können, stellen adhokratische Organisationen möglichst flexible Produkte oder Dienstleistungen her, um den Kunden individuelle und innovative Lösungen zu bieten (Stinchcombe, 1959). Diese offenen Systeme (Scott, 1981) setzen der unsicheren Umwelt eine organische und differenzierte Struktur entgegen. Die Umwelt bestimmt also im besonderen Maße die Struktur der Organisation (Burns & Stalker, 1961; Hannan & Freeman, 1977) und muss deshalb einer ständigen Überwachung unterzogen werden (Hambrick, 1982).

Die speziell für den Kunden entwickelten innovativen Produkte erfordern ein hohes Maß an Kreativität, das durch eine differenzierte Unternehmenskultur und Ideologie unterstützt wird (Burns & Stalker, 1961). Die Mitarbeiter entwickeln eine Art Stolz, komplexe und maßgeschneiderte Innovationen für ihre Kunden zu entwickeln, die von Wettbewerbern nur schwer zu kopieren sind (Miller, 1990). Deshalb können Adhokratien schwer die Strategie der Kostenführerschaft wählen, da diese nur mit standardisierten Produkten funktioniert (Miller, 1990).

Es existieren zwei verschiedene Ausprägungen der Adhokratie: Die produktive und die administrative Adhokratie (Mintzberg, 1979). Die produktive Adhokratie entwickelt für einen bestimmten Preis im Auftrag ihrer Kunden konkrete Innovationen. Die Probleme der Kunden sind einzigartig, so dass für die Lösung auch besondere Lösungen entwickelt werden müssen. So bieten diese Organisationen maßgeschneiderte Produkte, die sich nicht auf andere Aufträge übertragen lassen (Mintzberg, 1983). Hier verschwimmt die klare Abgrenzung zwischen der produktbezogenen und der administrativen Arbeit, so dass die Planung der Projekte nicht von ihrer Umsetzung entkoppelt werden kann. Bei der administrativen Adhokratie werden die innovativen Projekte für die eigene Organisation durchgeführt. Werbeagenturen oder Produzenten von Prototypen sind Beispiele für die meist jungen Organisationen (Mintzberg, 1983). Im Gegensatz zur produktiven Adhokratie finden sich hier klare Trennlinien zwischen der Administration und der Ausführung. Diese Trennung wird ebenfalls in Abbildung 13 dargestellt. In der Administration arbeiten Instanzen und Experten aus der Technostruktur und dem Hilfsstab gemeinsam in Projektgruppen an der Entwicklung der verschiedenen Aufträge (Mintzberg, 1979). Die eigentliche Projektarbeit wird von den administrativen Arbeiten losgelöst, damit sich die dortige Standardisierung nicht negativ auf das Ergebnis auswirkt (Mintzberg et al., 2003). Beispiele sind die verschiedenen Raumfahrtorganisationen oder Unternehmen, die elektrische Geräte herstellen. Die beiden Arten der Adhokratie existieren meist in einer komplexen und dynamischen Umwelt, da hier die innovativen Produkte am stärksten nachgefragt werden (Mintzberg, 1983).

Schwierigkeiten liegen in der Kommunikation und in der klaren Abgrenzung der Kompetenz der verschiedenen Gruppenmitglieder (Miller, 1990). Hier kann es oft zu Konflikten kommen, da, wie oben beschrieben, die Machtverhältnisse einer ständigen Verschiebung ausgesetzt sind. Mintzberg (1979) pointiert, dass die Adhokratie an den einfachsten Dingen scheitern kann, aber dennoch komplexe Probleme lösen kann. Außerdem besteht bei der Neugründung einer solchen Organisation eine erhöhte Gefahr des Scheiterns, da sie ohne standardisierte Produkte stark verletzlich ist. Auf der anderen Seite zwingt zunehmendes Alter und Größe auch Adhokratien dazu, bürokratische Strukturen zu entwickeln, um der Unsicherheit entgegen zu treten (Mintzberg et al., 2003). So entwickeln die älter werdenden Mitarbeiter auf Basis erfolgreicher Projekte standardisierte Produkte, die die Adhokratie langsam zu einer professionalisierten Bürokratie werden lässt (siehe Kapitel 2.4.5.4).

Die Konfiguration der Adhokratie ist mittlerweile ebenfalls unter den Social Businesses vertreten. Die Beratung iqconsult hat sich das Ziel gesetzt Social Entrepreneure, Existenzgründer im sozialen Sektor oder Stiftungen zu unterstützen. Die Berater arbeiten in autarken Teams, um passende Innovationen für bestehende gesellschaftliche Probleme zu entwickeln. Die Gewinne des Unternehmens werden dann wieder in neue Projekte investiert, so dass Social Businesses nicht nur bei der Entwicklung sondern auch bei der Finanzierung unterstützt werden.

## 2.4.5.4 Professionalisierte Bürokratie

Die professionalisierte Bürokratie wird geprägt von hochgradig ausgebildeten Mitarbeitern (Lemieux, 1998). Wie in der Maschinenbürokratie existiert in der professionalisierten Bürokratie eine starke Standardisierung, die sich, im Gegensatz zur Maschinenbürokratie, in den Fertigkeiten der Mitarbeiter widerspiegelt (Mintzberg, 1979). Organisationen wie Wirtschaftsprüfungsgesellschaften, Krankenhäuser oder Universitäten zählen zu den professionalisierten Bürokratien, da ihre spezialisierten Experten einen großen Teil der Verantwortung und somit auch Macht übernehmen. Diese Experten, wie Ärzte oder Hochschullehrer, erhalten eine standardisierte Ausbildung außerhalb der Organisation. Im Laufe ihrer Arbeit perfektionieren sie ihre Fertigkeiten, um eine höhere Effizienz zu erreichen. Dadurch werden innerhalb der Organisation keine Technokraten benötigt, so dass dieses Element in der professionalisierten Bürokratie nicht ausgebildet ist. Durch die Selbständigkeit der Mitarbeiter entsteht ein großer operativer Kern mit einer kleinen mittleren Ebene (Mintzberg, 1983). Die strategische Spitze widmet sich weniger der Kontrolle ihrer Experten, sondern mehr der Vernetzung der verschiedenen operativen Einheiten, um einen ständigen Informationsaustausch zu gewährleisten. Professionalisierte Bürokratien benötigen einen großen Hilfsstab, um die neben der regulären Arbeit anfallenden Routineaufgaben zu erledigen. Durch diesen großen Hilfsstab entstehen zwei parallele Hierarchien. Auf der einen Seite gibt es die demokratische Abstimmung der Experten und auf der anderen Seite eine starke, von der strategischen Spitze ausgehende, Kontrolle über den Hilfsstab. Daraus ergibt sich eine starke dezentrale Struktur, da auch die Machtbefugnisse bis hin zum operativen Kern transferiert werden (Mintzberg et al., 2003). Die Ausgestaltung der professionalisierten Bürokratie wird in Abbildung 14 dargestellt. Mintzberg (1979) sieht diese Konfiguration als demokratischste Form aller Organisationsstrukturen. Da die Organisation abhängig von diesen Experten ist, darf das Produktionssystem nicht zu komplex sein, um genügend Freiheit bei deren Arbeit zu sichern.

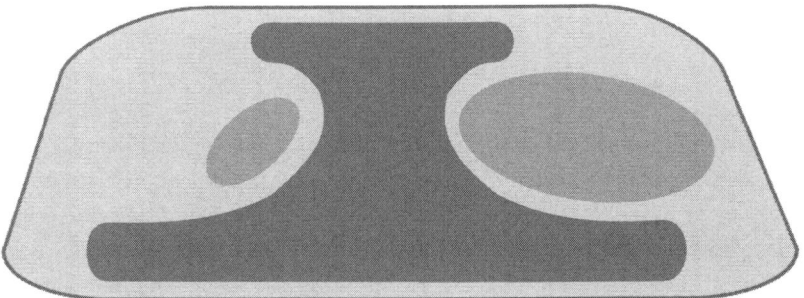

Abbildung 14:      Professionalisierte Bürokratie (Mintzberg, 1979: 355)

Professionalisierte Bürokratien treten meist in einer stabilen und gleichzeitig komplexen Umwelt auf. Hier können sie ihre Vorteile gegenüber anderen Konfigurationen nutzen. Die demokratische Abstimmung und die daraus resultierende Dezentralisierung erlaubt das Lösen von komplexen Problemen. Gleichzeitig muss das Umfeld stabil sein, damit die Experten ihre standardisierten Fertigkeiten anwenden können (Mintzberg et al., 2003).

Die Standardisierung der Fertigkeiten bei den Experten in der Organisation führt zu Anpassungsproblemen bei einer Umweltveränderung. Es entsteht eine Trägheit (Hannan & Freeman, 1984), die andere Organisationen mit weniger Standardisierung nicht aufweisen. Da die Experten autonom arbeiten und sich fast wie selbständige Unternehmer sehen, verlassen viele nach einigen Jahren ihren Arbeitgeber, um ein eigenes Unternehmen zu gründen. Wirtschaftsprüfer oder Unternehmensberater nehmen dabei oft nicht nur ihre Expertise, sondern auch das Kundennetzwerk mit.

Um den Social Business-Bereich zu unterstützen, existieren verschiedene Organisationen wie Ashoka oder die Schwab Foundation, die mit ihren Wissen und ihrem Netzwerk helfen können. In diesen Organisationen arbeiten hoch ausgebildete Mitarbeiter, die die notwendigen staatlichen Richtlinien zur Unterstützung einhalten.

## 2.4.5.5 Divisionalisierung

Um in vielen Märkten oder Ländern mit unterschiedlichen Kundengruppen und Produkten zu operieren (Miller, 1990), benötigen Organisationen eine spezielle Struktur. Um die speziellen Anforderungen der jeweiligen Märkte zu erfüllen, müssen Tochterunternehmen entstehen, die autark agieren und als eigenständige Unternehmen angesehen werden können. Diese Divisionen besitzen das gesamte Funktionsspektrum aus Produktion, Marketing, Forschung & Entwicklung und Vertrieb, um eine marktorientierte Organisationseinheit zu bilden (Mintzberg, 1979). Diese einzelnen Tochterunternehmen wiederum besitzen eine eigenständige Konfiguration, die einer der bisher vorgestellten Konfigurationen entspricht. Deshalb soll hier die Divisionalisierung nur kurz erläutert werden. Die Strukturen und Prozesse in den verschiedenen Unternehmen variieren stark, obwohl eine Tendenz zur Bürokratisierung existiert (Mintzberg et al., 2003). Dieser Trend wird dadurch verursacht, dass die Divisionsziele in Unterziele zerlegt werden, bis daraus Arbeitsstandards entstehen. Zum anderen erfolgt eine Zentralisierung, da die Divisionsmanager für die Leistung verantwortlich gemacht werden. Bürokratisierung und Zentralisierung ergeben den Trend zur Maschinenbürokratie (Mintzberg, 1983). Andere organisationale Formen, wie die Einfachstruktur oder die Adhokratie sind kaum geeignet, um in einer divisionalen Struktur eingegliedert zu werden, da hier Standardisierungen verwendet werden.

Neben den Funktionen der einzelnen Divisionen werden verschiedene Bereiche, wie die finanzielle Kontrolle oder die strategische Planung, von der

Muttergesellschaft übernommen, um Synergien zwischen den verschiedenen Unternehmen zu generieren (Miller, 1990). Wichtige strategische Entscheidungen stimmen die Töchter also mit der Zentrale ab. Durch diese direkte Kontrolle von der Zentrale entsteht eine konzernweite Strategie, mit der das entsprechende Produktportfolio und die Marktausrichtung koordiniert werden (Ansoff, 1965). So kann sich die Organisation den verschiedenen Marktbedingungen anpassen und so auch das Risiko des Scheiterns verringern (Mintzberg, 1979).

Um die Kontrolle über die einzelnen Tochtergesellschaften langfristig aufrecht zu erhalten, formuliert die Zentrale standardisierte Abläufe, prüft die regelmäßige Berichterstattung und richtet ein differenziertes Informationssystem zu den Töchtern ein. Die Mutter muss also mit großer Macht ausgestattet werden, um die einzelnen Divisionen zu kontrollieren (Miller, 1990). Für diese Standardisierung der Kommunikation und des Controllings benötigt die Mutter eine kleine Technostruktur und einen kleinen Hilfsstab, um beispielsweise Abläufe zu koordinieren oder eine Rechtsberatung anzubieten (Mintzberg et al., 2003). Außerdem kommen Experten zum Einsatz, die die Gesamtstrategie der divisionalisierten Organisation bestimmen und die Töchter, je nach Orientierung, justieren (Miller, 1990).

Durch die vielen Divisionen mit unterschiedlichen Produkten auf verschiedenen Märkten existiert für die Organisation eine heterogene Umwelt. Die Organisation segmentiert, aufgeteilt nach Töchtern, die Umwelt, um die passende Strategie für die jeweiligen Kontingenzfaktoren zu entwickeln. Diese Unterteilung zwingt die Organisation dazu, mehr integrative Elemente zur Koordination und Planung zu implementieren (Miller, 1990). Diese Konfiguration mit einer starken Muttergesellschaft und vielen Divisionen wird in Abbildung 15 dargestellt.

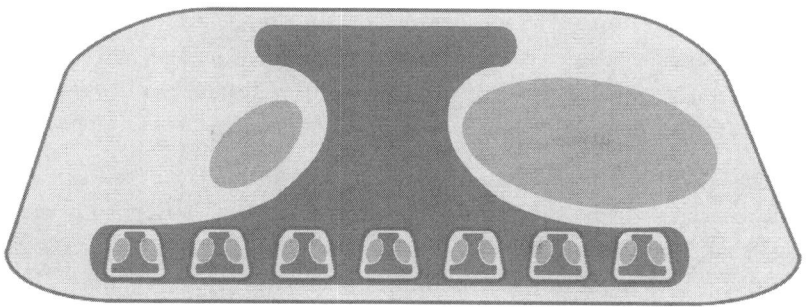

Abbildung 15:       Divisionalisierung (Mintzberg, 1979: 393)

Da die meisten Social Businesses nicht auf verschiedenen Märkten agieren, existieren keine divisionalisierten Konfigurationen in diesem Bereich. Doch durch starkes Wachstum können zukünftig auch Social Businesses diese Struktur annehmen.

## 2.4.5.6 Weitere Konfigurationen

Es existieren noch weitere Organisationsformen, die entweder von Mintzberg stammen beziehungsweise auf ihn aufbauen und im Verlauf der Zeit ergänzt wurden. So untersuchen Oberg und Walgenbach (2008) die hierarchischen Strukturen der Kommunikation in Netzwerkorganisationen. Hierbei unterstreichen die Autoren, dass trotz der Flexibilität innerhalb der Organisation Ähnlichkeiten zur Maschinenbürokratie vorliegen.

Auch Mintzberg (1989) erweiterte seine Anzahl der Idealtypen von Organisationen um die missionsgetriebene und die politische Organisation. In missionsgetriebenen Organisationen entsteht eine Standardisierung von Normen, die verschiedene Ursachen hat. Mitglieder, die sich mit den Werten der Organisation identifizieren, werden von ihr angezogen, wodurch eine natürliche Selektion entsteht (Mintzberg, 1989). Außerdem werden die Mitglieder von der Organisation sozialisiert, so dass sie die Werte dieser übernehmen. Schlüsselelement dieser Organisation ist die Ideologie, da in ihr die Werte und Normen beschrieben werden (Mintzberg, 1989). Die politische Organisation beschreibt Mintzberg (1989) als Konfiguration, die stark von der Macht ihrer Mitglieder geprägt wird. Macht wird somit zum dominanten Koordinationsmechanismus. Die Mitglieder können sich in Abhängigkeit von der Position und Macht gegen Kontrahenten in *politischen Spielen* durchsetzen, um so bestimmte Entscheidungen herbeizuführen (Mintzberg, 1989).

Groth (1999) greift die Konfigurationstheorie von Mintzberg auf und entwickelt verschiedene Organisationstypen, die aus dem IT-Bereich entstanden sind. Diese neue Technologie veränderte die Konfiguration von Organisation ab Mitte der 90er Jahre. Daraus entstehen fünf verschiedene Konfigurationen, die zum Teil unterschiedlich strukturiert sind. Die Joystick Organisation beispielsweise ist eher klein oder mittelständisch mit einer durch das System unterstützten direkten Überwachung sowie Programmen und Routinen. Sie hat somit eine zentralisierte Struktur mit einer ausgeprägten Technostruktur, um die Standardisierungen zu entwickeln (Groth, 1999). Die Cloud Organisation betont die implizite Koordination mit dem Schwerpunkt auf Selbstregulierung ohne Management. Deshalb besitzt sie ebenfalls eine ausgeprägte Technostruktur. Die Größe dieser Organisation reicht von klein bis groß und kommt eher in dynamischen aber simplen Umwelten vor (Groth, 1999).

Jede prototypische Organisationsform ist durch bestimmte Merkmale charakterisierbar, so dass eine Einordnung verschiedener Unternehmen in die Prototypen vorgenommen werden kann. Es stellt sich nun die Frage, ob und in welchen Prototyp Social Businesses eingeordnet werden können. Hierfür wird ein Social Business näher untersucht. Im Folgenden wird die Methodik dieser Untersuchung vorgestellt.

# 3 Methodik der empirischen Untersuchung

## 3.1 Qualitative Forschungsmethodik

Im Rahmen der empirischen Forschung zielt die qualitative Forschungsmethodik darauf ab, durch explorative Studien Hypothesen oder Theorien zu entwickeln (Flick, 2007). Dabei ist zu beachten, dass die Methode mit der Theorie in Einklang gebracht wird, unterschiedliche Perspektiven auf das Forschungsobjekt berücksichtigt werden und erst die Reflexion der Ergebnisse neue Erkenntnisse bringt (Flick, 2007). Der Forscher befindet sich in einem ständigen Prozess der Interpretation. Um diesen Ablauf zu steuern, stellen Strauss und Corbin (1998) einen Leitfaden für gute qualitative Forschung auf:

- Der Forscher soll aufmerksam zuhören und beobachten,

- sich ausreichend Zeit nehmen, um die gewonnen Daten auszuwerten,

- Ergebnisse dürfen nicht als selbstverständlich hingenommen werden,

- sondern sie müssen immer wieder mit genügend Abstand und aufgeschlossen reflektiert werden.

Die qualitative Forschung umfasst ein weites Spektrum an Ansätzen, die je nach Blickwinkel und theoretischer Orientierung des Autors andere Formen annehmen und auch zu unterschiedlichen Ergebnisse führen können. Locke und Golden-Biddle (2004) identifizieren vier Hauptansätze der qualitativen Forschung, mit denen eine Organisation beschrieben werden kann:

1. Aktionsforschung

2. Ethnografie

3. Fallstudienansatz

4. Grounded Theory

*Aktionsforschung* oder auch *action research* kann auf die Human-Relations-Bewegung der 40er und 50er Jahre und auf die Feldtheorie von Kurt Lewin zurückgeführt werden (Heinze, 2001). Bei diesem Forschungsansatz verschwimmt die Trennlinie zwischen Theorie, Praxis und Empirie und der Forscher wird Teil des Forschungsobjektes, indem er verschiedene Phasen des Datensammelns und des Reflektierens durchläuft (Locke & Golden-Biddle, 2004). Hierbei untersucht er die Aktivitäten seines Handelns oder seiner Organisation.

Die *Ethnografie* erwuchs aus der anthropologischen Forschung und beschreibt die Sozialstruktur oder die Kultur einer Gesellschaft (Locke & Golden-Biddle, 2004). Zumeist untersuchen Ethnografen soziale Phänomene in einem kleinen Rahmen, indem sie selbst in ein soziales Gefüge eintauchen. Neben teilnehmenden Beobachtungen und unstrukturierten Interviews sind alle für die Studie relevanten Dokumente und Aufnahmen für die wissenschaftliche Untersuchung wichtig (Locke & Golden-Biddle, 2004).

Eisenhardt (1989) beschreibt den *Fallstudienansatz* als eine Forschungsstrategie, die sich auf das Verständnis eines speziellen Phänomens konzentriert. So können organisationale Besonderheiten sowie Zusammenhänge zwischen verschieden Faktoren und kausalen Umständen des untersuchten Falls ermittelt werden. Mithilfe dieser Methode werden einerseits Objekte untersucht, die aufgrund einer zu kleinen Stichprobe durch quantitative oder statistische Ansätze nicht erfasst werden können. Andererseits können neue Theorien oder Hypothesen gebildet werden, die zu weiteren Untersuchungen anregen sollen (Fiss, 2009). Durch die Vielseitigkeit der Daten bietet dieser Ansatz die Möglichkeit, ein Phänomen von vielen verschieden Blickwinkeln zu betrachten und anschließend ein besseres Verständnis dafür zu entwickeln (Locke & Golden-Biddle, 2004). Dieser Ansatz lässt durch reichhaltige Daten Einblicke in das komplexe System der Interaktionen innerhalb der Organisation zu, um neuartige Phänomene zu beschreiben (Eisenhardt, 1989; Siggelkow, 2007; Yin, 2009).

Eisenhardt (1989) beschreibt zwei Formen der Analyse von Fallstudien:

- Einerseits kann die Auswertung der Daten innerhalb eines Falles vorgenommen werden und

- andererseits kann auf die Suche nach Überschneidungen und Unterschieden in verschiedenen Fällen abgestellt werden.

Bei der Beschreibung eines einzigartigen Falles muss sich der Forscher durch Experteninterviews, Beobachtungen vor Ort oder durch eine Vielzahl von Sekundärmaterialien intensiv und persönlich mit dem Untersuchungsobjekt auseinandersetzen. Dieses Vorgehen zielt darauf ab, reichhaltige Daten zu generieren, die die einzigartigen Muster des Untersuchungsobjektes aufzeigen. Bei Untersuchungen von mehreren Fällen müssen diese Daten im ersten Schritt ebenfalls gesammelt werden, um sie in einem zweiten Schritt vergleichend gegenüberzustellen und generelle Muster zu entwickeln (Eisenhardt, 1989). Diese Suche nach Unterschieden oder Gemeinsamkeiten kann innerhalb einer Gruppe oder zwischen verschiedenen Gruppen erfolgen.

Der letztgenannte Ansatz der qualitativen Forschung ist die *Grounded Theory*. Bei der quantitativen Forschung werden Hypothesen überprüft, die aus verschiedenen Theorien deduktiv gewonnen wurden. Im Gegensatz dazu zielt die Grounded Theory nicht darauf ab, bekannte Hypothesen zu überprüfen, sondern eigenes theoretisches Wissen hervorzubringen (Lampert, 2005). Die Grounded Theorie wurde erstmalig durch Glaser und Strauss (1967) für eine Studie zum Umgang mit sterbenden Menschen angewendet und von Strauss und Corbin (1998) weiterentwickelt. Um eine neue Theorie entwickeln zu können, bedarf es im Rahmen der Grounded Theory häufig einer intensiven, vertrauensbasierten Auseinandersetzung mit dem Untersuchungsobjekt. Der Grounded Theory-Ansatz beschreibt einerseits den Prozess der Theorieentwicklung und andererseits das Ergebnis der entwickelten Theorie. Dieser induktive Ansatz interpretiert systematisch qualitative Daten mit dem Ziel, eine neue Theorie zu entwickeln (Strauss & Corbin, 1998).

Diese Arbeit verbindet verschiedene Ansätze der qualitativen Forschung. So wird bei der Analyse des Untersuchungsobjektes die Fallstudienmethodik angewendet. So bietet der Fallstudienansatz genügend Raum und Flexibilität, um die Komplexität von Organisationen abzubilden (Fiss, 2009). Gleichzeitig ist er zum Nachvollziehen der Prozesse eines Unternehmens in ihrem natürlichen Kontext geeignet (Eisenhardt, 1989; Yin, 2009). Er wurde bisher schon zahlreich für die Untersuchung von Organisationen angewendet (Chandler, 1962; Nag, Corley, & Gioia, 2007; Reihlen & Ringberg, 2006; Siggelkow, 2002). Es wird darauf abgezielt, einen Fall umfassend zu untersuchen. Ethnografische Ansätze werden berücksichtigt, indem im Rahmen der Datensammlung die Methode der teilnehmenden Beobachtungen zur Anwendung gelangt. Des Weiteren wurde die Grounded Theory als Methode gewählt, um als Ergebnis dieser Arbeit eine Theorie über die Konfiguration von Social Businesses zu entwickeln.

Diesen Ansätzen ist gemein, dass eine ähnliche Abfolge von Aufgaben im Forschungsprozess durchgeführt wird. In Abbildung 16 werden die verschiedenen Schritte der qualitativen Forschung dargestellt.

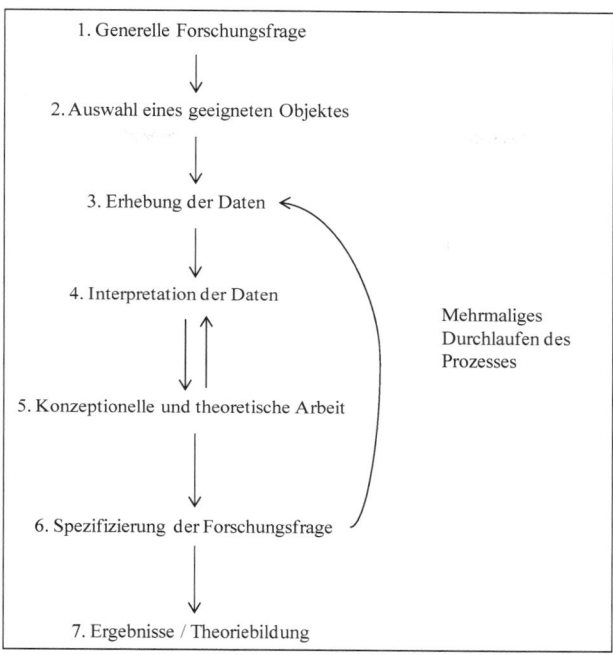

Abbildung 16:     Hauptschritte qualitativer Forschung (in Anlehnung an Bryman & Bell, 2007: 283)

Im ersten Schritt wird eine generelle Forschungsfrage aufgestellt, die das Spektrum für die Auswahl eines geeigneten Untersuchungsobjektes einengt. Für diese Arbeit wurde der Social Business-Sektor als Spektrum ausgewählt, bei dem die Besonderheiten einer Organisation untersucht werden sollen. Im zweiten Schritt erfolgt die Auswahl des konkreten Untersuchungsobjektes. Hierbei wurde bei dieser Arbeit darauf geachtet, dass die Eigenschaften des Social Business einmalig sind, um diese Besonderheiten in den Ergebnissen darzustellen. Im dritten Schritt erfolgt die Datenerhebung, die für diese Arbeit beim Untersuchungsobjekt vorgenommen wurde. Der vierte Schritt beinhaltet eine erste Interpretation der gewonnen Daten. Aus diesen Interpretationen erfolgt im nächsten Schritt die Konstruktion erster theoretischer Konzepte. Um diese ersten Grundannahmen zu kontrollieren, müssen diese am Untersuchungsobjekt verifiziert werden. Deshalb

erfolgt im sechsten Schritt auf Grundlage der ersten Ergebnisse und der Datenbasis eine Spezifizierung der Forschungsfrage und auf Basis dieser die
Erhebung weiterer Daten. Die Daten werden anschließend wieder interpretiert und konzeptionell ausgewertet. Diese Schleife kann mehrmals wiederholt werden. Im siebten Schritt werden die Ergebnisse beispielsweise in
Form einer neuen Theorie dargestellt.

Die Erhebung von Interviews mit Experten, die Partizipation beim Untersuchungsobjekt und andere ethnografische Untersuchungen erlauben es, die
Organisation aus der Sicht des Forschers in ihrer Gesamtheit zu erfassen
(Fiss, 2009). Solche qualitativen Untersuchungen stehen in der Tradition
des hermeneutischen Ansatzes (Gephart, 2004), bei der die Interpretation
des Forschers in den Mittelpunkt rückt. Daher muss hierbei eine Reduzie-
rung der Subjektivität vorgenommen werden, um die Qualität der Studien
nachzuhalten und die Robustheit von Schlussfolgerungen zu verifizieren
(Miles & Huberman, 1984). Um eine bestimmte Qualität bei der For-
schungsmethode zu erreichen, werden zwei Kriterien genutzt, die aus den
klassischen quantitativen Kriterien Reliabilität und Validität abgeleitet
werden können: Zum einen muss die Vertrauenswürdigkeit und zum anderen Authentizität gewährleistet sein (Bryman & Bell, 2007; Flick, 2007).

Kuckartz (2012: 169) identifiziert verschiedene Maßnahmen, um diese Kriterien während der Durchführung einer qualitativen Studie einzuhalten. Ein
Portfolio aus folgenden Maßnahmen wurde in dieser Arbeit umgesetzt:

- Experteninterviews,

- kommunikative Validierung,

- Triangulation verschiedener Datenarten,

- erkenntnisbezogene Fallauswahl,

- transparente Datenerhebung und -sicherung und

- nachvollziehbare Datenauswertung.

Zunächst erhöht eine umsichtige Auswahl der Interviewpartner die Qualität der Studie. So wurden für diese Arbeit Experten aus der wissenschaftlichen Disziplin der Organisationsforschung und aus dem untersuchten Unternehmen interviewt. Diese Gespräche helfen gleichzeitig, die Arbeit aus verschiedenen Blickwinkeln zu betrachten und sie zu reflektieren. Des Weiteren wurden Diskussionen mit früheren Interviewpartnern geführt, um eine qualifizierte Rückmeldung zu den Resultaten zu erhalten und diese zu validieren. Durch diese Rückkehr zum Untersuchungsobjekt können Fehler in der Analyse aufgedeckt und Fehlschlüsse vermieden werden. Die Zuverlässigkeit der Arbeit wurde gesteigert, indem nachvollziehbar erläutert wird, warum die Organisation AfB als Untersuchungsobjekt zur Beantwortung der Forschungsfrage geeignet ist. Neben den Interviews werden Beobachtungen und Sekundärdaten gleichermaßen verwendet, um durch die Kombination verschiedener Datenarten Fehler in der Interpretation zu vermeiden (Triangulation). Bei der Fallauswahl wurde darauf geachtet, dass das Untersuchungsobjekt das Potential bietet, um viele Erkenntnisse aus dem Fall für die Theoriebildung zu ziehen. Hierbei muss das Untersuchungsobjekt eine gewisse Größe und Reife besitzen, um eine stabile Konfiguration ableiten zu können. Es war Bedingung, dass das Unternehmen nach den in Kapitel 2.1.3. aufgestellten Kriterien ein Social Business darstellt.

Außerdem erfolgt die Datenerhebung und -auswertung nach methodischen Standards der Grounded Theory, um die Vorgehensweise nachvollziehbar und transparent zu gestalten. Die einzelnen Schritte des Codierens und die

Bildung von Kategorien können anhand der computerbasierten Auswertung nachvollzogen werden. Mit Hilfe dieser durchgeführten Maßnahmen werden sowohl das Kriterium der Vertrauenswürdigkeit und der Authentizität erfüllt.

## 3.2 Forschungsdesign

Nach Mayring (2002) umfasst das Forschungsdesign alle Aktivitäten, die das Vorgehen bei der empirischen Untersuchung beschreiben. Es liefert den Plan für die Erhebung und Analyse von Daten, um eine bestimmte Forschungsfrage zu beantworten (Flick, 2011). Das Forschungsdesign gliedert sich in Datenerhebung und Datenauswertung und wird in den nächsten Abschnitten erläutert.

Zur Untersuchung der Konfiguration von Social Businesses wurde als Untersuchungsobjekt die AfB gGmbH ausgewählt, da sie eine der erfolgreichsten deutschen Social Businesses darstellt. Dieses Unternehmen kann als *unusually revelatory* Fall bezeichnet werden, da es als ein Vorreiter im Bereich Social Business in Deutschland angesehen werden kann (Eisenhardt & Graebner, 2007: 27). 2004 gründete der erste Geschäftsführer das Unternehmen mit dem Ziel, Menschen mit Handicap stärker in die Berufswelt zu integrieren. Mittlerweile beschäftigt das Social Business mehr als 160 Mitarbeiter, wovon ca. 75 eine Behinderung haben, an 12 verschiedenen Standorten in Deutschland, Österreich und Frankreich. In den vergangenen Jahren gewann das Unternehmen zahlreiche Preise für die erfolgreiche Kombination aus ökonomischen, sozialen und ökologischen Werten (eine detaillierte Vorstellung des Unternehmens erfolgt in Kapitel 4.1). So wurde AfB 2012 der Vision Award und der Deutsche Nachhaltigkeitspreis verliehen und 2013 ehrte Ernst & Young den Gründer zum Unternehmer des Jahres. AfB bietet also die Chance, die speziellen Anpassungen in der Konfiguration durch die Menschen mit Handicap im Rahmen einer Fallstudie zu untersuchen, um daraus eine neue Theorie zu formen (Eisenhardt & Graebner, 2007).

## 3.2.1 Datenerhebung

Die Fallstudie beinhaltet verschiedene Datenquellen wie halbstrukturierte Interviews und Beobachtungen als Primärdaten und Dokumente und Veröffentlichungen des Unternehmens als Sekundärdaten.

### 3.2.1.1 Interviews

Die erste Datenquelle für diese Studie stellen 20 halbstrukturierte Interviews mit Mitarbeitern aus allen Geschäftsbereichen von AfB dar. Hierbei wurden, wie in Tabelle 1 dargestellt, die drei Geschäftsführer des Unternehmens und die jeweiligen Leiter der unterschiedlichen Abteilungen interviewt.

| Position und Abteilung | Anzahl der Inter-views |
|---|---|
| Gründer und Geschäftsführer | 2 |
| Geschäftsführer IT | 1 |
| Geschäftsführer Verkauf | 1 |
| Betriebssozialarbeiter | 3 |
| Leiter der IT | 1 |
| Chefin eines Tochterunter-nehmens | 1 |
| Projektmanagerin der Perso-nalabteilung | 1 |
| Chef von Lager und Logistik | 1 |
| Vertriebsangestellte | 1 |
| Vertriebsleiter | 1 |
| Verwaltungschef | 1 |
| Chefin der Public Relations | 1 |
| Chefin der Buchhaltung | 1 |
| Marketingangestellte | 1 |
| Integrationsbeauftragte | 1 |
| Mitarbeiter aus der Produktion | 1 |
| Filialleiter in Hannover | 1 |

Tabelle 1:   Durchgeführte Experteninterviews beim Untersuchungsobjekt

Durch die Interviews mit den drei Geschäftsführern konnten Informationen zur Historie und zur strategischen Ausrichtung des Unternehmens gesammelt werden. Die Interviews aus den verschiedenen Abteilungen ergeben durch die unterschiedlichen Blickwinkel ein differenziertes Bild auf die Struktur der Organisation. Die drei Interviews mit dem Betriebssozialarbeiter liefern eine detaillierte Darstellung, wie die Organisation die Menschen mit Handicap integriert. Durch das Interview mit dem Filialleiter aus Hannover können Abläufe außerhalb der Zentrale skizziert und damit das Unternehmensbild vervollständigt werden. Außerdem kann durch das Interview mit einer Integrationsbeauftragten ein externer Blick auf die Organisation in die Fallstudie einbezogen werden.

Diese Interviews wurden in verschiedenen Zeiträumen durchgeführt. In einer ersten Phase wurden zwei offene Vorabinterviews mit zwei Geschäftsführern geführt, um das Unternehmen und deren Abläufe besser kennenzulernen. Auf Basis dieser Informationen wurde für die weiteren Interviews ein halbstrukturierter Interviewleitfaden erstellt, um präzisere Informationen zur Konfiguration der Organisation zu erhalten (vgl. Anhang 1). Der Leitfaden bietet für die Experteninterviews die thematische Grundlage und Struktur, um keine Aspekte für die spätere Analyse zu vergessen. Trotzdem bietet diese halbstrukturierte Interviewform genügend Freiraum für neue Fragen und Themen, die vorher nicht antizipiert werden konnten (Bortz & Döring, 2006). Diese zweite Phase beinhaltet die 18 restlichen Interviews.

In Experteninterviews ist die Einstiegsfrage von besonderer Bedeutung, um das Vertrauen der Befragten zu gewinnen. Durch eine dem Interview vorausgehende telefonische oder persönliche Absprache und das direkte Mitarbeiten vorort wurden die Interviewpartner an das Thema herangeführt und auch erstes Vertrauen aufgebaut. Die Interviewpartner hatten außerdem die Möglichkeit, sich auf das Interview inhaltlich vorzubereiten und exakte Daten zu ihrer Organisation herauszusuchen. In der Pilotbefragung, also bei den ersten beiden Interviews, wurden die Verständlichkeit der Fragen aber auch das Vorgehen im Interview und die Qualität verschiedener Aufnahmegeräte getestet. Hierbei erwies sich ein professionelles Diktiergerät als qualitativ beste Alternative.

Alle Interviewten waren einverstanden, das Gespräch für die wissenschaftliche Auswertung aufzeichnen zulassen. Die Interviews wurden entweder
direkt am Arbeitsplatz oder in einem Besprechungsraum bei AfB durchgeführt, um eine angenehme Arbeitsatmosphäre zu schaffen. Sie dauerten
zwischen 45 Minuten und 2 Stunden. Die Interviews bilden die Grundlage
dieser qualitativen Untersuchung, da sie die reichhaltigsten Informationen
zur Beantwortung der Forschungsfrage liefern.

### 3.2.1.2 Beobachtungen

Weitere Primärdaten stammen von den Beobachtungen, die der Autor 14
Tage beim Untersuchungsobjekt vornahm und dokumentierte. Hierbei
nahm er an verschiedenen Diskussionen, Meetings, Vorstellungsgesprächen oder Verhandlungen mit Geschäftspartnern teil. Sechs Tage begleitete
der Autor den Betriebssozialarbeiter, der sich zu großen Teilen in der Produktion des Unternehmens aufhält, weil dort die Mehrheit der Mitarbeiter
ein Handicap besitzt. Dadurch ergibt sich ein tiefer Einblick in die Verhaltensweisen der Organisation beim Umgang mit beeinträchtigten Angestellten. Auf diese Weise konnten ebenfalls spontane Gespräche mit vielen Mitarbeitern geführt werden, die allerdings nicht aufgezeichnet werden konnten. Diese Beobachtungen wurden nach ethnographischen Gesichtspunkten
durchgeführt. Der Forscher mischte sich nicht ein, sondern versucht, sich
unsichtbar zu verhalten, damit die Beteiligten ohne Scheu so handeln, als
wenn niemand Fremdes anwesend ist. Diese Methode erlaubt es, Vertrauen
zu den Mitarbeitern des Untersuchungsobjektes aufzubauen, um fundierte
Informationen in den Interviews zu erhalten (Yin, 2009). Die Beobachtungen wurden anschließend digital dokumentiert und nach Tagen sortiert.

### 3.2.1.3 Sekundärmaterial

Zusätzlich zu den Interviews und den Beobachtungen im Unternehmen
wurde relevantes Sekundärmaterial zu der Tätigkeit und zum Aufbau des
Unternehmens zusammengetragen. Diese Dokumente beinhalten Organigramme, Umsatzzahlen, Unterlagen zur Unternehmensvision, Trainingsma-
terial, Daten von Konkurrenten, interne Berichte und Unternehmensveröf-
fentlichungen, um alle für diese Untersuchung wichtigen Facetten des Un-

ternehmens abbilden zu können. Auf der einen Seite wurden die Daten genutzt, um den Leitfaden für die Interviews vorzubereiten und die Informationen aus den Interviews zu validieren, auf der anderen Seite enthielten sie auch neue Informationen zum Aufbau der Organisation. Nach der Datengewinnung wird im nächsten Abschnitt die Auswertung der Interviews, der Beobachtungen und des Sekundärmaterials beschrieben.

## 3.2.2 Datenauswertung

Die Datenauswertung folgt der Grounded Theory. Da diese Arbeit ein Forschungsfeld untersucht, das in der Vergangenheit kaum betrachtet wurde, können hier mit diesem Ansatz neue Zusammenhänge entdeckt werden. Das heißt, gegenüber dem Forschungsobjekt muss eine Offenheit herrschen. Die in dieser Arbeit angewendete Methode der Datenauswertung baut auf dem in Kapitel 3.1 dargestellten iterativen Prozess der qualitativen Forschung auf und besteht aus den folgenden Schritten:

1. Transkription der Interviews,

2. dreistufiges Codierungsverfahren,

3. Erstellen der Fallstudie und

4. Bildung einer Theorie.

Als erstes wurden die Interviews digital aufgenommen und gespeichert, um die spätere Auswertung mit Hilfe einer Transkription (Verschriftung) stützen zu können. Die wörtliche Transkription umfasst den gesamten gesprochenen Text und lässt somit eine ausführliche Interpretation zu (Mayring, 2002). Nach Buber und Holzmüller (2009) können vier Arten von Verschriftungsformen unterschieden werden. Für diese Arbeit wurde die Standardorthografie, bei der das gesprochene Wort nach den Regeln der deutschen Rechtschreibung dokumentiert wird, verwendet. Paraverbale Äußerungen wie *traurig* oder *schmunzelnd* wurden nicht transkribiert, da der Fokus vorrangig auf die inhaltliche Analyse gelegt wurde. Auf die Transkription von Füllwörtern wie *ähm* oder *mhm* wurde aus dem gleichen Grund verzichtet. Bei der Transkription der Interviews wurden Modifikationen durch den Forscher vermieden. Des Weiteren wurden alle Interviews gemäß einer geschlossenen Verschwiegenheitserklärung anonymisiert.

Im zweiten Schritt der Datenauswertung werden die transkribierten Interviews, die Feldnotizen und das Sekundärmaterial codiert. Das Codieren ist ein analytischer Prozess, durch den die Daten geordnet und in einen Zusammenhang gestellt werden, um daraus eine Theorie zu entwickeln (Strauss & Corbin, 1998). Um diesen Prozess zu erleichtern und zu kontrollieren, wird er durch eine Analyse mit Hilfe der Software Atlas.ti 7.0 unterstützt, die speziell für die Auswertung von qualitativen Daten entwickelt wurde. Allerdings können mit diesem Programm nicht (wie bei einer statistischen Analyse durch beispielsweise Statistical Package for the Social Sciences (SPSS)) Ergebnisse berechnet werden, sondern diese müssen weiterhin durch Interpretationen generiert werden (Flick, 2007). Trotzdem erhält der Untersuchende durch Atlas.ti Unterstützung in der Strukturierung und Organisation der Daten, wodurch einige Schritte vereinfacht und beschleunigt werden. Strauss und Corbin (1996) definieren nun verschiedene Phasen des Codierens, die mit Atlas.ti 7.0 realisiert wurden: offenes Codieren, axiales Codieren und selektives Codieren.

In der ersten Phase werden die Daten offen codiert, um die gewonnen Informationen unter einer bestimmten Perspektive zu analysieren. Das Codieren strukturiert die gewonnen Rohdaten und bringt sie auf eine konzeptionelle Ebene (Strauss & Corbin, 1998). Die Grounded Theory besitzt hierbei eine spezielle Vorgehensweise, bei der den einzelnen Abschnitten in den Dokumenten (Quotes) inhaltliche Codes zugewiesen werden, so dass ein Codesystem schrittweise aufgebaut wird. Das heißt, dass die Codes nicht am Anfang der Datenauswertung festgelegt, sondern durch die Analyse der Daten herausgearbeitet werden. Hierbei wird das Untersuchungsobjekt anhand der Daten mit treffenden Codes beschrieben, die möglichst auch vom Datenmaterial angeboten werden. Beispielsweise beschreibt der Betriebssozialarbeiter die Auswahl der Mitarbeiter, woraus sich der Code *Zusammenstellung der Teams* ergibt. Gleichzeitig werden Beziehungen zwischen den Codes und mögliche Konzepte erfasst. Diese Arbeit umfasst 1346 Quotes, die zu 253 Codes zusammengefasst sind (siehe Anhang 2). Die einzelnen Teile werden anschließend miteinander verglichen, um Unterschiede und Gemeinsamkeiten zu erkennen. Anschließend werden die verschiedenen Codes zu Kategorien zusammengefasst. Diese Arbeit umfasst 14 Hauptkategorien wie beispielsweise *Menschen mit Handicap, Interne Abläufe bei AfB* oder *Staatliche Vorgaben.*

In der zweiten Phase werden die Daten axial codiert, das heißt, die Eigenschaften und Dimensionen einer oder mehrerer Kategorien werden offengelegt, um eine Verfeinerung der vorhandenen Kategorien zu erreichen. Dafür müssen die Aktionen, Bedingungen und Konsequenzen des zu untersuchenden Phänomens identifiziert werden. In dieser Arbeit werden beispielsweise *Staatlichen Vorgaben, Führung der Mitarbeiter, Personalakquise, Herausforderungen durch die Behinderung,* oder *Interne Abläufe* als Achsenkategorien betrachtet. Die Daten werden dementsprechend enger codiert, um so bezüglich dieser Kategorien Subkategorien, wie beispielsweise *enge Delegation* oder *Fördermöglichkeiten,* bilden zu können. Um diese Achsenkategorien und die damit in Beziehung stehenden Konzeptionen wird ein Netzwerk aufgebaut. Beispielsweise beeinflussen die *Staatlichen Vorgaben* die *Personalakquise* oder die *Unternehmenskultur* die *Motivation der Mitarbeiter* (siehe Anhang 3). Nach dieser Phase ist es wichtig, das Codesystem zu reflektieren, um die Wahl der Achsenkategorien zu bestätigen oder gegebenenfalls zu überdenken.

Die dritte Phase beinhaltet das selektive Codieren, in der eine Kernkategorie aufgestellt wird. Die *Menschen mit Handicap* werden in dieser Arbeit als diese Kernkategorie ausgewählt, da alle anderen Kategorien damit verbunden sind. Die Beziehungen der Kernkategorie werden hier noch einmal vertiefend untersucht und reflektiert und bilden dann die Basis für die Ausgestaltung des theoretischen Konzeptes. Beispielsweise wurde in dieser Arbeit analysiert, welchen Einfluss die Anstellung von Menschen mit Handicap auf das Führungsverhalten hat. Das heißt, in dieser Phase erfolgt der Schritt weg von der Beschreibung der Daten hin zu einer Konzeptionalisierung. Durch den Prozess des Codierens kann ebenfalls eine *Handlung* für die weitere Arbeit generiert werden, die dem dritten Schritt der Auswertung als Grundlage dient.

In diesem dritten Schritt wird eine Fallstudie erstellt, die das Phänomen des Untersuchungsobjektes ausführlich beschreibt (vgl. Kapitel 4). Da auf dieser Datenbasis schon eine Lehrfallstudie entwickelt wurde, konnten die daraus gewonnen Informationen mit dem Untersuchungsobjekt reflektiert werden, um eine externe Validierung der Daten zu erhalten. Im letzten Schritt wird aus der stetigen Reflexion des Codesystems eine Theorie für das im dritten Schritt dargestellte Phänomen erarbeitet (vgl. Kapitel 5).

# 4 Fallstudie

## 4.1 Vorstellung des Partnerunternehmens

### 4.1.1 Strategie und Entwicklung von AfB

Der Gründer und Leiter des Unternehmens entwickelte in Zusammenarbeit mit einer Behindertenwerkstatt im Jahr 2004 die Idee, dass behinderte Menschen gebrauchte IT-Hardware testen und weiterverarbeiten können. Die hohe IT-Affinität von Menschen mit Handicap führt zu einer hohen Motivation und Identifikation mit der Arbeit in diesem Bereich. Aus der Idee entwickelte der Gründer ein Geschäftsmodell, wodurch das Unternehmen AfB entstand.

Dem Geschäftsmodell liegen folgende Überlegungen zugrunde: Unternehmen sollen die Möglichkeit bekommen, ihre nicht mehr benötigte IT-Hardware, wie beispielsweise Laptops, Bildschirme oder Drucker, an AfB abzugeben. Hierfür erhalten sie eine zertifizierte Datenlöschung von allen Festplatten und die Garantie, dass durch diese Abgabe der Geräte Arbeitsplätze für Menschen mit Handicap geschaffen werden. Somit bietet AfB nicht nur die Dienstleistung der Datenlöschung für Kooperationspartner, sondern ebenfalls eine Corporate Social Responsibility (CSR)-Aktivität an. Die IT-Hardware wird von AfB dann entweder zerlegt oder an Dritte weiterverkauft.

Der Leiter möchte AfB als ein Unternehmen positionieren, das eine professionelle Dienstleistung anbietet und trotzdem einen sozialen Gedanken verfolgt. Das große Ziel besteht in der besseren Integration von Menschen mit Handicap in die Gesellschaft:

> „Wir wollen nicht ein Schild, wo drauf steht: „Hallo, ich bin behindert!" Das wollen wir nicht. Wir sind laut Definition gemeinnützig. Ich erzähle auch immer, was wir machen und füge

dann zum Schluss erst hinzu, dass wir auch zu 50 % mit Menschen mit Behinderung arbeiten. Ich muss es aber nicht jeden
Tag den Leuten sagen, dass sie behindert sind. Deshalb wollen
wir von diesem typischen Klischee der unprofessionellen Hin-
terhofarbeit weg, weil wir andere Ansätze haben. Wir sind in
erster Linie ein Business." (Geschäftsführer)

Der Gründer träumt davon, dass Social Businesses als selbstverständlich in
der Gesellschaft wahrgenommen werden und versucht mit seiner Idee, diese Vision zu realisieren.

„Ich will, dass in naher Zukunft soziale Unternehmen in allen
gesellschaftlichen Bereichen vertreten sind. Der Social Business-Bereich benötigt nicht nur eine eigene Zeitung, sondern
auch ein eigenes IT-Systemhaus und ein eigenes Bildungskon-
zept. Darauf arbeiten wir hin. Dieses soziale Wirrwarr muss
sich ja langfristig strukturieren lassen." (Geschäftsführer)

Sein großes Ziel besteht darin, mit seinem Unternehmen 500 Arbeitsplätze
für Menschen mit Handicap zu schaffen. Hierfür hat er die Initiative 500
AG gegründet, die als Muttergesellschaft von AfB fungiert. Alle Angestell-
ten sind an der AG beteiligt, sodass sie hier ein Mitspracherecht besitzen.
Die Menschen mit Handicap sind sehr dankbar, da sie durch die Arbeit bei
AfB das Gefühl des Gebrauchtwerdens erfahren und sich so besser in die
Gesellschaft integriert fühlen.

„Leute mit einem Handicap sind dankbar, eine Arbeit zu haben, weil es immer noch ein Tabuthema in Deutschland ist.
Leute mit einem Rolli oder einem anderen Handicap wird es
immer noch schwer gemacht, sich beruflich zu entwickeln.
Das war hier nicht der Fall. Deswegen geht jeder damit vielleicht anders um. Wir freuen uns, einen Arbeitsplatz zu haben,
bei dem wir unsere eigenen Brötchen verdienen können."
(Key-Account-Managerin)

Nach einer Startphase stiegen die Umsätze, sodass drei Jahre nach der
Gründung ein weiterer Standort in Stuttgart eröffnete, bei dem die gesamte

Aufbereitung von IT-Hardware stattfindet. Der Aufbau eines neuen Standortes erfolgte nun regelmäßig bei ausreichend langfristigen Verträgen mit Kooperationspartnern: Bei etwa 5000 Geräten pro Jahr denkt AfB darüber nach, einen neuen Standort zu eröffnen. Mittlerweile existieren 12 Standorte in Deutschland, Österreich und Frankreich, die 160 Mitarbeiter beschäftigen, wovon 75 ein Handicap besitzen. Die meisten arbeiten in der Zentrale in Ettlingen, da hier die Geräte für den Onlineshop aufbereitet werden und zentral ausgerichtete Funktionen wie Marketing, Public Relations oder Buchhaltung ansässig sind. Die Aufteilung der zentralen und dezentralen Funktionen der Organisation ist in Abbildung 17 dargestellt. Die einzelnen Filialen arbeiten nach dem marktorientierten Ansatz, bei dem sich diese an die jeweiligen Kundenbedürfnisse anpassen (Rühli, 1995) und somit als Profitcenter angesehen werden können (Hamel & Prahalad, 1995). Die Filialleiter übernehmen Umsatzverantwortung und treffen eigene Entscheidungen über die Produkte.

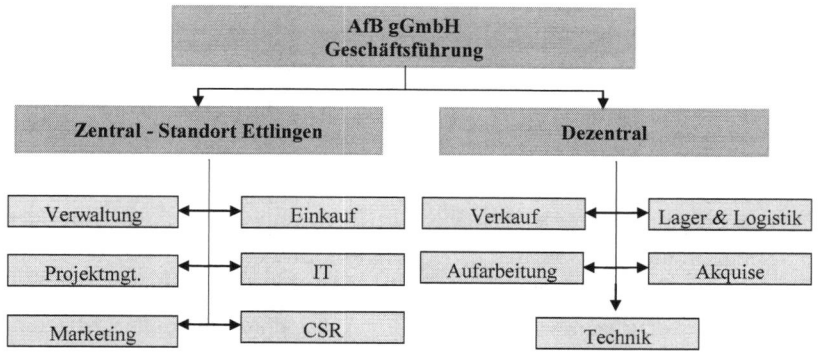

Abbildung 17:     Organigramm von AfB

## 4.1.2 Marktstruktur

Die Einbettung von AfB in die Marktstruktur erfordert die Erläuterung von verschiedenen Aspekten. Zum einen müssen auf der Beschaffungsseite Kooperationspartner akquiriert werden, die AfB mit nicht mehr benötigter IT-Hardware versorgen. AfB bietet diesen Partnern eine zertifizierte Löschung aller Datenträger. So ist der Markt für Datenlöschung einer Analyse zu unterziehen. Andererseits verkauft AfB die wieder aufgearbeitete IT-Hardware auf dem Gebrauchtmarkt, so dass auch dieser kurz charakterisiert wird.

Die Datenentfernung kann entweder durch die Zerstörung der Hardware oder mit Hilfe von speziellen Softwareprogrammen vorgenommen werden (BITKOM, 2008). Die physische Zerstörung der Hardware durch Schredder, Entmagnetisierung (Degaußer) oder eine thermische Zerstörung weist eine hohe Sicherheit auf. In Deutschland bietet eine geringe Zahl an Unternehmen (z. B. die Deutsche Aktenvernichtung DAV GmbH, die Intimus International GmbH und die Recycle it GmbH) diese Dienstleistung an. Für geringe Hardwaremengen eignen sich auch unternehmenseigene Stanzmaschinen zur Zerstörung der Festplatten. Die physische Zerstörung geht jedoch mit dem Nachteil einher, dass eine Weiterverwendung der ausgemusterten Hardware ausgeschlossen ist. Der Wertverlust der Geräte entsteht zusätzlich zu den Kosten für die Zerstörung.

Computerprogramme, die eine Datenlöschung vornehmen, überschreiben die Datenträger mehrfach mit unterschiedlichen Bitmustern und unterstützen eine Verifizierung und Bestätigung der Löschung. Die Geräte können dann weiterverwendet oder veräußert werden. Auch dieses Vorgehen wird als sicher eingestuft (Gutmann, 1996). Zu den wenigen Unternehmen, die solche Programme in Deutschland vertreiben und die Dienstleistung der Datenlöschung anbieten, gehören die Bull GmbH, Blancco Oy Ltd., die Kroll Ontrack GmbH und die Euratech GmbH. Insgesamt teilen sich wenige Anbieter den Markt für Datenlöschung, der durch die stetig steigende Computer- und Smartphonenutzung auch Wachstumsraten verzeichnet (BITKOM, 2012). Er kann also als ein Angebotsoligopol charakterisiert werden.

Weiterhin steigt die Bedeutung der Informationstechnik in einer immer stärker vernetzten Gesellschaft stetig. Sie füllt die Lücke zwischen Elektrotechnik und Informatik. Im Oktober 2012 veröffentlichte der Bundesverband Informationswirtschaft, Telekommunikation und neue Medien e.V. (BITKOM) die Konjunkturzahlen für die Branche. Demnach erwirtschaftete sie einen Umsatz von 152 Milliarden Euro, der im Vergleich zum Vorjahr einem Wachstum von 2,8 % entspricht. Der Umsatz wird dabei auf die in Abbildung 18 dargestellten Segmente aufgeteilt.

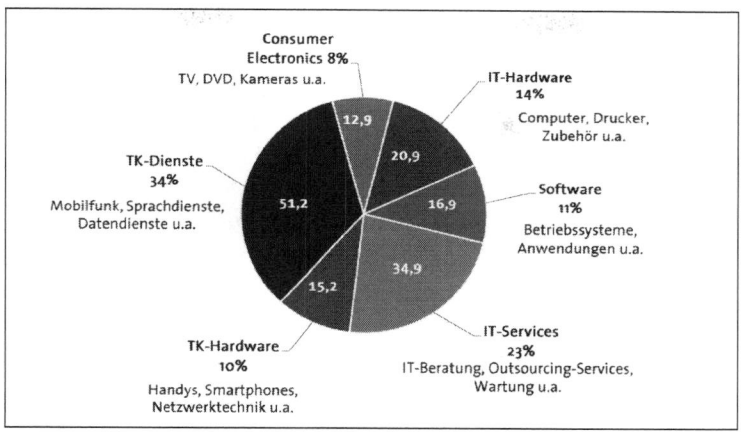

Abbildung 18:     Deutscher ITK-Markt nach Segmenten 2012 (BITKOM, 2012)

Das Umsatzwachstum liegt zum einen in dem starken Verkaufsanstieg bei Smartphones und zum anderen in den Sportereignissen des Jahres 2012 (Olympische Spiele in London; Fußballeuropameisterschaft in Polen/ Ukraine) begründet, die einen hohen Absatz in der Unterhaltungselektronik initiierten (BITKOM, 2012).

Der Smartphoneabsatz stieg im Vergleich zu 2011 um 43 % und der Absatz an Unterhaltungselektronik erhöhte sich um 2,3 %. Gleichzeitig stieg die Anzahl der Beschäftigten in der ITK-Branche auf 895.000, was einem Wachstum von ca. 2,1 % entspricht. Somit befindet sich diese Branche nach dem Maschinenbau an zweiter Stelle der größten Arbeitgeber in der deutschen Industrie (BITKOM, 2012). Aus diesen Daten wird deutlich, dass die ITK-Branche eine wachsende Branche innerhalb der deutschen Wirtschaft darstellt. Durch ständige Innovationen auf Produkt- und Prozessebene kann der Markt als vital und dynamisch beschrieben werden.

Durch ein wachsendes Bewusstsein der Gesellschaft für ökologische Nachhaltigkeit befasst sich die Branche mit Green-IT, das das Ziel beinhaltet, die Informations- und Kommunikationstechnologie über den Lebenszyklus hinweg ökologisch zu gestalten. Dies beinhaltet auch die Weiternutzung der Geräte durch den Verkauf auf dem Gebrauchtmarkt und eine zertifizierte Entsorgung. AfB kann deshalb nicht nur als soziales IT-, sondern auch als Green-IT-Unternehmen angesehen werden. In der jüngeren Vergangenheit entstanden viele Unternehmen, die sich dem Thema Green-IT widmen, indem sie Produkte für Hardware Lifecycle Management oder Rücknahmemanagement anbieten. Ein gutes Beispiel für solche Unternehmen ist die Reverse Logistics Group, die Rücknahmelösungen für Produkte, Komponenten und Materialen entwickelt. Die Kunden sind hierbei nicht nur Industrie- oder Handelsunternehmen, sondern auch die Endverbraucher. Neben dem Recycling von Materialen werden viele Produkte zur Wiederverwendung durch Reparatur, funktionale Überholung (sog. Refurbishing (White & Naghibi, 1998)) oder Rückversetzung in den neuwertigen Zustand (sog. Remanufacturing (Walther, 2010)) wieder aufbereitet. Durch kurze Produktentwicklungszyklen bei den IT-Produzenten kann dreijährige Hardware auch weiterhin für viele Zwecke ausreichend sein. Beispielsweise braucht ein Endverbraucher zum Surfen im Internet oder für das Schreiben von Emails selten einen Highend-PC mit einem Intel Core i7 mit vier Prozessorkernen. Da für die Bedürfnisse vieler Konsumenten die Ausstattung eines gebrauchten Computers ausreichend ist, stieg also in letzten Jahren die Nachfrage nach gebrauchter IT-Hardware stark an.

Dieser Markt wird durch Portale wie Ebay Inc., wo gebrauchte Dinge schnell und direkt verkauft werden können, mitgestaltet. Weiterhin entstehen Internetportale, die gebrauchte Hardware aufkaufen, um sie aufzuarbeiten und danach wieder zu verkaufen. Bekannte Beispiele sind wirkaufens.de oder zonzoo.de. Neben dem Einzelhandel für gebrauchte IT-Hardware existiert ebenfalls ein Massenmarkt, auf dem die Händler Broker genannt werden. Diese kaufen IT-Hardware, die auf dem deutschen Markt keine Käufer findet, in großen Mengen auf und exportieren sie ins afrikanische oder asiatische Ausland. So kann AfB LKW-Ladungen mit meist mehr als 1200 veralteten Computern verkaufen und so auch mit diesen

Produkten Geld verdienen. Diese Entwicklungen müssen bei der strategischen Positionierung von AfB Berücksichtigung finden.

Durch die Anstellung von Menschen mit Handicap kann AfB nicht nur als
Green-IT-Unternehmen, sondern auch als ein Social Business bezeichnet
werden. In der Einteilung der Wirtschaftsbereiche des Statistischen Bun-
desamtes können Social Businesses nicht direkt identifiziert werden, da die
Bezeichnung keinen Wirtschaftsbereich, sondern eine Unternehmensform
definiert. Beispielsweise umfasst der Bereich Dienstleistungen den Wirt-
schaftsabschnitt Gesundheits- und Sozialwesen (Statistisches Bundesamt,
2013), in dem einige Social Businesses angesiedelt werden können. Der
Markt von Social Businesses in Deutschland ist durch Heterogenität gekennzeichnet, da viele Produkte in verschiedenen Branchen angeboten
werden. So bietet eine hohe Zahl der Social Businesses eine Dienstleistung
im Bildungs- oder Kulturbereich an. Hier kann wiederum *Dialog im Dunkeln* als Beispiel herangezogen werden.

Durch das kombinierte Angebot von gesellschaftlichem Nutzen und gebrauchter IT-Hardware hat AfB eine Position erreicht, bei der es mehr Produkte verkaufen könnte, als es von Kooperationspartnern zur Verfügung
gestellt bekommt. Der Beschaffungsmarkt erhält damit eine höhere strategische Bedeutung als der Absatzmarkt.

## 4.1.3 Menschen mit Handicap

Die Aufmerksamkeit für Menschen mit Handicap hat in den letzten Jahren
in deutschen Unternehmen zugenommen. Dafür existieren zahlreiche
Gründe, wie beispielsweise die Beschäftigung immer älterer Menschen
(Ulich & Wülser, 2012), stärkere psychische Belastungen während der Arbeit (Göldner, Rudow, Neubauer, Krüger, & Paeth, 2006) oder die Krise
der Sozialversicherungssysteme (Behrend, 2005). Menschen mit Handicap
spielen beim Geschäftsmodell von AfB eine entscheidende Rolle. Trotz der
erhöhten Aufmerksamkeit nehmen sie in der Gesellschaft weiterhin eine
Randposition ein, da beispielsweise viele Arbeiten von ihnen nicht verrichtet oder öffentliche Plätze durch unzureichende Barrierefreiheit nicht erreicht werden können.

Die Weltgesundheitsorganisation hat im Jahr 2001 eine Einteilung der funktionalen Gesundheit aufgestellt, um eine Begriffsklärung für Menschen mit Handicap zu erreichen (Rentsch & Bucher, 2005). Sie enthält die folgenden Merkmale, die verschiedene Ausprägungen aufweisen können:

- Körperstrukturen,

- Körperfunktionen,

- Aktivität,

- Partizipation und

- Umweltfaktoren.

Eine Person besitzt einen normalen Gesundheitszustand, wenn die Körperstrukturen und -funktionen dem für dieses Alter anerkannten Standard entsprechen. Die Personen können in allen Bereichen des Lebens die gewünschten Aktivitäten ausüben, um sich im sozialen Bereich so entfalten zu können, wie es Menschen ohne Beeinträchtigung tun. Sie müssen so beispielsweise Zugang zu allen Produkten und Dienstleistungen bekommen, die der Markt anbietet (McGrath & Grant, 1992).

Nach § 2 Absatz 1 des Sozialgesetzbuches IX sind Menschen behindert, bei denen die „körperliche Funktion, geistige Fähigkeit oder seelische Gesundheit mit hoher Wahrscheinlichkeit länger als sechs Monate von dem für das Lebensalter typischen Zustand abweichen und daher ihre Teilhabe am Leben in der Gesellschaft beeinträchtigt ist." Der Grad der Behinderung (GdB) wird in der Regel in 10er-Schritten gemessen und kann zwischen 20 und 100 variieren. Menschen sind schwerbehindert, wenn bei ihnen ein amtlich anerkannter GdB von mindestens 50 vorliegt und die Person „ihren Wohnsitz, ihren gewöhnlichen Aufenthalt oder ihre Beschäftigung auf einem Arbeitsplatz" rechtmäßig in Deutschland hat (SGB IX, 2007: § 2 (2)).

Am Ende des Jahres 2011 lebten in Deutschland 7,3 Millionen gemeldete Personen mit Handicap, was einem Anteil von ca. 8,9 % der Bevölkerung entspricht (Statistisches Bundesamt, 2013). Davon waren 3,27 Millionen Menschen im erwerbsfähigen Alter (Arbeitsagentur, 2013). Abbildung 19 zeigt, dass viele Behinderungen erst mit zunehmendem Alter auftreten und deshalb knapp 50% der Schwerbehinderten über 55 Jahre alt sind. Am häufigsten treten mit 62,3 % körperliche Behinderungen auf und ca. 20 % der Menschen mit Handicap weisen eine geistige oder seelische Behinderung auf. Bei etwa 17,6 % der Fälle ist die Art der schwersten Behinderung nicht ausgewiesen (Statistisches Bundesamt, 2013).

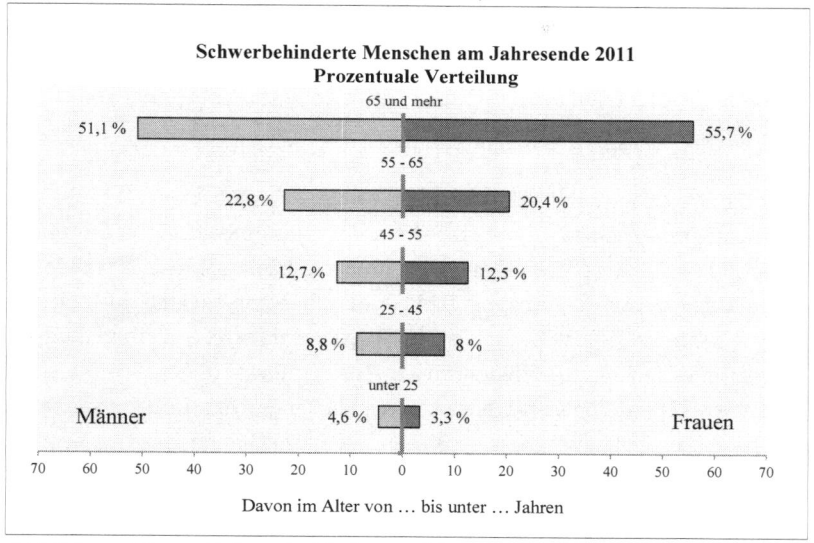

Abbildung 19:     Schwerbehinderte Menschen 2011 in Deutschland (Statistisches Bundesamt, 2013)

Weiterhin gibt das Sozialgesetzbuch IX vor, in Unternehmen mit mehr als 20 Mitarbeitern eine Quote von fünf Prozent Menschen mit Handicap unter allen Angestellten einzuhalten (SGB IX, 2007: § 73 (1)). Wenn diese Quote nicht erfüllt wird, muss das Unternehmen abhängig von der Höhe der tatsächlich realisierten Beschäftigungsquote von Menschen mit Handicap eine Ausgleichsabgabe an das Integrationsamt zahlen (SGB IX, 2007: § 77 (1)). Tabelle 2 zeigt die unterschiedliche Höhe dieser Ausgleichsabgabe.

| Ausgleichsabgabe je unbesetztem Pflichtarbeitsplatz für behinderte Menschen (pro Monat) | |
| --- | --- |
| Beschäftigungsquote zwischen 3 % und 5 % | 115 EUR |
| Beschäftigungsquote zwischen 2 % und 3 % | 200 EUR |
| Beschäftigungsquote von weniger als 2 % | 290 EUR |

Tabelle 2:     Ausgleichsabgabe für Unternehmen (SGB IX, 2007: § 77 (2))

Im Jahr 2009 zahlten die Unternehmen, die die entsprechende Anzahl von Menschen mit Handicap nicht erreichten, 415 Millionen Euro an das Integrationsamt. Die Aufgabe des Integrationsamtes besteht darin, die Teilhabe von Menschen mit Handicap an der Gesellschaft und speziell am Arbeitsleben zu fördern (SGB IX, 2007: § 17 (1)). Beispielsweise werden die Einnahmen aus dem Ausgleichsfond dazu genutzt, um eine begleitende Hilfe für schwerbehinderte Menschen im Arbeitsleben zu finanzieren, Seminare anzubieten oder Integrationsprojekte zu unterstützen. Integrationsprojekte können hierbei Unternehmen oder Abteilungen sein, die ausschließlich oder vermehrt Menschen mit Handicap anstellen (SGB IX, 2007: § 132 ff). Durch ihre Beeinträchtigung können Menschen mit Handicap am Arbeitsleben nur selten partizipieren. Mit Hilfe der Integrationsprojekte sollen neue Arbeitsplätze geschaffen, aber auch bestehende Arbeitsplätze behindertengerecht ausgestattet werden.

Außerdem werden die Menschen mit Handicap direkt unterstützt, indem sie persönliche oder finanzielle Hilfe des Integrationsamtes in Anspruch nehmen können. Sie erhalten einerseits Beratungen, die das Arbeitsleben, den Arbeitsplatz oder die Behinderung betreffen. Andererseits werden auch nötige Arbeitshilfen für die Ausübung einer Tätigkeit vom Integrationsamt finanziert (Integrationsamt, 2011). Dabei werden die Integrationsämter von Integrationsfachdiensten unterstützt, die häufig die berufsbegleitende Betreuung übernehmen (SGB IX, 2007: § 109). Dies führt dazu, dass öffentliche Arbeitgeber im Jahr 2008 6,1 % Menschen mit Handicap beschäftigten, während private Unternehmen im gleichen Jahr 3,7 % anstellten (Integrationsamt, 2011).

Bei der Kündigung eines schwerbehinderten Mitarbeiters muss ein Unternehmen immer die Zustimmung des Integrationsamtes einholen. In einer Diskussion mit dem Arbeitgeber wird geprüft, ob es eine Möglichkeit zur Erhaltung des Arbeitsplatzes gibt. Dabei nimmt das Integrationsamt eine Vermittlerrolle zwischen dem Arbeitgeber und dem behinderten Menschen ein.

Wenn Menschen auf dem ersten Arbeitsmarkt nicht arbeiten können, bekommen sie eine Tätigkeit in einer Werkstatt für behinderte Menschen (WfbM) angeboten (Doose, 1997). Die Regelungen für diese Werkstätten sind seit Juli 2001 ebenfalls im neunten Buch des Sozialgesetzbuches zu finden. Ziel ist es, behinderten Menschen einen Einstieg in den ersten Arbeitsmarkt zu ermöglichen, um langfristig eine Integration in die Gesellschaft zu schaffen. Um das zu erreichen, gibt es ein breites Angebot von Berufsbildungs- und Arbeitsplätzen. Das Spektrum der Arbeit reicht vom Malen von Postkarten bis hin zu Autowäschen und Gartenpflege. Da versucht wird, in den Werkstätten nach wirtschaftlichen Grundsätzen zu arbeiten, können die Waren und Dienstleistungen gewerblichen und privaten Kunden angeboten werden. Die dortigen Angestellten erhalten einen Lohn oder ein Gehalt. Im Jahr 2012 existierten in Deutschland 682 anerkannte Werkstätten mit fast 300.000 Plätzen (Bundesarbeitsgemeinschaft WfbM, 2012). Trotz der Maßnahmen des Integrationsamtes und der Werkstätten sind viele Menschen mit Handicap immer noch von Arbeitslosigkeit betroffen. Nach der Statistik der Agentur für Arbeit steigt die Arbeitslosigkeit unter den Menschen mit Handicap im Gegensatz zu den Menschen ohne Handicap. Im Jahr 2011 waren 932.000 Menschen mit Handicap arbeitslos gemeldet, womit die Zahl im Vergleich zum Vorjahr um 3 % stieg. Bei 3,27 Millionen erwerbsfähigen Menschen mit Handicap ergibt sich ein Arbeitslosenquote von über 28 % (Arbeitsagentur, 2013).

Traditionell werden Institutionen außerhalb des ersten Arbeitsmarktes zur Integration von Menschen mit Handicap genutzt (Schmal & Niehaus, 2004). Mit dem *Supported Employment* existiert mittlerweile ein weiterer

Ansatz, der die Menschen mit Handicap direkt in den ersten Arbeitsmarkt integriert. Um die Integration zu erleichtern, bekommen diese Menschen besondere Hilfestellungen von sogenannten *Job-Coaches*, (Bärtsch & Rössler, 2008). Eine in diesem Zusammenhang durchgeführte Studie zeigt, dass 11 von 25 Menschen mit Handicap durch die *Job-Coaches* auf dem ersten Arbeitsmarkt integriert werden konnten, wogegen aus der Kontrollgruppe keiner eine Anstellung fand (Ulich & Wülser, 2012). Des Weiteren gibt es Unternehmen, die erkannt haben, dass Menschen mit Handicap auch eine Chance bieten. Das Beispiel *Dialog im Dunkeln* zeigt, dass die besonderen Talente geschickt mit dem Geschäftsmodell verknüpft werden, um mehr Menschen mit Handicap eine Tätigkeit auf dem ersten Arbeitsmarkt zu bieten (Heinecke, 2009). Weitere Beispiele, wie die Unternehmen *discovering hands*, *Specialisterne*, *Passwerk* oder *auticon* folgten *Dialog im Dunkeln* und bauten ihr Geschäftsmodell auf den besonderen Fähigkeiten von Menschen mit Handicap auf. Auch große Konzerne entdecken Menschen mit Handicap als besonders geeignete Arbeitnehmer. SAP plant bis 2020 bis zu 500 Autisten als Softwaretester, Programmierer oder Spezialisten für die Datenqualitätssicherung einzustellen. Dabei arbeitet das Unternehmen mit dem dänischen Social Business *Specialisterne* zusammen, das seit 2004 Dienstleistungen von Autisten anbietet. Auch das für die vorliegende Arbeit ausgewählte Unternehmen AfB stellt bis zu 50 % Menschen mit Handicap an. Bei AfB weisen die Arbeitnehmer, im Gegensatz zu *Auticon* oder *Specialisterne*, alle Arten von Handicap auf: körperliche und geistige Behinderungen und Störungen des Nervensystems. Doch das Unternehmen AfB sieht sich selber als Übergangsstation für Menschen mit Handicap, die nach einer gewissen Zeit an konventionelle Unternehmen weitervermittelt werden.

> „Für Menschen mit Handicap bieten sich drei verschiedene Möglichkeiten: Es gibt die Werkstatt, den ersten Arbeitsmarkt und es gibt Unternehmen wie uns. In der Werkstatt gibt es einen sehr breit gefächerten und geschützten Rahmen, der mit einem sehr hohen Betreuungsaufwand verbunden ist. Auf der anderen Seite haben wir den ersten Arbeitsmarkt, wo gar nichts geschützt ist und wenn dort ein Angestellter seine Ar-

beit nicht richtig macht, wird die Person entlassen. Dazwi-
schen stehen wir – mit Spielregeln von beiden Seiten." (Geschäftsführer von AfB)

AfB ist ein Integrationsunternehmen. Diese Einordnung ist mit verschiedenen Kriterien versehen. Das Hauptkriterium besteht in der Schaffung und
Sicherung von Arbeitsplätzen für Menschen mit Handicap. Beispielsweise
muss jeder Standort des Unternehmens barrierefrei sein und jede Filiale
muss separat die Voraussetzungen für ein Integrationsunternehmen erfüllen. Außerdem muss es eine arbeitsbegleitende Betreuung der Menschen
mit Handicap geben. Diese Aufgabe übernehmen die Betriebssozialarbeiter. Des Weiteren müssen die Mitarbeiter mit Handicap bei AfB fortlaufend
Qualifizierungen und Weiterbildungen erhalten, um die Eingliederung ins
Berufsleben und die damit verbundene gesellschaftliche Teilhabe weiterhin
sicherzustellen. Die Quote der Menschen mit Handicap muss zwischen 25
und 50 % liegen, da es sich sonst nicht mehr um ein Integrationsunternehmen handelte (SGB IX, 2007: § 132 (3)). Dies kann bei kleineren Standorten zu Problemen führen, da hier nur sehr wenig Mitarbeiter angestellt sind
und beispielsweise die Quote leichter über- oder unterschritten werden
kann.

Die Einordnung als Integrationsunternehmen geht auch mit Vorteilen einher. Diese beinhalten Aufbau, Erweiterung, Modernisierung und Verbesserung der finanziellen Ausstattung des Projekts oder Unternehmens. Außerdem können betriebswirtschaftliche Beratungen in Anspruch genommen
werden (SGB IX, 2007: § 134). Die Bemessung der Förderung hängt von
der Anzahl der angestellten sozialversicherungspflichtigen Menschen mit
Handicap ab. Eine Förderung ist immer nur möglich, wenn der jeweilige
Eigenanteil finanziert werden kann. Diese wird als Zuschuss, Darlehen o-
der Zinszuschuss gewährt. Ein Darlehen kann dabei über eine Höhe von
20000 € pro Arbeitsplatz und mit einer Laufzeit von maximal zehn Jahren
gewährt werden (BIH, 2014). Hierbei wird allerdings hervorgehoben, dass
andere staatliche Förderungen wie beispielsweise über Träger der Arbeits-
förderung oder Grundsicherung vorrangig in Anspruch genommen werden
sollen. Der Betriebssozialarbeiter beschreibt das folgendermaßen:

„Wenn man einen Menschen mit Behinderung in seinem Unternehmen anstellt, bekommt man eine Förderung vom Land,
von der Arbeitsagentur oder von der Rentenkasse. Das hängt
von dem speziellen Fall ab. Diese Förderung ist aber zweck-
gebunden, so dass nur in den Arbeitsplatz, beispielsweise in
spezielle Software für Blinde, investiert werden darf. Bei Integrationsunternehmen wie uns funktioniert das anders. Wir
müssen sowieso Standards wie Barrierefreiheit und Unterstützung für unsere Menschen mit Handicap erfüllen, so dass wir
die Fördergelder unabhängig von den Personen investieren
können. Wenn wir beispielsweise eine neue Maschine in der
Produktion benötigen, dann können wir sie von dieser Förderung bezahlen." (Betriebssozialarbeiter)

So entstehen durch die Anstellung von Menschen mit Handicap viele Ver-
pflichtungen, aber AfB erhält auch von der Ausgleichsabgabe umgelegte
Fördergelder, um die Integration der Menschen zu verbessern und zu be-
schleunigen.

## 4.1.4 Rechtsform

AfB besitzt durch die Anstellung von Menschen mit Handicap nicht nur
den Status eines Integrationsunternehmens sondern ebenfalls eine speziell
ausgerichtete Rechtsform: Für soziale Unternehmen, Social Enterprises und
Social Businesses sind die gemeinnützige Gesellschaft mit beschränkter
Haftung (gGmbH) und die gemeinnützige Aktiengesellschaft (gAG) geschaffen worden. AfB besitzt die Rechtsform einer gGmbH.

Die Abgabenordnung, die 1977 in Kraft getreten ist und im August 2013
zuletzt geändert wurde, beschreibt im dritten Abschnitt, welche Voraussetzungen eine Gesellschaft erfüllen muss, um als gemeinnützig anerkannt zu
werden (Abgabenordnung, 2013). Eine Körperschaft kann als gemeinnützig
angesehen werden, wenn „ihre Tätigkeit darauf ausgerichtet ist, die Allge-
meinheit auf materiellem, geistigem oder sittlichem Gebiet selbstlos zu
fördern" (Abgabenordnung, 2013: § 52 (1)). Dazu gehören die Förderung

von Wissenschaft und Forschung, von Kunst und Kultur, des Naturschutzes, der Jugend- und Altenpflege oder behinderter Menschen (Abgabenordnung, 2013: § 52 (2)). Dem Wort *selbstlos* kommt in der Definition der Gemeinnützigkeit eine besondere Rolle zu. Die Förderung der verschiedenen Bereiche muss von der Organisation ohne „eigenwirtschaftliche Zwecke – zum Beispiel gewerbliche Zwecke [...] verfolgt werden" (Abgabenordnung, 2013: § 55 (1)):

1. Die Gewinne dürfen nicht an die Gesellschafter ausgeschüttet werden, sondern müssen in die Organisation reinvestiert werden.

2. Die Gesellschafter dürfen – beispielsweise bei Auflösung der Organisation – nicht mehr als ihre eingezahlte Kapitalhöhe erhalten.

3. Vergütungen müssen immer dem Gesellschaftszweck folgen und dürfen außerdem nicht unverhältnismäßig hoch sein.

4. Wenn die Gesellschaft aufgelöst wird, muss der Überschuss ebenfalls einem steuerbegünstigten Zweck zukommen.

5. Die zugeflossenen Mittel müssen spätestens nach dem zweiten Kalenderjahr gemeinnützig verwendet werden.

Wenn ein Unternehmen diese Anforderungen der Abgabenordnung erfüllt, so kann es als gemeinnützig firmieren. AfB muss eine Quote zwischen 40 % und 60 % an Menschen mit Handicap erfüllen, um den Status einer gemeinnützigen gGmbH zu erhalten. Durch die Gemeinnützigkeit erlangen die Gesellschaften verschiedene Steuervergünstigungen oder -befreiungen: nach § 5 (1)(9) des Körperschaftssteuergesetztes werden gemeinnützige Körperschaften beispielsweise von der Körperschaftssteuer befreit (Körperschaftssteuergesetz, 2013). Außerdem erhalten gemeinnützige Körperschaften eine Vergünstigung auf die Umsatzsteuer (Umsatzsteuergesetz, 2013).

Um den Status des Integrationsunternehmens beizubehalten und gleichzeitig die Rechtsform der gemeinnützigen GmbH führen zu dürfen, muss AfB

mindestens eine Quote von 40 % Mitarbeitern mit Handicap erfüllen, darf
aber gleichzeitig die 50 % nicht überschreiten. Diese Vorgabe hat Einfluss
auf die Personalpolitik, da in jeder Filiale diese Quote erfüllt werden muss.

Zwischen den gesetzlichen Richtlinien einer gemeinnützigen Gesellschaft
und der Definition von Social Business (Kapitel 2.1.3) gibt es viele Überschneidungen. So müssen diese Gesellschaften einen gemeinnützigen
Zweck erfüllen und gleichzeitig wird eine ökonomische Nachhaltigkeit an-
gestrebt. Der erwirtschaftete Gewinn darf allerdings nicht an die Investoren
ausgeschüttet werden, sondern muss reinvestiert werden.

### 4.1.5 Geschäftsprozesse bei der AfB gGmbH

Die Geschäftsprozesse bei AfB reichen von der Akquisition von neuen Geschäftspartnern über die Abholung der IT-Hardware, die Datenlöschung,
die Aufarbeitung oder Verschrottung bis hin zum Verkauf der gebrauchten
Ware. Die letztgenannten werden unter internen Geschäftsprozessen zusammengefasst.

#### 4.1.5.1 Akquisition von neuen Partnerunternehmen

Das Geschäftsmodell beruht darauf, dass große Unternehmen nach einer
bestimmten Periode die elektronischen Komponenten ihres IT-Systems
austauschen, da beispielsweise ein neues Betriebssystem oder eine neue
Technologie auf den Markt kommt. Oft besteht dann Unklarheit über den
weiteren Verbleib der alten Hardware. Einige Unternehmen verkaufen diese auf dem Gebrauchtmarkt, andere geben sie an ihre Mitarbeiter weiter
oder lagern sie im Keller bis zur Verschrottung ein.

> „Viele arbeiten mit Entsorgungsbetrieben zusammen, um ihre
> IT-Hardware zu entsorgen. Entweder wurden die Daten vorher
> gelöscht oder das Entsorgungsunternehmen übernimmt diesen
> Vorgang als Dienstleistung. Wir haben es erlebt, dass sogar
> DAX-Konzerne einfach Nägel durch die Festplatten schlagen
> und dann davon ausgehen, dass die Daten sicher gelöscht sind.
> Teilweise bezahlen die Konzerne auch noch Geld für die Ent-

sorgung, obwohl die alte Hardware noch verkauft werden könnte. Dann gibt es natürlich viele Argumente, die für AfB sprechen." (Geschäftsführer)

Zur Akquisition eines neuen Partners müssen die Key-Account-Manager als erstes die Person finden, die für die IT-Hardware in dem potentiellen Partnerunternehmen verantwortlich ist. Dabei recherchieren sie beispielsweise auf der Homepage oder über soziale Netzwerke. Die zuständige Person kann abhängig von der Unternehmensgröße und -struktur auf der Ebene der Einkäufer, IT-Leiter oder sogar des Vorstandes bzw. der Geschäftsleitung angesiedelt sein. Hier hat sich in den letzten Jahren die Strategie durchgesetzt, eher die Vorstands- oder Geschäftsleitungsebene anzusprechen, da neue Initiativen, wie die Partnerschaft mit AfB, von oben nach unten besser umgesetzt werden können. Diese haben einen größeren Einfluss, um Geschäftsprozesse, wie beispielsweise die Entsorgung der IT-Hardware, zu ändern. Außerdem muss auf diesem Weg geklärt werden, ob die Computer geleast sind oder sich im Eigentum des Unternehmens befinden. Bei einem Leasing ist es für AfB nicht sinnvoll, weitere Ressourcen zu investieren, da die Hardware an den Leasinggeber zurückgegeben werden muss.

Außerdem präsentiert sich AfB auf vielen Messen oder Veranstaltungen, auf denen neue Kontakte zu potentiellen Partnern geknüpft werden können. Bei der Gewinnung ist zu beachten, dass das potentielle Partnerunternehmen ein Minimum von 1000 PC-Arbeitsplätzen aufweisen sollte, damit sich die Zusammenarbeit für beide Seiten als gewinnbringend herausstellen kann. Große Unternehmen besitzen meist Richtlinien und Regelungen bezüglich des Termins und des Vorgehens zum Tausch von IT-Hardware. Wenn dann ein Partnerunternehmen und der dortige Ansprechpartner gefunden wurden, wird ein persönliches Gespräch entweder in der Zentrale von AfB oder im Unternehmen vor Ort vereinbart.

„Wenn ein Kooperationspartner zu uns nach Ettlingen kommt und sieht, wie wir arbeiten und welchen Spaß unsere Mitarbeiter bei ihrer Arbeit haben, dann habe ich ihn meist schon in der Tasche. Sie sind von der Professionalität und der Geschäftsidee meist so begeistert, dass sie noch am gleichen Tag einen Vertrag unterzeichnen. Ich erzähle dann immer meine Geschichte, dass ich dachte, dass das auch nur eine Werkstatt sei, die nicht effizient arbeiten kann. Die Partner stimmen mir immer zu und berichten von ihrer Überraschung, dass es nicht so ist. Sie müssen das Konzept hinter AfB verstehen. Das heißt, wenn ich es schaffe, die Kunden zu uns einzuladen, habe ich sie zu 99 % als Partner gewonnen." (Key-Account-Managerin)

Wenn das Partnerunternehmen Interesse zeigt, werden im nächsten Schritt die Details der Kooperation verhandelt. Zu den Vertragsgestaltungsparametern gehören das Vorgehen zur Abholung, der eventuelle Austausch der Hardware und Serviceverträge. Die Vorstellungen des Partnerunternehmens von der Kooperation werden erörtert: Sie können von der Entsorgung von sehr alter IT-Hardware bis zum Auffüllen der Toner, Leasen neuer IT-Hardware oder Abgabe von Altgeräten, die dann von AfB weiterveräußert werden, reichen. Nach der Abstimmung der Kooperationsleistungen wird ein Kooperationsvertrag geschlossen, in dem die Details festgehalten werden. Die Vielzahl der Kooperationen geht von einer Dauer von zwei Jahren aus, in denen dann einmal vollständig die Hardware ausgetauscht wird. So kann AfB mit Hilfe der Anzahl der PC-Arbeitsplätze planen, wie viele Computer von diesem Kooperationspartner zur Verfügung gestellt werden. Abhängig von der Anzahl der brauchbaren Computer und der „Schrottgeräte" wird der Preis ausgehandelt. AfB zahlt je nach Zustand einen Preis für die IT-Hardware und übernimmt die Abholung und Weiterbehandlung. Andererseits könnte es auch dazu kommen, dass der Kooperationspartner für die Dienstleistung der Datenlöschung noch einen Preis bezahlt, wenn zu viele Schrottgeräte dabei sind:

„Meistens wird das in einem ersten Gespräch deutlich. Wie ist die Firma organisiert? Wie sind die internen Strukturen? Wie oft wird die Hardware ausgetauscht? Wir sind eben kein Entsorgungsbetrieb, bei dem die Unternehmen einfach ihre alten Sachen aus dem Keller loswerden können. Mit der Weitervermarktung der Computer werden eben Arbeitsplätze für Menschen mit Handicap geschaffen und das verstehen die Unternehmen auch. Gerade wenn sie mich als bestes Beispiel sehen. Meistens machen wir zwei bis drei Probeläufe, damit wir wissen, wie das Unternehmen funktioniert und welche Ware wir bekommen." (Key-Account-Managerin)

In einem Gespräch wird also diskutiert, in welchem Zustand sich die Ware befindet. Eine physische Überprüfung findet erst nach der Lieferung statt. Wenn der Kooperationspartner nur eingelagerte Altgeräte liefert, die nicht mehr verkauft werden können, dann muss mit ihm nachverhandelt werden. Die alleinige Datenlöschung und anschließende Entsorgung wird dann in Rechnung gestellt.

„Wir arbeiten da schon immer auf Vertrauensbasis. Das Vertrauen wird aber nicht nur von unserer Seite entgegengebracht, sondern auch von unseren Kooperationspartnern, da sie davon ausgehen, dass wir wirklich neue Arbeitsplätze für Menschen mit Handicap schaffen. Die erste Lieferung ist meistens nur Schrott, weil alles aus dem Keller geholt wird, was da ist. Aber mit den nächsten Lieferungen wird es dann meistens besser, so dass es sich irgendwann die Waage hält. Ich sage mal, eine 70:30 Regelung – 70 % funktionsfähige Ware und 30 % defekte Ware – ist für alle Beteiligten ein guter Mittelweg." (Key-Account-Manager)

Es hängt auch sehr stark davon ab, welche Motivation die jeweiligen Unternehmen für eine Partnerschaft mit AfB haben. Einige sehen darin eine Corporate Social Responsibility-Initiative, in der sie sich engagieren, damit mehr Menschen mit Handicap einen Arbeitsplatz erhalten. Dieses Engagement wird von der Gesellschaft erwartet, wodurch ein erhöhter Druck auf die Unternehmen entsteht (Hiß, 2006). Sie benötigen Legitimität, um weiterhin existieren zu können (Dowling & Pfeffer, 1975). Andere Unternehmen wollen nur die Dienstleistung der Datenlöschung in Anspruch nehmen, unabhängig davon, ob bei AfB behinderte Menschen arbeiten. Viele Unternehmen sehen sich aber eher zwischen diesen beiden Extremen. Natürlich muss AfB die Motivation beim weiteren Management der Partner berücksichtigen. Partner, bei denen der soziale und ökologische Gedanke im Vordergrund steht, bekommen von AfB einen speziell auf sie ausgerichteten Nachhaltigkeitsbericht und ein Zertifikat mit dem ausgewiesen wird, dass durch die Bereitstellung von IT-Hardware Arbeitsplätze für Menschen mit Handicap geschaffen wurden.

Es gibt zahlreiche Vorteile für die Partner von AfB. Das gesellschaftliche Engagement wird mit einem Zertifikat bestätigt. In einer Nachhaltigkeitsbilanz berichtet AfB jährlich über die Menge der überlassenen IT-Geräte und über den damit verbundenen gesellschaftlichen und ökologischen Erfolg. Auch die Pressearbeit kann von AfB koordiniert werden. So lädt AfB regelmäßig Pressevertreter ein, die von verschiedenen Kooperationen berichten. Auch Fernsehauftritte wurden in diesem Rahmen schon arrangiert.

Die Urkunde nutzen die Kooperationspartner dann als CSR-Maßnahme. Sie haben somit die Möglichkeit, etwas Positives für die Gesellschaft zu tun und ein besseres Ansehen zu bekommen. Langfristig erhoffen sich die Partner von AfB durch die Legitimität eine Steigerung des Umsatzes, da sie positiver in der Gesellschaft wahrgenommen werden. In den letzten Jahren stieg der Druck für Unternehmen, sich gesellschaftlich zu engagieren sehr stark. So entschieden sich bisher über 150 Unternehmen dazu, mit AfB zu kooperieren. Neben dem Nutzen durch das gesellschaftliche Engagement bietet AfB die Dienstleistung der zertifizierten Datenlöschung, so dass sich die Unternehmen darauf verlassen können, dass keine sensiblen Daten an Dritte weitergegeben werden. Um den sicheren Umgang mit diesen vertraulichen Daten zu garantieren, hat sich AfB nach der DIN ISO 9001 zertifizieren lassen.

## 4.1.5.2 Interne Geschäftsprozesse bei AfB

Die AfB-internen Prozesse sind dabei wie folgt gestaltet und in Abbildung 20 dargestellt:

- Die nicht mehr benötigte IT-Hardware der Partnerunternehmen wird durch den Fuhrpark von AfB abgeholt.

- Der LKW transportiert die IT-Hardware zu AfB, wo sie unter strengen Sicherheitsmaßnahmen ins Sperrlager transportiert wird.

- Beim nächsten Schritt erfolgt die Geräteerfassung, bei der die Hardware im Warenwirtschaftssystem erfasst und die Vermarktungsmöglichkeit festgelegt wird.

- Hiernach erfolgt die zertifizierte Datenlöschung durch die Software Blancco.

- In diesem Schritt reinigen und reparieren die AfB-Mitarbeiter die vertriebsfähige IT-Hardware.

- Die vertriebsfähige Hardware wird in Filialen oder im Internetshop verkauft.

- Aus der nicht verkaufsfähigen IT-Hardware werden die Datenträger ausgebaut und zerstört.

- Anschließend wird diese IT-Hardware in die verschiedenen Materialien zerlegt.

- Zuletzt erfolgt die Entsorgung bei zertifizierten Partnern, um die Rohstoffe wiederverwenden zu können.

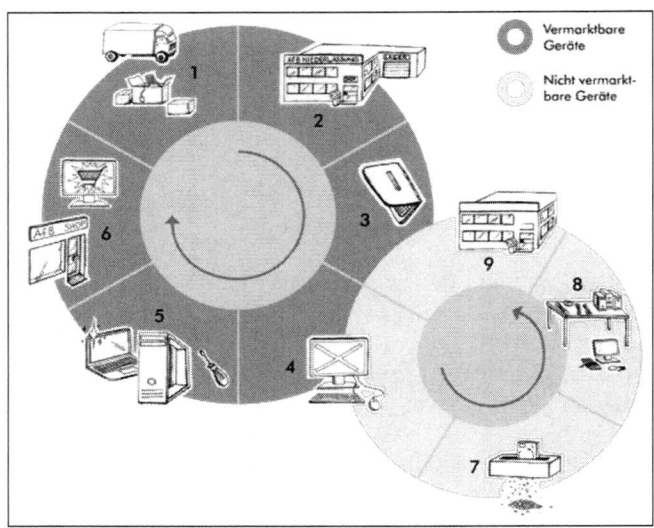

Abbildung 20:      Geschäftsprozesse bei AfB

Wenn ein Kooperationspartner einer Partnerschaft zustimmt, wird ein
Zweijahresvertrag aufgesetzt. In diesem verpflichtet sich der Partner dazu,
AfB nicht mehr benötigte IT-Hardware zur Verfügung zu stellen. AfB holt
diese Ware mit dem eigenen Fuhrpark ab und darf die Erlöse aus dem Verkauf behalten. Auf der Gegenseite verpflichtet sich AfB, Arbeitsplätze für
behinderte Menschen zu schaffen, die Datensicherheit zu gewährleisten
und die Datenlöschung vorzunehmen. Veraltete Geräte werden zu einem
bestimmten Preis nach dem Elektroschrottgesetz entsorgt, den AfB seinen
Kooperationspartnern in Rechnung stellt. Außerdem stellt AfB die komplette Dokumentation der Prozesskette dem Kooperationspartner zur Verfügung und zertifiziert diesem die Kooperation im Sinne einer CSR-
Aktivität.

Nachdem die Partnerschaft vertraglich geregelt ist, muss der Kooperationspartner AfB einen Abholauftrag schicken, um die nicht mehr benötigte IT-
Hardware an der entsprechenden Stelle von AfB abzuholen. Dieser Abholauftrag wird über ein dafür entwickeltes und passwortgeschütztes Online-
portal vom Kooperationspartner angelegt. Alle Mitarbeiter sind nach § 5

des Bundesdatenschutzgesetztes unterwiesen, so dass keine sensiblen Daten weitergegeben werden. Bei der Abholung wird die Ware anhand des Abholscheins eingepackt und in die jeweilige Filiale gebracht. Dabei werden die Computer in speziellen Sicherheitsboxen aufbewahrt. Dieser Prozess ist sehr aufwendig und teuer, aber AFB zielt darauf ab, den Kunden die größtmögliche Sicherheit zu bieten, um Datenmissbrauch zu verhindern.

Nach der Lieferung der IT-Hardware zu AfB wird diese im Wareneingangsbereich ausgeladen und ins Sperrlager transportiert. Dabei muss jedes Fahrzeug eine spezielle Sicherheitsschleuse passieren, wobei der Prozess per Video überwacht wird. Im Sperrlager überprüfen die Mitarbeiter die vom Partner angegebene Stückzahl und jedes Gerät bekommt eine LogID, so dass jeder weitere Schritt für den Kooperationspartner nachvollziehbar bleibt: Über einen Web-Login kann er jederzeit detaillierte Informationen zu den gelieferten Geräten abrufen und den Weg weiterverfolgen. Vom Sperrlager werden die Geräte zur Detailerfassung transportiert, wo sie nach Hersteller, Modell, Seriennummer oder Inventarnummer erfasst und sortiert werden. Dafür nutzt AfB eine Datenbank, die ständig aktualisiert werden muss, um auch neuere Hardware verarbeiten zu können. Um die Rückverfolgung zum Kooperationspartner auszuschließen, werden sämtliche Aufkleber oder Prägungen von den Geräten entfernt.

Anschießend entscheiden die Mitarbeiter in der Detailerfassung, welchen weiteren Betriebsweg die Geräte gehen werden. Es muss geprüft werden, in welchen Zustand die Hardware sich befindet und ob sie gewinnbringend verkauft werden kann. Unverkäufliche Geräte, die beispielsweise zu alt sind, werden von ihren Datenträgern befreit, die anschließend ebenfalls eine LogID erhalten, um sensible Daten auch von alter IT-Hardware zu schützen. Die Festplatten werden dann in einer Box eingeschlossen, um später im mechanischen Schredder zerstört zu werden. Anschließend wird ein Schredder-Nachweis erstellt und der Log ID zugeordnet. Der übrige Teil der Hardware wird zum Zerlegebetrieb transportiert, wo die Geräte nach den jeweiligen Materialen auseinandergebaut und sortiert werden. Bestimmte Komponenten können zur Reparatur verwendet werden. Die übrigen Materialien werden sortenrein nach Kupfer, Aluminium, Edelstahl und anderen Metallen getrennt. Durch die sachgemäße Entsorgung kann AfB auch eine ökologische Nachhaltigkeit schaffen. Um eine fachgerechte Aufbereitung zu gewährleisten, gibt AfB diese Rohstoffe nur an zertifizierte Scheideanstalten.

Die restlichen Geräte werden unabhängig von der Herkunft nach Typ sortiert, um sie dann einem Funktionstest zu unterziehen. Dieser Test ermittelt alle verbauten Komponenten in der Hardware und überprüft das Gerät auf Beschädigungen oder Fehlteile. Monitore oder Drucker, die den Test erfolgreich überstehen, werden anschließend gereinigt und ins Verkaufssortiment übernommen. Alle Computer mit einer funktionierenden Festplatte werden der Abteilung für Datenlöschung übergeben. Hier gelten die höchsten Sicherheitsbestimmungen innerhalb des Unternehmens, so dass nur autorisierte Mitarbeiter diesen Bereich betreten dürfen.

Im ersten Schritt der Datenlöschung muss das Gerät geöffnet werden, um sicherzustellen, dass auch alle Datenträger angeschlossen sind. AfB arbeitet mit „Blancco", einer vom TÜV zertifizierten Software, die jährlich einer Qualitätskontrolle unterzogen wird. Je nach vereinbartem Servicelevel werden die Datenträger gelöscht und ein Löschbericht erstellt, den die Kooperationspartner einsehen können. Durch das Servicelevel wird bestimmt, wie oft der Datenträger durch die Löschsoftware überschrieben und gelöscht wird. Das Datenbanksystem überprüft danach, ob alle Standards eingehalten wurden. Sollten dabei Probleme oder Abweichungen auftreten, werden diese von Technikern überprüft und behoben. Anschließend wird die IT-Hardware gereinigt, um sie im eigenen Laden oder im Onlineportal zu verkaufen. Alle Geräte erhalten eine 12-monatige Garantie und können auf Wunsch mit einem Installations- und Reparaturservice ausgestattet werden.

Die größte wirtschaftliche Herausforderung für AfB besteht darin, neue Kooperationspartner zu gewinnen, die ihnen junge und gut erhaltene Hardware zur Verfügung stellen. Diese stellen den Engpass im Geschäftsmodell dar, da das Unternehmen auf dem Absatzmarkt deutlich mehr gebrauchte Geräte verkaufen könnte, als es anbieten kann. Bei den vorhandenen Partnern muss deshalb eine hohe Zufriedenheit geschaffen werden, damit AfB auch weiterhin ausreichend moderne IT-Hardware bekommt und an andere Unternehmen weiterempfohlen wird.

## 4.2 Ausgewählte Auswirkungen des Geschäftsmodells auf die Organisation

### 4.2.1 Geschäftsführung

Die Geschäftsführung bildet bei AfB das oberste Management, das die in Kapitel 4.1.1 vorgestellte Strategie entwickelt hat und Organisations-, Koordinations-, Planungs-, Kontrollaufgaben und Anweisungen übernimmt (Fayol, 1929). Diese Beschreibung des Managements über seine Funktionen kritisiert Mintzberg (1989) jedoch und konstatiert, dass damit das Management nur unzureichend beschrieben werden kann. In verschiedenen wissenschaftlichen Studien werden Mythen über das Management aufgedeckt (Bea & Haas, 2012), die Mintzberg (1989) zusammenfassend darstellt. Beispielsweise sind Manager nicht so geplant und koordiniert, wie viele Definitionen das suggerieren. Stattdessen reihen sie Aktion an Aktion und Entscheidung an Entscheidung ohne sich Zeit für die Reflexion dieser zu nehmen. Mintzberg (1989) identifiziert deshalb drei verschiedene Rollenbilder von Managern, die ganzheitlich die Funktionen und Aktivitäten abbilden:

1. Interpersonale Rollen,

2. Informationale Rollen und

3. Entscheidungsrollen.

Interpersonale Rollenbilder stärken die Gruppenidentität der Mitarbeiter. Diese können in *Galionsfigur*, *Vorgesetzter* und *Vernetzer* unterschieden werden. Der Manager nimmt gegenüber seinen Angestellten eine Vorbildfunktion ein und bildet somit eine Galionsfigur (Mintzberg, 1989). Durch diese Rolle prägt er die Verhaltensweisen der Mitglieder und gibt der Organisation eine kulturelle Prägung (sog. Imprinting). Der Manager ist weiterhin verantwortlich für die Arbeit seiner Angestellten und nimmt somit die Rolle eines Vorgesetzten ein. Er muss seinen Mitarbeitern Weisungen geben, neue Mitarbeiter anstellen und die vorhandenen weiterbilden, damit die Organisation gut funktioniert (Mintzberg, 1989). Gleichzeitig versucht er, die Bedürfnisse der Organisation mit denen der Individuen zu vereinbaren, um die Motivation der Mitarbeiter zu erhöhen. In der Vernetzerrolle nimmt der Manager Kontakt zu anderen Einheiten innerhalb und außerhalb der Organisation auf, um Informationen für die eigene Arbeit zu sammeln. Sie verbringen genauso viel Zeit mit ihren Untergebenen wie mit Personen außerhalb des eigenen Herrschaftsgebietes (Mintzberg, 1989).

Durch die Rollen des Managements können Informationen gesammelt, verteilt und interpretiert werden (Mintzberg, 1989). Der Manager steht im Mittelpunkt des Informationsaustausches und kann hier wiederum drei verschiedene Rollen einnehmen: *Radarschirm*, *Sender* und *Sprecher*. Als Radarschirm durchsucht der Manager seine Umwelt nach relevanten Informationen, Kontakten oder neuen Mitarbeitern. Diese Informationen sind meist das Resultat des persönlichen Netzwerkes des Managers (Mintzberg, 1989). Durch die Streuung dieser Information wird die Rolle des Senders beschrieben. Der Manager muss die gewonnen Informationen an seine Untergebenen weiterreichen, da diese sonst keinen Zugriff darauf haben (Mintzberg, 1989). Außerdem gibt er Informationen unter seinen Mitarbeitern weiter. Wenn ein Manager außerhalb seiner Abteilung oder Organisation Informationen weiterreicht, dann nimmt er die Rolle eines Sprechers ein. In dieser Rolle muss er Interessengruppen, wie Banken, Lieferanten oder den Staat zufrieden stellen.

Bei den Entscheidungsrollen des Managers erhält die Macht eine besondere Position. Folgende Rollen kann der Manager hier annehmen: *Entrepreneur*, *Problemlöser*, *Ressourcenverteiler* und *Verhandlungsführer* (Mintzberg, 1989). Um die eigene Organisation an sich ändernde Umweltbedingungen anzupassen, muss er Projekte initiieren und abschließen, um innovative Lösungen für die Änderung hervorzubringen. Die Rolle als Problemlöser besitzt eine Ähnlichkeit zur vorigen, nur dass sie auf einer eher operativen Ebene stattfindet (Mintzberg, 1989). Wenn innerhalb der Organisation Krisen oder Konflikte auftreten, dann muss der Manager diese lösen. Als Ressourcenverteiler muss der Manager die anfallende Arbeit auf die Mitarbeiter verteilen und für die verschiedenen Projekte Geld zur Verfügung stellen. In der letzten Rolle nimmt der Manager die Position eines Verhandlungsführers ein, der zwischen zwei Parteien einen Kompromiss erzielen möchte (Mintzberg, 1989).

Diese zehn Rollen des Managements lassen sich direkt in der Praxis beobachten (Nothhaft, 2010) und ebenfalls auf Social Businesses übertragen. Bei AfB bilden der Gründer und zwei weitere Geschäftsführer die strategische Spitze. Sie nehmen jeweils mehrere dieser Rollen innerhalb der Organisation ein. Um die strategische Spitze im weiteren Verlauf dieser Arbeit reflektieren zu können, werden hier die verschiedenen Rollen der Geschäftsführer von AfB dargestellt.

Der Gründer von AfB nimmt eine Vielzahl der oben beschriebenen Rollen ein. Zum einen kann er als Galionsfigur angesehen werden, der die Unternehmenskultur prägt und durch sein Verhalten vorgibt (siehe Kapitel 4.2.4). Er formuliert die soziale Mission des Unternehmens, an der sich die Mitarbeiter orientieren und durch die eine Personalselektion und gleichzeitig eine Personalintegration stattfindet. Er gibt somit das soziale Imprintig der Organisation vor und gibt sie an seine Mitarbeiter weiter. Eine weitere wichtige Rolle ist die des Sprechers, um mit externen Interessensgruppen zu kommunizieren. So vertritt er AfB auf großen Veranstaltungen wie der Vision Summit oder der Verleihung des Deutschen Nachhaltigkeitspreises. Die Vision Summit ist eine internationale Konferenz, die jährlich in Berlin stattfindet. Die Veranstaltung zeigt, welches Potential soziale Innovationen haben, um die Gesellschaft nachhaltig zu verändern. Gleichzeitig kann er sich mit vielen Entscheidungsträgern aus der Politik und Wirtschaft vernetzen, um wichtige Informationen für sein Unternehmen zu bekommen. Somit ist er auch gleichzeitig ein Radarschirm, der diese Informationen aufnimmt.

Durch genügend neue Kooperationspartner in einer Region und dementsprechend ausreichendend zur Verfügung stehender Hardware zum Weiterverkauf entstehen Überlegungen, eine neue Filiale zu eröffnen. Die Planung und Kontrolle von solchen Neueröffnungen übernimmt ebenfalls der erste Geschäftsführer. Hierbei nimmt er die Rolle des Entrepreneurs ein, der AfB durch Ideen und Innovationen auf dem Markt besser positioniert. Für diese Region muss ein entsprechender Filialleiter rekrutiert werden, der möglichst über ein funktionierendes Unternehmensnetzwerk verfügt. Der Gründer nimmt also fünf verschiedene Rollen innerhalb von AfB ein: Galionsfigur, Vernetzer, Radarschirm, Sprecher und Entrepreneur.

Der zweite Geschäftsführer ist für den IT-Bereich des Unternehmens zuständig. Dazu gehört die Entwicklung, Überwachung und Wartung von technischen Prozessen innerhalb von AfB und des Online-Shops. Um diese Aufgaben ausführen zu können, muss er die Rolle des Vorgesetzten einnehmen, um seinen Mitarbeitern die entsprechenden Weisungen geben zu können. Da die IT-Hardware digital erfasst wird, um alle Prozesse für die Kooperationspartner transparent zu gestalten, hat der zweite Geschäftsführer eine wichtige Funktion innerhalb des Unternehmens. Zusätzlich koordiniert er sogenannte Roll-Outs bei den Kooperationspartnern. Dabei bietet AfB seinen Kooperationspartnern Hilfe beim kompletten Tausch der Hardware als Dienstleistung an. Zur Koordination des Hardware-Tausches hilft auch die PPS-Software von AfB, die auf das Geschäftsmodell zugeschnitten programmiert wurde. Hierfür übernimmt er die Rolle des Ressourcenverteilers. Die Koordination und stetige Verbesserung dieses Systems gehört ebenfalls zu den Aufgaben des zweiten Geschäftsführers. Er verfolgt das Ziel, die Koordination der Kooperationspartner stetig zu verbessern. Die internen Verbesserungen erfordern eine effiziente Verteilung der Ressourcen. Hierbei nimmt er die Rolle des Problemlösers ein. Dieses aktive Fehlermanagement führt dazu, dass die Prozesse von AfB kontinuierlich verbessert werden können.

„Die Erfahrungen der letzten neun Jahre haben uns gezeigt, dass zwar Fehler nicht zu vermeiden sind, wir aber aktiv an ihnen arbeiten müssen. Wir haben aus den Fehlern gelernt und können deswegen mit vielen Problemsituationen deutlich routinierter umgehen. Die heutige Professionalität haben wir uns hart erarbeitet." (Geschäftsführer)

Eine weitere wichtige Aufgabe des zweiten Geschäftsführers besteht darin, Großkunden, die sogenannten Broker, zu betreuen.

„Diese Broker sind für unser Geschäft schon sehr wichtig, da sie Computer kaufen, die wir sonst nicht veräußern könnten. Bei ihnen zählt allerdings nur der Preis für bestimmte Modelle. Das sind manchmal sehr harte Verhandlungen, die ich da führe, da sie an unserem sozialen Geschäftsmodell nicht interessiert sind." (Geschäftsführer)

Der zweite Geschäftsführer nimmt somit die Rolle des Vorgesetzten, des Problemlösers und des Ressourcenverteilers ein.

Der dritte Geschäftsführer übernimmt innerhalb der AfB-Führungsspitze die Koordination der operativen Aufgaben. Sein Aufgabenspektrum reicht von der Beschaffung der IT-Hardware von den Kooperationspartnern über die Aufarbeitung dieser bis zum eigentlichen Verkauf in den Shops und über das Online-Portal. Dabei besteht die Hauptaufgabe darin, neue Kooperationspartner zu gewinnen und die vorhandenen Partner zu betreuen. In dieser Funktion nimmt er die Rolle des Vernetzers und des Verhandlungsführers ein. Wie in Kapitel 4.1.5.1 beschrieben wurde, müssen mit potentiellen Partnern Verhandlungen geführt werden. Die Koordination der Key-Account-Manager, die sich direkt um die Kooperationspartner einer bestimmten Region kümmern, gehört also zu seinen wichtigsten Aufgaben. Diese Key-Account-Manager berichten dem dritten Geschäftsführer über alle Maßnahmen und Entwicklungen bezüglich der Kooperationspartner. Hierbei nimmt er die Rolle des Vorgesetzten ein, da er diese Manager direkt anleitet und motiviert. Das Bemühen, die Kooperationspartner zufriedenzustellen, bekommt die oberste Priorität in der Arbeit von AfB. Die Informationen von den Partnern gibt er an seine Mitarbeiter und die anderen Geschäftsführer weiter, so dass er hier die Rolle des Informanten einnimmt.

Sobald ein potentieller Kooperationspartner identifiziert werden konnte, der durch die Anzahl seiner Computerarbeitsplätze eine bestimmte Dimension erreicht, verhandelt der Geschäftsführer mit diesem über eine mögliche Partnerschaft. Ein wichtiger Aspekt bei den Verhandlungen stellt die bisherige Verwertung alter IT-Hardware in dem Unternehmen dar. Spätestens der zweite Termin wird für die Zentrale in Ettlingen vereinbart. Hier zeigt der dritte Geschäftsführer den Kooperationspartnern die Arbeitsabläufe und Prozesse von AfB, um sie von der Sicherheit der Daten und der Professionalität der Mitarbeiter zu überzeugen. Die meisten Gäste zeigen sich überrascht von der durchdachten und effizienten Umsetzung der IT-Aufbereitung und sind gleichzeitig begeistert, dass sich diese mit dem sozialen Aspekt des Unternehmens verbinden lässt. Der dritte Geschäftsführer nimmt somit die Rolle des Verhandlungsführers, des Vorgesetzten, des Vernetzers und des Informanten ein.

## 4.2.2 Personalmanagement

Die traditionelle Auffassung des Personalwesens hat sich in den letzten drei Jahrzenten in der Zielsetzung, in den Instrumenten und der organisatorischen Implementierung gewandelt (Holtbrügge, 2005). Auch die Begrifflichkeit hat sich hin zum Personalmanagement geändert. Nun stehen die Ziele *Zufriedenheit* und *Wirtschaftlichkeit* statt *Rechtmäßigkeit* und *Arbeitsproduktivität* im Vordergrund (Holtbrügge, 2005). Ursache für diese Änderungen sind beispielsweise die zunehmende Größe und Komplexität vieler Unternehmen, der Anstieg der Personalaufwendungen oder der verstärkte Wettbewerb durch die Globalisierung. Zahlreiche empirische Untersuchungen zeigen, dass das Personalmanagement einen erheblichen Anteil am Unternehmenserfolg ausmacht (Peters & Waterman, 2003; Schuster, 1986; Stock, 2004). Die Qualifikation und Motivation der Mitarbeiter sind hierbei ein entscheidender Einflussfaktor für einen nachhaltigen ökonomischen Erfolg. Deshalb orientieren sich nicht nur Personalmanager sondern sämtliche Funktionsbereiche eines Unternehmens an den Zielen eines Personalmanagements.

Durch diese stärkeren Fokus entstanden viele Theorien des Personalmanagements wie beispielsweise der Human Relations-Ansatz (Roethlisberger & Dickson, 1939), motivationstheoretische Ansätze (Herzberg, 1966; Maslow, 1943) oder der konfliktorientierte Ansatz (Marr & Stitzel, 1979), die die Grundlage für eine Analyse des Personalmanagements bei AfB bilden.

Durch die Anstellung von Menschen mit Handicap besitzt AfB spezielle Charakteristika im Personalmanagement, die in der Literatur oft auch als *Disability Management* beschrieben werden (Schmal & Niehaus, 2004). Hierbei greifen Unternehmen die Potentiale von Menschen mit Handicap auf, um sie besser in ihre Organisation zu integrieren. Dies kann auch als Disability Management by Ability Management bezeichnet werden (Ulich & Wülser, 2012). Bei der Integration von Menschen mit Handicap auf dem ersten Arbeitsmarkt können vier verschiedene Vorgehensweisen identifiziert werden (Rudow, Neubauer, Krüger, Bürmann, & Paeth, 2007: 123):

- Das Integrationsmodell,

- das Separationsmodell,

- das Flexibilitätsmodell und

- das Outsourcing-Insourcing-Modell.

Beim Integrationsmodell werden die Menschen mit Handicap in den normalen Arbeitsalltag eingegliedert. Das Separationsmodell schafft zielgenau besondere Arbeitsplätze für Menschen mit Handicap. Die Ausgestaltung des Flexibilitätsmodells sieht vor, dass Menschen mit und ohne Handicap im gleichen Tätigkeitsbereich arbeiten. Allerdings werden für die Menschen mit Handicap spezielle Arbeitsstrukturen und Arbeitszeitmodelle geschaffen. Beim Outsourcing-Insourcing-Modell werden Abteilungen wie beispielsweise die Kantine oder Reinigungsarbeiten im Ganzen ausgegliedert, die besonders für die Anstellung von Menschen mit Handicap geeignet sind. Bei AfB wird eine Mischstrategie aus dem Integrationsmodell und dem Flexibilitätsmodell umgesetzt. Diese Umsetzung wird nun anhand von Instrumenten des Personalmanagements beschrieben (Drumm, 2008).

Die wichtigsten Instrumente des Personalmanagements sind folgende: Personalbeschaffung, Personalentwicklung und Integration, Personalbedarfsplanung, Personalfreisetzung, Personaleinsatzplanung, Personalentlohnung und Personalführung (Holtbrügge, 2005). In den weiteren Ausführungen sollen diese Instrumente zur Beschreibung des Falles von AfB angewendet werden. Dabei werden sie kurz vorgestellt, um sie anschließend anhand des Unternehmens zu illustrieren.

### 4.2.2.1 Personalbedarfsplanung

Der Bedarf an Mitarbeitern eines Unternehmens kann aus der Zerlegung der betrieblichen Gesamtaufgabe ermittelt werden (Domschke & Scholl, 2003). Hierbei muss der jetzige und zukünftige Bestand an Mitarbeitern ermittelt werden, um die gesetzten Unternehmensziele zu erreichen (Holtbrügge, 2005). Holtbrügge (2005) unterscheidet hierbei vier verschiedene Dimensionen:

- Die Anzahl der benötigten Mitarbeiter,

- die Qualifikation der benötigten Mitarbeiter,

- den Zeitpunkt des Bedarfes und

- den Ort des Bedarfes.

Hierbei kann die erste Dimension als quantitative und die zweite als qualitative Dimension bezeichnet werden, die von besonderer Bedeutung für die Personalbedarfsplanung sind. Die beiden letzten Dimensionen können für die Beschreibung des Falls vernachlässigt werden, da von einer gleichmäßigen Auslastung der Produktion an einem Ort ausgegangen wird.

Der Personalbedarf hängt von verschiedenen externen Faktoren ab. Hierzu gehören beispielsweise gesetzliche Vorgaben, die gesamtwirtschaftliche Entwicklung oder der technologischer Fortschritt (Domschke & Scholl, 2003). Für AfB spielen die gesetzlichen Vorgaben eine wichtige Rolle. Der Staat schreibt vor, dass Menschen mit Handicap je nach Beeinträchtigung nur eine begrenzte Anzahl an Stunden arbeiten dürfen und ihnen ein bezahlter Sonderurlaub von fünf Tagen im Jahr zusteht (SGB, 2007: § 125) Deshalb ist der Bedarf an Personal bei AfB deutlich größer als in Unternehmen, die nicht so viele Menschen mit Handicap anstellen.

Wichtige interne Faktoren sind beispielsweise Unternehmensgröße, Arbeitsspezialisierung oder menschliches Leistungsvermögen (Domschke &

Scholl, 2003). Gerade der letztgenannte Faktor beeinflusst die Personalbedarfsplanung stark, da Menschen mit Handicap ein deutlich geringeres
Leistungsvermögen besitzen als andere Menschen. Durch die hohe Aus-
fallquote durch Krankheiten wird der Personalbedarf mit einem großen
Puffer berechnet, um keinen Stillstand in der Produktion zu riskieren. Daher kommt der Personalbedarfsplanung eine besondere Bedeutung zu.

### 4.2.2.2 Personalbeschaffung

Durch die Personalbeschaffung kann eine eventuelle in der Personalbedarfsplanung ermittelte Unterdeckung ausgeglichen werden. Als Hauptaufga-
ben können hier die Personalwerbung und -auswahl identifiziert werden
(Thommen & Achleitner, 2001).

Die Personalwerbung kann entweder direkt über Anzeigen in Zeitungen
oder Fachzeitschriften oder indirekt über die Öffentlichkeitsarbeit des Unternehmens betrieben werden. Hierbei hilft die erhöhte Präsenz von AfB in
den Medien durch die gewonnen Preise und verschiedene Zeitungsartikel.
Mittlerweile hat sich die hervorragende Arbeit und Integration unter den
Menschen mit Handicap herumgesprochen. So gibt es viele Bewerbungen,
die vom Integrationsamt vermittelt werden oder direkt von einer Werkstatt
für behinderte Menschen kommen.

Bei der Personalauswahl besteht das Ziel darin, den Bewerber zu selektie-
ren, der die Anforderungen der zu besetzenden Stelle am besten erfüllt
(Domschke & Scholl, 2003). Doch bei AfB funktioniert die Auswahl etwas
anders, da nicht nur die Anforderungen der Stelle, sondern auch die Anfor-
derung des Bewerbers und der Teammitglieder von Bedeutung sind. Bevor
ein Kandidat eine Festanstellung bekommt, muss er mindestens ein Praktikum von acht Wochen absolvieren. Dabei muss nicht unbedingt ein Personalbedarf vorhanden sein, da erst nach dem Durchlaufen mehrerer Abteilungen erkannt wird, welcher Arbeitsplatz für die Person geeignet ist. Dieser Prozess ist mit einem hohen Aufwand verbunden und soll im Folgenden
beschrieben werden.

Viele Praktikanten werden vom Integrationsamt oder vom Arbeitsamt vermittelt. Am Vorstellungsgespräch nehmen nicht der Personalverantwortli-

che sondern nur einer der Betriebssozialarbeiter und die zuständige Person vom Integrationsamt teil. Wenn der Bewerber von einer Werkstatt zu AfB vermittelt wurde, ist zusätzlich der Betreuer von dieser Einrichtung anwesend. Bewerbungen gehen bei AfB auf unterschiedlichen Wegen ein. Es gibt öffentliche Ausschreibungen in Zeitungen und im Internet oder Vermittlungen von der Bundesagentur für Arbeit oder vom Integrationsfachdienst.

Nach der Einstellung eines Praktikanten muss individuell überprüft werden, welche (handwerklichen) Fertigkeiten der Bewerber aufweist. Das erfordert zwar sehr viel Geduld, aber nach der Einarbeitungszeit lernen die Abteilung und der Betriebssozialarbeiter den jeweiligen Praktikanten kennen. Außerdem muss ermittelt werden, ob die Behinderung der Person ein Vermittlungshemmnis auf dem ersten Arbeitsmarkt darstellt. Für AfB ist das ein wichtiger Faktor, weil die Person dann in die Quote der Menschen mit Handicap zählt. Allerdings reicht die Zeit meistens nicht aus, um das Teamverhalten zu ermitteln, da am Anfang die Motivation sehr hoch ist.

Doch nach der Einarbeitungszeit sinkt die Anfangsmotivation des Bewerbers, sodass der Abteilungsleiter in Absprache mit dem Betriebssozialarbeiter eine Einschätzung liefern kann, ob der Kandidat in die Abteilung passt oder nicht. Der soziale Umgang unter den Arbeitnehmern ist je nach Arbeitsplatz wichtiger als die individuellen Fähigkeiten. Wenn jemand nicht ins Team passt, hat das deutlich stärkere Auswirkungen als in konventionellen Unternehmen. Bei AfB kann schlechte Stimmung oder ein unpassender Mitarbeiter die ganze Abteilung lähmen, sodass sie arbeitsunfähig wird. Deshalb ist es für AfB so wichtig, ein längeres Praktikum vor der Einstellung durchzuführen. So kann der Betriebssozialarbeiter herausfinden, ob diese Person in das Teamgefüge passt oder nicht. So konnten in der Vergangenheit Mitarbeiter nicht eingestellt werden, obwohl diese sehr gut gearbeitet haben.

> „Im Zerlegbetrieb sind wir gerade auf der Suche nach neuen
> Mitarbeitern. Wir hatten einen Praktikanten, der es in kürzes-
> ter Zeit geschafft hat, die Mitarbeiter so stark zu beeinflussen,
> dass sie nicht mehr richtig wussten, was sie jetzt eigentlich tun

sollen. Der hat so eine Macht bekommen, weil er alle anderen stark von der Arbeit abgehalten hat, dass eigentlich klare Sachen nicht mehr klar waren. Er hat mit so viel Vehemenz seine Meinung vertreten, dass die anderen nicht mehr genau wussten, ob jetzt das zählt, was der Kollege oder ich gesagt haben. Der Kollege ist ja viel präsenter. Sich in dieser Situation wehren zu können, schaffen die wenigsten. Diese Signale zu finden und richtig einzuordnen, bedeutet eine große Herausforderung für uns. Tatsächlich spielt die Persönlichkeit eine ganz wichtige Rolle. Klar ist es von Vorteil, wenn jemand schon mit IT Erfahrung hat. Aber Vieles ist bei uns lernbar und nicht so wichtig. Viel wichtiger ist es, dass die Person in das Team hineinpasst." (Betriebssozialarbeiter)

Nach der Hälfte des Praktikums wird ein Zwischengespräch mit dem Betriebssozialarbeiter, dem zuständigen Mitarbeiter beim Integrationsfachdienst und dem jeweiligen Personalverantwortlichen bei AfB durchgeführt. Der Praktikant beschreibt seine Arbeit und ob er sie gut erledigen kann. Nach dem Praktikum setzen sich alle Beteiligten zusammen und reflektieren die Arbeit. Dabei wird überlegt, ob die Person bei AfB übernommen werden kann oder ob sie beispielsweise erst noch einmal zurück in die Werkstatt geht und später noch ein Praktikum macht. Die Arbeitsfähigkeit der Bewerberin stellt hierbei das wichtigste Kriterium dar, da sie die aufgetragenen Tätigkeiten der Abteilung erledigen muss. Bei Erfüllung dieses wichtigen Kriteriums erfolgt eine Befragung der potentiellen Kollegen und des Abteilungsleiters, wie sie die Kandidatin einschätzen. Gleichzeitig wird ebenfalls die Kandidatin befragt, ob sie sich die Arbeit zutraut. Aus diesen Informationen entscheidet der Betriebssozialarbeiter über die Einstellung der Bewerberin. Dabei steht neben der Qualifikation und dem Handicap die soziale Integration in das Teamgefüge im Vordergrund. Unter den Menschen mit Handicap ist die Attraktivität von AfB als Arbeitgeber in den letzten Jahren sehr stark gestiegen, da hier eine interessante Arbeit mit einer besseren Integration kombiniert wird. Deshalb gibt es mittlerweile sogar eine Warteliste für Praktikanten.

Um bei der Personalbeschaffung flexibel zu sein, bietet AfB auch eine Ausbildung für Menschen mit Handicap an. In Zusammenarbeit mit der Industrie- und Handelskammer entwickelte das Unternehmen einen eigenen Ausbildungsberuf für den IT-Bereich, der speziell auf Menschen mit Handicap zugeschnitten ist. Gerade für junge Menschen mit Behinderung ist es schwierig, überhaupt eine Ausbildung in einem Unternehmen zu bekommen. Die entwickelte Ausbildung wird für Werkstattmitarbeiter angeboten, die so eine qualifizierte und anerkannte Berufsausbildung erlangen können. Die Ausbildung zum Fachpraktiker/in für IT-Systemelektronik dauert drei Jahre, wobei der praktische Teil an drei bis vier Wochentagen an den einzelnen AfB-Standorten stattfindet. Dabei lernen sie das Kerngeschäft von AfB kennen: Aufbereitung, Verkauf und Recycling von gebrauchter IT-Hardware. Die theoretischen Kenntnisse werden in der restlichen Woche im Schulungszentrum in Jülich vermittelt. Dabei werden nicht nur IT-Kenntnisse und Fertigkeiten an die Auszubildenden weitergegeben, sondern auf dem Lehrplan steht auch der Umgang mit Microsoft Office und Warenwirtschaftssystemen. Bei erfolgreicher Ausbildung erhalten die Azubis einen unbefristeten Arbeitsvertrag bei AfB. Durch die Ausbildung besteht aber auch die Chance, von anderen Unternehmen aus der IT-Branche eine Anstellung zu bekommen. Das dahinterliegende Konzept nennt AfB *Werkstatt Ausbildung Beruf* (WAB). AfB kommt damit seiner langfristigen Aufgabe als Integrationsprojekt näher, Menschen mit Handicap an den ersten Arbeitsmarkt heranzuführen.

Durch die Einstellung von Menschen mit Handicap verringert sich die Personalflexibilität, d. h. die Umstellungsfähigkeit und -geschwindigkeit an wechselnde Bedingungen (Corsten & Gössinger, 2012), da sie nur in begrenztem Umfang andere Arbeiten ausführen können und einen erhöhten Krankenstand haben. Darüber hinaus kann die Arbeitsleistung eines psychisch beeinträchtigten Menschen nicht vorhergesehen werden (Ulich & Wülser, 2012). Deshalb kommt der Personalbeschaffung von Menschen ohne Handicap eine besondere Bedeutung zu. Sie müssen die Ausfälle kompensieren, ihren behinderten Kollegen Arbeitsschritte zeigen oder einfach nur Verständnis für die Situation zeigen. Diese Mitarbeiter müssen eine gewisse Qualifikation, Persönlichkeitskompetenz und Fachkompetenz aufweisen, um sie an verschiedenen Stellen des Unternehmens einsetzen zu können. Durch die soziale Ausrichtung von AfB findet über die Personalbeschaffung eine Selektion statt. Die Bewerber besitzen oft eine starke intrinsische Motivation, bei AfB zu arbeiten, um so direkt einen positiven Beitrag für die Gesellschaft zu leisten (Schanz, 2000). Auf diese Weise baut AfB eine Personalflexibilität auf, um eventuelle Ausfälle aufzufangen. Flexibilität kommt nicht nur von der Mitarbeiterseite, sondern auch das gesamte Unternehmen ist flexibel aufgestellt, so dass ein Arbeitsplatztausch oder eine Vertretung durch Menschen ohne Handicap einfacher realisiert wird.

Menschen mit Handicap werden nicht nur für die Produktion, sondern ebenfalls für den Verwaltungsbereich gesucht. Diese Mitarbeiter müssen aber eine bestimmte Qualifikation haben, die auf dem Arbeitsmarkt der Menschen mit Handicap nicht einfach zu finden ist. Der Betriebssozialarbeiter beschreibt das folgendermaßen:

„Wir haben gerade erst jemanden für die Marketingabteilung gesucht. Das ist fast nicht möglich, jemanden zu finden, der Fachwissen mitbringt und in die Quote zählt. Das ist eher ein Glücksverfahren. Im Zerlegbetrieb oder in der Teststraße ist es natürlich einfacher, da die Arbeiten nicht so komplex sind. Jemand der ein gewisses Fachwissen mitbringt, der bewirbt sich nicht beim Integrationsfachdienst. Der bewirbt sich ganz normal und ist völlig selbständig und braucht keine Unterstützung. Die dann zu finden ist sehr schwierig, gerade wenn wir anspruchsvollere Arbeitsplätze mit Menschen mit Handicap besetzen wollen."

So kann sowohl eine qualitative aber auch quantitative Personalflexibilität erreicht werden, die benötigt wird, um bei eventuellen Störungen den Arbeitsbetrieb aufrecht zu erhalten.

„Wenn wir einen neuen Mitarbeiter mit einer gewissen Einschränkung für die Logistik oder die Lagertechnik einstellen und merken nach vier Wochen, dass er dieser Aufgabe doch nicht gewachsen ist, dann sind wir so flexibel und versuchen den immer irgendwo einzusetzen, wo er auch wirklich arbeiten kann. Wir haben dafür in unserem Unternehmen einen sehr flexiblen Rahmen geschaffen." (Geschäftsführer von AfB)

Durch die benötigte Flexibilität kommt der Personalauswahl in den einzelnen Filialen eine noch größere Rolle zu, da die Filialen nur zwischen fünf und 15 Mitarbeitern anstellen und Ausfälle dadurch nicht so einfach wie in der Zentrale mit ca. 60 Mitarbeitern aufgefangen werden können.

> „Auf der einen Seite suche ich einen neuen Lagermitarbeiter für meine Filiale. Der muss natürlich bestimmte Eigenschaften erfüllen, die diese Tätigkeit mit sich bringt. Gleichzeitig frage ich in den Vorstellungsgesprächen immer, ob ich die Person beispielsweise auch in der Technik einsetzen könnte. Bei so wenigen Mitarbeitern wie in Hannover brauche ich diese Flexibilität." (Filialleiter)

So wird in den Vorstellungsgesprächen darauf hingewiesen, dass die auszuführende Stelle nicht den gesamten Arbeitsbereich darstellt. Jeder Mitarbeiter ohne Handicap sollte an möglichst vielen Stellen einsetzbar sein. So fährt der Filialleiter in einem Krankheitsfall auch selbst zur Abholung der IT-Hardware zum Partnerunternehmen.

## 4.2.2.3 Personaleinsatzplanung

Die Personalbedarfsplanung ordnet die im Unternehmen beschäftigten Mitarbeiter den einzelnen Arbeitsstellen zu. Hierbei müssen die Qualifikationen des Mitarbeiters und die Anforderungen des Arbeitsplatzes übereinstimmen (Jung, 2011). Es wird, wie bei er Personalbedarfsplanung, in qualitative, quantitative, zeitliche und örtliche Aspekte unterschieden (Horsch, 2000).

Integrationsunternehmen wie AfB benötigen, wie andere Unternehmen auch, leistungsfähige Mitarbeiter, um am Markt konkurrenzfähig zu sein. Damit Menschen mit Handicap ihre volle Leistungsfähigkeit entfalten können, bedarf es einer optimalen Abstimmung der Fähigkeiten des Beschäf-

tigten und der Anforderungen des Arbeitsplatzes (Kaiser, 2004). Die Zuordnung kann folgende Hauptdimensionen umfassen (Adenauer, 2004: 10):

- „Körperhaltung,

- Körperbewegung,

- Körperteilbewegung,

- Informationsverarbeitung,

- Komplexe Eigenschaften,

- Umgebungseinflüsse,

- Arbeitssicherheit,

- Arbeitsorganisation,

- Schlüsselqualifikation."

Die Personaleinsatzplanung koordiniert dabei die optimale Zuordnung.
Hierfür benötigen die Personalverantwortlichen ausreichende Informationen über die einzelnen Mitarbeiter. Doch bei Menschen mit Handicap liegen ihnen nicht alle Informationen vor, sodass hier eine weitere Instanz, der
Betriebssozialarbeiter, konsultiert werden muss (siehe auch Kapitel
4.2.2.6). Nur diese Person darf laut Gesetz die Beeinträchtigungen aller
Mitarbeiter kennen. So besteht die Herausforderung bei AfB darin, eine
flexible Personaleinsatzplanung zu erhalten, um bei Krankheit oder sonsti-
gem Ausfall eines Mitarbeiters das funktionelle Gleichgewicht kurzfristig
wiederherzustellen (Kropp, 2001).

„Wir haben für jeden Arbeitsplatz zwei Stellvertreter bestimmt, deren Qualifikation und persönliches Profil bestmöglich auf den Arbeitsplatz abgestimmt sind. Viele von diesen
Stellvertretern hatten vorher schon Erfahrungen mit dem Arbeitsplatz, da viele innerhalb von AfB wechseln." (Betriebssozialarbeiter)

Bei den Menschen mit Handicap sind die Einsatzzeiten genau vorgegeben, da sie durch staatliche Vorgaben bestimmte Wechsel zwischen Pausen- und Arbeitszeiten einhalten müssen. Gleichzeitig gibt dies den Mitarbeitern eine feste Struktur vor, die ihnen Sicherheit und Vertrauen gibt.

> „Im Zerlegebetrieb arbeiten die Menschen mit den größten Handicaps. Dort müssen wir die meiste Struktur vorgeben. Sie haben genau festgelegte Frühstücks-, Mittags- und Nachmittagspausen. Für diese Mitarbeiter ist das eine unwahrscheinliche Stütze, dass sie diese Zeiten genau wissen." (Betriebssozialarbeiter)

### 4.2.2.4 Personalentlohnung

Personalentlohnung beschreibt den materiellen Ausgleich, den ein Unternehmen seinen Mitarbeiter als Gegenleistung für die erbrachte Arbeit gewährt (Holtbrügge, 2005). Dabei müssen im ersten Schritt Kriterien der Entgeltdifferenzierung ausgewählt werden, um dann die Entgeltform und die Entgelthöhe zu bestimmen. Diese (meist monetären) Anreize erhöhen die extrinsische Motivation der Mitarbeiter.

Alle Mitarbeiter mit und ohne Handicap erhalten tarifvertraglich vereinbarte Löhne. Doch für die Mitarbeiter mit Handicap spielt die Höhe ihres Lohnes nur eine sekundäre Rolle, da die Integration in ein marktwirtschaftliches Unternehmen für sie eine starke intrinsische Motivation darstellt. Die Menschen ohne Handicap sind durch die soziale Ausrichtung von AfB ebenfalls stark intrinsisch motiviert, da sie etwas Positives für die Gesellschaft leisten. Auch hier spielt das Gehalt nur eine sekundäre Rolle.

> „Ich habe in meinem alten Job sehr gut verdient. Doch Geld ist nicht alles. Der Geschäftsführer hier hat mir von der sozialen Ausrichtung seines Unternehmens erzählt. Da war ich sofort begeistert. Wenn man für so ein Unternehmen arbeiten kann, nimmt man gern finanzielle Abstriche in Kauf. Ich verdiene ja trotzdem noch sehr viel Geld hier." (Key Account-Manager)

## 4.2.2.5 Personalführung

Die Personalführung stellt die direkte Kommunikation zwischen einem Vorgesetzten und seinen Mitarbeitern auf Basis von Organisationsregeln dar, um vorher festgelegte Unternehmensziele zu erreichen (Steinle, 1995). Diese Verhaltensbeeinflussung der Untergebenen kann nun auf zwei verschiedene Arten erfolgen: durch Motivation und durch Macht (Holtbrügge, 2005). Durch die Antizipation der Bedürfnisse seiner Mitarbeiter kann der Vorgesetzte seine Führung so ausrichten, dass sie die Motive der Mitarbeiter tangieren. Zusätzlich erlangt sie durch organisatorische Regeln eine starke Macht, so dass sie auch gegen den Willen der Mitarbeiter Entscheidungen durchsetzen kann.

Die Führung kann nun zwei verschiedene Funktionen übernehmen: Die Kohäsions- und Lokomotionsfunktion. Die Entwicklung einer spezifischen Kultur und Organisationsgestaltung, die auf den inneren Zusammenhalt der Gruppe abzielt, entspricht der Kohäsionsfunktion der Führung. Die Vorgesetzten schaffen einen eigenen Rahmen für die Mitarbeiter, der sie selbständig und mitverantwortlich arbeiten lassen soll (Wunderer, 1996). Dafür muss die Führungskraft eine vertrauensvolle Arbeitsatmosphäre kreieren, wodurch die Mitarbeiter sich gegenseitig unterstützen und akzeptieren. Dabei müssen aufkommende Konflikte sofort besprochen werden, um das Gruppengefüge nicht auseinanderzureißen.

Die Führungspersonen spielen bei der Integration von Menschen mit Handicap eine entscheidend Rolle. Schmal und Niehaus (2004: 235) identifizieren hierfür die folgenden kritischen Erfolgsfaktoren:

- Die Klärung unterschiedlicher Interessenslagen,

- die Nutzung kooperativer und partizipativer Strategien,

- klar definierte Vereinbarungs- und Umsetzungsprozesse,

- die Klärung und Festschreibung von Zuständigkeiten und Verfahrensregeln sowie

- die systematische Zusammenarbeit zwischen internen und externen Stellen.

Gerade bei psychischen Erkrankungen müssen die Führungspersonen vor Arbeitsbeginn die unterschiedlichen Interessenslagen klären. Bei AfB erfolgt dieses Gespräch mit dem Betriebssozialarbeiter und der entsprechenden Führungskraft.

Alle Personen mit Führungsverantwortung gegenüber Menschen mit Handicap müssen verschiedene Strategien entwickeln, um bestmögliche Arbeitsbedingungen zu gewährleisten. Jeder Arbeitnehmer besitzt andere Eigenschaften und muss deshalb anders geführt werden. Deshalb erfordert die Führung von Menschen mit Handicap eine Sensibilität in der Art der Kommunikation. Die Abteilungs- und Filialleiter müssen im Umgang mit ihren Mitarbeitern viel Fingerspitzengefühl erlernen, um keinen unnötigen Druck auf diese aufzubauen. So nehmen sie sich Zeit, viel mit ihnen zu reden, um sie auch persönlich kennenzulernen.

> „Eine Mitarbeiterin ist durch ihre Krankheit eine sehr zurückhaltende Person. In den alten Büros saß sie mir genau gegenüber am Arbeitsplatz. Dann habe ich versucht, den Kontakt zu ihr aufzubauen, indem wir über das Wochenende oder den geplanten Urlaub gesprochen haben. Sie wurde auch ein wenig lockerer, weil sie merkte, dass sie sich keine Gedanken machen muss. Sie hat später sogar angefangen, einfach von sich aus etwas zu erzählen." (Chef der Verwaltung)

Die Führungskräfte haben mit der Zeit ein Einfühlungsvermögen entwickelt, um die Bedürfnisse und die Probleme ihrer Mitarbeiter besser antizipieren zu können. So werden Anweisungen einerseits sehr präzise und in möglichst einfachen Schritten weitergegeben. Auf der anderen Seite stellen sich die Führungskräfte individuell auf ihre Mitarbeiter ein, um so eine bedarfsgerechte Führung ohne Überforderung durchführen zu können. Beispielsweise sollten einige Mitarbeiter bei ihrer Arbeit nicht durch andere Aufgaben unterbrochen werden.

„Ich habe einen Mitarbeiter im Lager, der zwar seine Aufgabe ganz gut macht, aber er ist nicht der schnellste und vergisst viel. Wenn ich ihn eine halbe Stunde, nachdem ich ihm eine Aufgabe gegeben habe, darum bitte, kurz etwas von A nach B zu transportieren, dann hat er in der Zwischenzeit vergessen, was er eigentlich vorher machen wollte. Egal, was er macht, wenn jemand von außen kommt, hört er auf." (Chef der Logistik)

So entsteht für alle Mitarbeiter ein angenehmes Arbeitsklima, da jeder mit Problemen sehr offen umgehen kann. Niemand braucht Angst zu haben, wenn er etwas falsch gemacht hat.

Die zweite Funktion der Führung besteht darin, die Mitarbeiter direkt zu führen, um die Aufgabenerfüllung und Zielerreichung zu fördern. Um diese Lokomotionsfunktion zu erfüllen, sollten die Vorgesetzte ihren Mitarbeitern alle nötigen Informationen zur Zielerreichung zur Verfügung stellen. Dabei sollte die Führungskraft die Meinungen der Mitarbeiterinnen aufgreifen, um deren Eigeninitiative zu stärken (Wunderer, 1996).

Für viele Führungskräfte bedeutete die Übernahme von Verantwortung bei AfB eine Umstellung ihrer Arbeit, da sie vorher oft keinen Kontakt zu Menschen mit Handicap hatten. Deshalb bekommen sie in ihrer Anfangszeit spezielle Schulungen, um Problemen im Umgang mit ihren Mitarbeitern vorzubeugen.

„Ich hatte vorher nicht mit behinderten Menschen zu tun, so dass es für mich eine große Umstellung war, hier zu arbeiten. Ich musste erst lernen, dass ich einen Rollstuhlfahrer nicht alle Arbeiten machen lassen kann, auch wenn sie für mich noch so simpel erscheinen. Er kann beispielsweise nicht so einfach einen Karton aus dem Keller holen. Mit der Zeit lernte ich dann meine Mitarbeiter besser kennen und entwickelte eine hohe Sensibilität im Umgang mit ihnen. Schulungen helfen da natürlich." (Chefin Soziales Lernen)

Wenn ein Mitarbeiter durch Demotivation oder schlechte Arbeitsresultate
auffällt, dann ist es für den Vorgesetzten sehr schwer einzuschätzen, was
die Gründe hierfür sein können. Einerseits kann das mit seiner Behinderung
zusammenhängen, mit der er sich heute nicht dazu in der Lage fühlt, seine
tägliche Arbeit zu verrichten. Andererseits hat dieser Mitarbeiter vielleicht
einfach keine Lust und versteckt sich hinter seiner Krankheit. Erschwerend
kommt hinzu, dass die Führungskräfte keine Kenntnisse darüber besitzen,
welche Art und Grad von Behinderung ihre Mitarbeiter haben. Das führt in
vielen Situationen zu Problemen, gerade bei Mitarbeitern mit einer psychischen Erkrankung, deren Handicap nicht offensichtlich beobachtbar ist
(Hofmann, 2002). Gerade in Stresssituationen sind psychisch kranke Menschen nicht so belastbar und wenn die Führungsperson darüber keine
Kenntnisse hat, können auch keine Anpassungen vorgenommen werden.

„Wir hatten den Fall in der Buchhaltung, dass wir sehr viel
Arbeit hatten und alle Mitarbeiter sehr gestresst waren. Eine
meiner Mitarbeiterinnen hat diese Anstrengung nicht verkraf-
tet und ist jetzt seitdem krankgeschrieben. Wenn ich gewusst
hätte, welche psychische Erkrankung sie hat, wäre ich mit ihr
etwas anders umgegangen. Der Feststellungbescheid, in dem
das komplette Krankenbild unserer Angestellten aufgeführt
wird, ist eine der wenigen Unterlagen, die nicht in der Perso-
nalakte sind. Diese Informationen sind bei unseren Betriebssozialarbeitern im Büro verschlossen. Dieser darf auch keine Informationen an mich oder die anderen Führungskräften raus-
geben." (Chef der Verwaltung)

Bei Problemen mit ihren Mitarbeitern wenden sich die Abteilungsleiter an
die Betriebssozialarbeiter, die dann je nach Fall entsprechende Maßnahmen
ergreifen. Bei besonderen Problemen müssen staatliche Institutionen, wie
das Integrationsamt oder das Sozialamt, hinzugezogen werden. Doch auch
bei der alltäglichen Arbeit unterstützen die Betriebssozialarbeiter die Führungskräfte beim Managen ihres Personals. Allerdings gibt es hier große
Unterschiede zwischen den Angestellten aus der Verwaltung und der Produktion. Die Betriebssozialarbeiter besitzen keine Kenntnisse in Buchfüh-

rung oder Controlling, so dass sie hier inhaltlich keine Hilfe anbieten. In der Produktion wiederum besitzen sie Kenntnisse von den Abläufen und können auch inhaltlich Unterstützung leisten.

> „Da, Gott sei Dank, haben wir so Leute wie den Milan, der aus dem sozialen Bereich kommt und die Hintergründe aller Mitarbeiter kennt und der auch die Interessen der Geschäftsleitung gegenüber diesen Mitarbeitern vertritt und sagt, wir müssen das so und so regeln, ohne dabei so viel Druck aufzubauen." (Geschäftsführer)

Um Probleme, die beispielsweise durch die Schweigepflicht entstehen, zu lösen, werden regelmäßig Schulungen und Trainings für Führungskräfte angeboten, in denen sie lernen, wie sie mit Problemsituationen umgehen, welche häufigsten Krankheiten es gibt und wie sie ihre Mitarbeiter motivieren können. Außerdem stärken diese Trainings den Zusammenhalt unter den Mitarbeitern, da so eine gemeinsame Identität aufgebaut werden kann.

AfB bemüht sich darum, dass kranke Mitarbeiter so schnell wie möglich wieder an ihren Arbeitsplatz zurückkehren, um die Inklusion der Mitarbeiter in die Gesellschaft nicht lange zu unterbrechen. Hierfür nimmt AfB Kontakt zu dem behandelnden Arzt auf, um mit ihm zu überlegen, ob der Patient eventuell schon wenige Stunden am Tag arbeiten kann oder einfach nur zur Mittagspause zum Unternehmen kommt. So kann die Integration nach der Krankheit beschleunigt werden.

Neben der Schweigepflicht existieren noch weitere Probleme für das Management, die vor allem auf der Art der Kommunikation beruhen. Für viele Mitarbeiter sind normale Arbeitsanweisungen, die eine Abfolge von Schritten beinhalten, eine Überforderung.

> „Also ich habe mal ein Beispiel gehabt, dass ein Mitarbeiter morgens gekommen ist und gefragt hat, was für den morgigen Tag alles zu erledigen ist. Da habe ich ihm fünf Aufgaben gegeben. Dann hat er mich angeguckt, hat sich umgedreht und ist gegangen. Da habe ich gedacht, dass er jetzt weiterarbeitet. Doch fünf Minuten später ist er mit dem Auto davon gefahren

und hat sich krank gemeldet. Das hat ihm einfach schon so
viel Überforderung gebracht, dass er gar nicht gewusst hat,
wie er diese fünf Aufgaben zu erledigen hat und seinen ganz
normalen Arbeitstag erledigen sollte. Wenn ich ihm aber alle
Aufgaben nacheinander gegeben hätte, dann wäre er nicht
überfordert gewesen und hätte alle Arbeiten erledigen können." (Geschäftsführer)

In einem Social Business wie AfB sind die beiden Funktionen der Führung
sehr unterschiedlich ausgeprägt, da dies sehr stark abhängig von den jeweiligen Mitarbeitern ist. Auf der einen Seite gibt es Menschen die ganz klare
Anweisungen benötigen, ohne einen eigenen Ermessensraum zu bekommen. Damit wären sie sonst überfordert. Auf der anderen Seite muss die
Führungskraft eine hohe Sensibilität entwickeln, bei der Übermittlung der
spezifischen Aufgaben. Hierbei reagiert jeder Mitarbeiter anders, da die
Handicaps sehr unterschiedlich ausfallen. Bei Menschen ohne Handicap
erfolgt die Führung meist über die Motivation der Mitarbeiter und die von
der Geschäftsführung aufgebaute Unternehmenskultur (siehe Kapitel
4.2.4).

## 4.2.2.6 Betriebssozialarbeiter

Durch die Anstellung von Menschen mit Handicap muss AfB bestimmte
Vorgaben des Staates erfüllen (siehe Kapitel 4.1.3). Eine dieser Auflagen
sieht die umfangreiche Betreuung und Unterstützung dieser Menschen vor.
Diese Aufgabe übernimmt der Betriebssozialarbeiter. Doch die Rolle dieser
Position geht über die normale Funktion hinaus, da viele Probleme in der
Organisation von AfB erst durch die Betriebssozialarbeiter gelöst werden
können. Diese Besonderheiten sollen im Folgenden geschildert werden.

Die Betriebssozialarbeiter übernehmen regelmäßig Rundgänge, in denen
die Mitarbeiter nach ihrem Befinden befragt werden.

„Es gibt Tage, da funktioniert alles wie am Schnürchen, aber
an anderen Tagen dauert mein Rundgang drei bis vier Stunden, weil es viele Probleme gibt. Das führt teilweise so weit,

dass ein Mitarbeiter nicht arbeiten kann, weil der Besen der gestern links vor der Tür stand, nun aber rechts steht. Dann funktioniert sein Arbeitsablauf nicht mehr, weil sich die Struktur, die er eigentlich gewöhnt ist, verändert hat." (Betriebssozialarbeiter)

Dieses Beispiel kann zwar auf konventionelle Unternehmen übertragen werden, zeigt aber auch, dass solche Situation bei AfB einen stärkeren Einfluss auf die Arbeit ausüben. Außerdem stellt sie die besondere Bedeutung dar, die den Betriebssozialarbeitern bei AfB zukommt. Sie besitzen eine Weisungsbefugnis für die Menschen mit Handicap, die sie vor allem in der Produktion einsetzen, um die Vorgesetzten zu unterstützen (siehe Kapitel 4.2.3). Darüber hinaus gehört der Betriebssozialarbeiter direkt zum Management, da er ebenfalls die Leitung einer Abteilung übernimmt. So ist der eine Betriebssozialarbeiter gleichzeitig der Verantwortliche für den Zerlegebetrieb. Durch regelmäßige Meetings von allen Abteilungen sollen Probleme bereits im Vorfeld verhindert werden. Dort wird oft über Kleinigkeiten geredet, die für den täglichen Arbeitsablauf jedoch essentiell sind.

Wie oben beschrieben wurde, haben die Mitarbeiter bei AfB viele verschieden Arten von Behinderungen. Beispielsweise arbeiten psychisch kranke Menschen mit Zwängen oder Depressionen eine gewisse Zeit sehr effizient und können sehr viel leisten. Sie haben aber regelmäßig Probleme, wodurch es oft zu sehr langen Ausfallzeiten kommt, die teilweise ein halbes oder ein Jahr sein können. Deshalb ist es schwierig, mit diesen Mitarbeitern zu planen. Anders sieht es mit den geistig oder körperlich behinderten Mitarbeitern aus. Mit diesen Menschen kann AfB deutlich leichter planen, da sie langfristig sehr konstant arbeiten können.

> „Wir haben jemanden im Lager, der ist immer da. Der ist superloyal und motiviert. Der hat einen Job, der für ihn passt, bei dem er sich auskennt. Das macht er super. Wir brauchen ihn. Aber natürlich ist er kein Teamleiter. Am wichtigsten ist es, zu schauen, was wer mit welcher Behinderung an welchem Arbeitsplatz leisten kann." (Betriebssozialarbeiter)

Hierbei bieten die Betriebssozialarbeiter den eigentlichen Führungskräften eine Unterstützungsleistung an, indem sie regelmäßige Schulungen oder Gespräche durchführen (siehe Kapitel 4.2.2.5). Diese Betreuung hängt sehr stark von der Art des Handicaps von den jeweiligen Mitarbeitern ab. Ein Rollstuhlfahrer hat beispielsweise kein Vermittlungshemmnis, wenn er in der Telefonzentrale beschäftigt wird, obwohl er zu 100 % schwerbehindert ist. Wenn AfB die gleiche Person in einem Büro beschäftigte, in dem Ordner abgelegt werden müssen, dann benötigte die Person immer Unterstützung. Es hängt also davon ab, in welchem Bereich die Menschen eingesetzt werden. In Kapitel 4.1.3 wurde schon einmal kurz erläutert, dass die Regeln und Vorschriften in jedem Bundesland anders sind, so dass jede Filiale andere Kriterien für das Integrationsunternehmen erfüllen muss. In Bayern beispielsweise zählt jeder mit einem Schwerbehindertenhausweis für die Quote der Menschen mit Handicap. Dabei wird nicht unterschieden, ob die jeweilige Beeinträchtigung ein Hemmnis für den Arbeitsplatz darstellt. Der Betriebssozialarbeiter setzt sich mit diesen Vorschriften des Staates auseinander, damit sie in allen Filialen eingehalten werden.

Ein weiteres Problem besteht darin, dass einige Mitarbeiter einen sehr hohen Krankenstand aufweisen. Bei diesen Mitarbeitern macht sich Stress und Ärger am Arbeitsplatz besonders bemerkbar, weil dadurch ihre Leistungsfähigkeit deutlich sinkt.

> „Ich glaube, wenn die Leute wieder zu uns zurückkommen, Alltag und Struktur bekommen, wissen, dass sie gebraucht werden, dann geht es ihnen meist wieder besser. Wir haben viele Mitarbeiter, die nur für zwei Stunden zu uns kommen, um sich langsam an den Arbeitsalltag zu gewöhnen." (Betriebssozialarbeiter)

In solchen Fällen kontaktieren die Betriebssozialarbeiter die jeweiligen Therapeuten oder Betreuer, um eine schnellstmögliche Wideraufnahme der Arbeit bei AfB zu ermöglichen. Mit dem Betriebssozialarbeiter, den Vorgesetzten der jeweiligen Abteilung und den Menschen mit Handicap entsteht eine Dreiecksbeziehung, die durch verschiedene Mechanismen der Organisation abgestimmt wird.

## 4.2.3 Produktionsmanagement

Das Produktionsmanagement kann inhaltlich mit Hilfe der von ihm zu er-
füllenden Aufgaben präzisiert werden. Hierbei findet sich in der Literatur
die Unterscheidung in Produktionsprogramm-, Potential- und Prozessgestaltung (Corsten & Gössinger, 2012; Kern, 1992).

### 4.2.3.1 Produktionsprogrammgestaltung

Bei der Produktionsprogrammgestaltung werden die Sachziele des Unternehmens, d. h., die in einem Zeitraum herzustellende Art, Menge und Qualität der Produkte festgelegt (Corsten & Gössinger, 2012). Die Produkte
können dabei materieller oder immaterieller Natur sein. Ausgangspunkt der
Überlegungen ist die Bestimmung des Nutzens, den die Eigenschaften der
Produkte von AfB einerseits für die Kooperationspartner, die die nicht
mehr benötigte IT-Hardware an AfB abgeben, und andererseits für die
Käufer der aufgearbeiteten Hardware stiften. Hierbei spielen Qualitätssi-
cherungsaspekte eine entscheidende Rolle.

Bei der Festlegung der Mengen und Arten der zu fertigenden Produkte
können zwei verschiedene Verfahren zum Einsatz gelangen, die das Pro-
duktionsprogramm entweder an den prognostizierten Bedarfsmengen oder
an den angenommenen Kundenaufträgen ausrichten. Bei AfB werden beide
Vorgehensweisen genutzt. Zunächst ist im Rahmen der Dienstleistung der
Datenlöschung eine kundenorientierte Programmgestaltung beobachtbar,
bei der eine Auftragsauswahl vorgenommen wird. Weiterhin wird in Bezug
auf die weiterzuverkaufende Hardware eine marktorientierte Programmgestaltung umgesetzt.

### 4.2.3.2 Potentialgestaltung

Im Rahmen der Potentialgestaltung sind die Produktionsfaktoren zu bestimmen, die zur Realisierung des Produktionsprogramms notwendig sind.
Zu den benötigten Produktionsfaktoren zählen Betriebsmittel, Werkstoffe
und menschliche Arbeitsleistung. So sind die Standortwahl, der Aufbau

von Personalressourcen und die Rohstoffversorgung der Potentialgestaltung zuzuordnen.

In den verschiedenen Produktionsbereichen wie Warenerfassung, Datenlöschung, Hardwareaufarbeitung oder Recycling arbeitet der vorrangige Teil der Menschen mit Handicap, so dass die Potentialgestaltung bei AfB einige Besonderheiten aufweist. Bei der Einrichtung der Arbeitsplätze müssen für viele Mitarbeiter spezielle Anpassungen vorgenommen werden, so dass sie mit den jeweiligen Handicaps ihre entsprechenden Aufgaben wahrnehmen können (Nirje, 1994). Jede Erkrankung hat einen sehr individuellen Einfluss auf die Arbeitsweise oder Einschränkung einer jeden Person. Ein Rollstuhlfahrer benötigt beispielsweise einen niedrigeren Tisch und mehr Platz zum manövrieren als ein Kollege, der durch eine Depression beeinträchtigt ist. Gleichzeitig muss, bedingt durch vergleichsweise hohe Ausfallraten, eine hohe Flexibilität vorgehalten werden, die sich u. a. in der Anpassbarkeit der Arbeitsplätze an verschiedene Handicaps und des Personals an verschiedene Aufgaben zeigt.

Weiterhin wurde ein speziell für AfB entwickeltes Warenwirtschaftssystem eingeführt. In diesem System können nun alle buchhalterischen Vorgänge, Spesen, Kassenbücher der Filialen, Lagerverwaltung, Auftragseingänge und Rechnungen abgebildet werden. Auch die spezifischen Schritte des Geschäftsmodells von AfB wie die Warenabholung, die Rückverfolgung oder die Löschberichte werden hier erfasst. Neben der Anpassung an den Geschäftsablauf von AfB gibt es auch Veränderungen der Nutzeroberfläche der Software, um sie den beeinträchtigten Bedienern entsprechend zu gestalten. Einigen Mitarbeitern beispielsweise fällt es schwer, eine Maus zu bedienen, weil sie körperliche Einschränkungen haben. So können alle Schritte nun auch mit der Tastatur erledigt werden, um die Navigation so einfach wie möglich zu gestalten. So werden sinnvolle Tab-Reihenfolgen gebildet und ein Menü-Baum mit Textfeldern implementiert. Außerdem wird bei der Umsetzung darauf geachtet, dass das Programm eine ganz einfache Struktur erhält, damit kein Mitarbeiter überfordert ist. Beispielsweise gibt es auf jedem Formular nur wenige große Felder zum Ausfüllen, damit Menschen, die ein Aufmerksamkeitsdefizit haben, das Programm ohne Probleme bedienen können. Außerdem wird es bei Fehleingaben eine Fehlermeldung geben, sodass nichts Falsches im System verbucht wird. Das kann natürlich nicht bei allen Schritten nachgehalten werden, so dass trotzdem große Sorgfalt notwendig ist.

Im ersten Schritt der Einführung des Warenwirtschaftssystems wird den Mitarbeitern eine Testversion zu Verfügung gestellt, um Schwachstellen des Programms zu identifizieren. Viele Mitarbeiter hatten schon damit große Probleme, weil ihre Routine durch neue oder veränderte Arbeitsschritte durchbrochen wird.

> „Viele Mitarbeiter haben eine Routine entwickelt, immer oben links zu klicken, weil sie schon immer oben links geklickt haben. Der Button war dann aber auf einmal oben rechts, so dass einige Mitarbeiter gar nicht mehr funktioniert haben. Sie konnten dann gar nicht mehr richtig arbeiten. Wir mussten dann erst erklären, warum sie jetzt woanders klicken müssen. Veränderungen im Ablauf bedeuten auch immer viel Arbeit für mich, weil ich viele Dinge dann neu erklären muss." (Betriebssozialarbeiter)

Außerdem werden für die betroffenen Mitarbeiter Schulungen angeboten, damit sie das neue Programm schneller erlernen können. Die Schulungen sind auf spezielle Arbeitsplätze ausgerichtet, damit der teilnehmende Personenkreis klein gehalten werden kann. Maximal 15 Mitarbeiter sollen an einer Schulung teilnehmen, sonst entsteht während der Schulung auch wieder eine Überforderung und die Mitarbeiter lernen zu wenig. Diese Informationen müssen in regelmäßigen Abständen wiederholt werden, da viele Mitarbeiter die einzelnen Arbeitsschritte vergessen oder verlernen. Für diese Maßnahmen und Programmieraufgaben beschäftigt AfB drei Programmierer und einen technischen Redakteur, der die Bedienungsanleitungen und Grafiken für die Eingabemasken erstellt. Diese Hilfen erhält jeder Mitarbeiter, um im Zweifel noch einmal alles nachschlagen zu können. Bei der Entwicklung der Software trifft der Betriebssozialarbeiter viele Entscheidungen, da nur er die Bedürfnisse und Beeinträchtigungen der Mitarbeiter einschätzen kann. Lediglich die eigentliche Programmierung führt die IT-Abteilung aus.

Nachdem die Implementierung des Systems abgeschlossen ist und alle Mitarbeiter sich damit vertraut gemacht hatten, wurde ein System für Verbesserungsvorschläge entwickelt. Falls ein Mitarbeiter einen Vorschlag für eine schnellere oder sinnvollere Bedienung hat, kann er das in den regelmäßigen Meetings erklären und der Betriebssozialarbeiter gibt diesen Vorschlag an den zuständigen Programmierer weiter.

### 4.2.3.3 Prozessgestaltung

Bei der Prozessgestaltung wird auf die wirtschaftliche Durchführung der Produktionsaufgaben fokussiert, bei der die Disposition der Kapazitäten eine zentrale Rolle einnimmt. Diese Kapazitätsdisposition wird über eine Termin- und Kapazitätsplanung ausgeführt. Dabei wird ein zeitlicher Plan konstruiert, bei dem möglichst wenige Rüst- und Lagerkosten und gleichzeitig geringe Leerkosten entstehen. Kennzahlen zur Quantifizierung eines Plans können auf die Aufträge (z. B. die Höhe der Durchlaufzeiten) oder auf die benötigten Maschinen oder Mitarbeiter (z. B. die prozentuale Auslastung) bezogen sein. Da die Minimierung der für einen Auftrag benötigten Zeit bei der Datenlöschung und Weiterverarbeitung für den Kunden nur einen geringen Nutzen stiftet, kommt der auslastungsbezogenen Prozessgestaltung bei AfB eine höhere Bedeutung zu.

Sowohl in der Datenlöschung als auch in der Aufarbeitung der Hardware kann möglichst vielen Menschen mit verschiedenen Arten von Beeinträchtigungen die Arbeit bei AfB ermöglicht werden, indem eine maximale Dekomposition der Prozesse vorgenommen wird. Am Beispiel der Detailerfassung sollen diese Zerlegung der Arbeitsschritte dargestellt werden:

- Ein Mitarbeiter bringt die Ware aus dem Eingangslager zur Erfassung.

- Im nächsten Schritt werden die Computer mit dem Strom verbunden und wenn nötig an einen Monitor angeschlossen.

- Der nächste Mitarbeiter legt die CD ins Laufwerk ein und startet das Programm zur Erfassung der verbauten Hardware.

Diese Arbeitsschritte müssen mit Bildern und Beschreibungen visualisiert werden, damit jeder Mitarbeiter die Anweisungen versteht. In Unternehmen wie AfB ist es unerlässlich, Text durch vereinfachte Visualisierungen zu substituieren. Durch die vielen kleinen Arbeitsschritte und die Visualisierungen soll erreicht werden, dass eine Überforderung der Mitarbeiter vermieden wird.

Durch diese kleinen Arbeitsschritte erscheint die Arbeit für nicht beeinträchtigte Menschen sehr monoton. Diese Monotonie wirkt sich auf die Menschen mit Handicap nicht negativ aus, da sie auch nach dem 100. Ausführen immer noch motiviert arbeiten. So sind sie den meisten gut ausgebildeten IT-Systemelektroniker überlegen, obwohl diese ein großes Fachwissen besitzen und die Arbeit schneller verrichten. Doch nach spätestens einer Woche verlieren diese die Motivation. Die Menschen mit Handicap von AfB sind auch nach mehreren Monaten oder Jahren mit ihrer Arbeit nicht unterfordert. Es ist für sie immer wieder eine spannende Aufgabe, beispielsweise ein neues Gerät zu untersuchen oder sich an Veränderungen im Arbeitsablauf anzupassen:

> „Ich bekomme fast jeden Tag einen anderen Computer. Es ist für mich immer wieder eine spannende Aufgabe, so ein neues Gerät zu haben. Das macht sehr viel Spaß." (Mitarbeiter aus der Produktion)

Durch die Anstellung bei AfB haben die Mitarbeiter mit Handicap regelmäßigen Kontakt zu ihren Kollegen. Außerdem können bekommen sie bei einer guten Leistung Anerkennung vom Vorgesetzten oder auch von den Kollegen. Nach Maslow (1954) sind sie also motiviert, weil sie ihre Sozialbedürfnisse und Anerkennungsbedürfnisse befriedigen können.

Von dieser Motivation, die ein Spezifikum beeinträchtigter Menschen darstellt, profitiert AfB. Trotzdem treten während des Arbeitens viele Fragen und Probleme auf, die zur Nichterledigung der Arbeitsschritte und somit zu einem Produktionsausfall führen können. Viele Probleme sind im Diskurs der Mitarbeiter lösbar. Ist dies jedoch nicht der Fall, ist der Betriebssozialarbeiter zu kontaktieren.

Um ein gemeinschaftliches Miteinander und dadurch eine höhere Prob-
lemlösungskompetenz in den Abteilungen zu fördern, werden in regelmäßigen Treffen der jeweiligen Gruppen mit einem Betriebssozialarbeiter die
aktuellen Probleme diskutiert und analysiert. Hier werden auch neue Kollegen vorgestellt und eine zukünftige Rücksichtnahme für bestimmte Personen oder Sachverhalte gefordert. Abschließend wird eine Reflektion der
vergangenen Tage aus der Perspektive der einzelnen Mitarbeiter vorgenommen. Hierbei kann eine Verzerrung der Eindrücke in Bezug auf die
Arbeits- und Pausenzeiten der Kollegen beobachtet werden. Die Mitarbeiter vergessen dabei oft, dass ihre Kollegen aufgrund ihrer Beeinträchtigung
andere Arbeitsverträge abschlossen, die eine Vergleichbarkeit der Leistung
erschweren. Diese Informationen müssen ständig wiederholt werden, damit
das Team sie verinnerlichen kann. Außerdem muss häufig wiederholt werden, welcher Mitarbeiter welche Hilfe und Unterstützung bekommt. Das
Reden über persönliche Probleme durch die Beeinträchtigung fällt vielen
Mitarbeitern sehr schwer und deshalb müssen die Betriebssozialarbeiter
Empathie und Sensibilität in die Gespräche einbringen. Diese gemeinsame
Problemreflexion hilft den Mitarbeitern, ein besseres Verständnis für ihre
Kollegen aufzubauen, um so langfristig die Teamarbeit zu verbessern.

> „Wir sagen immer, dass jeder sein „Päckchen" zu tragen hat.
> Das ist die Schwierigkeit. Bei einer körperlichen Behinderung
> ist es offensichtlich, aber bei psychischen Erkrankungen sieht
> es der Kollege selten, wenn jemand an seine Grenzen stößt.
> Das Gespür haben die wenigsten. Das müssen wir sehr oft er-
> klären." (Betriebssozialarbeiter)

Diese regelmäßigen Meetings im Bereich der Produktion bei AfB geben
den Mitarbeitern eine Struktur zur Vollrichtung ihrer Arbeit. Wenn dann
Probleme auftreten, die auch nicht vom Betriebssozialarbeiter gelöst werden können, wendet sich AfB an den Integrationsfachdienst. Dieser ist zuständig für alle Menschen mit Behinderung in Arbeit und bietet eine neut-
rale Position, um zwischen Arbeitgeber und Mitarbeiter zu vermitteln.

## 4.2.4 Unternehmenskultur

Unternehmenskultur beschreibt die Werte und Normen eines Unternehmens, wodurch die Mitarbeiter geprägt werden (Schreyögg, 2000) und somit gemeinsame Überzeugungen entwickeln (Sackmann, 2004). Neue Organisationsmitglieder werden nach Eintritt durch die Werte und Normen des Unternehmens sozialisiert. Diese Gemeinsamkeit der Werte drückt sich in einer gemeinsamen Unternehmensidentität aus, die alle Mitglieder teilen (Kahle, 1988). Diese Identität verfestigt sich durch die Beteiligung der Mitarbeiter an dem Unternehmen, wodurch die Partizipation und Identitätsentwicklung gestärkt wird. Die Geschäftsführung oder das oberste Management nimmt hierbei eine entscheidende Rolle ein, da sie die Leitbilder und Unternehmensverfassung aufstellen. Bei AfB nimmt diese Rolle der Gründer ein, der mit seiner sozialen Mission ein Unternehmen geschaffen hat, dass durch eine markante Unternehmenskultur geprägt ist. Er besitzt als Galionsfigur eine Vorbildfunktion, die von allen Mitarbeitern akzeptiert wird. Der Unternehmenskultur übernimmt innerhalb der Organisation zwei Funktionen: Koordination und Motivation (Kieser, 1986). Durch die Koordinationsfunktionen wird ein Bezugsrahmen für alle Organisationsmitglieder geschaffen, der die Verständigung vereinfacht und die Handlungen lenkt (Fank, 1997). Außerdem kann die Unternehmenskultur die Leistungsbereitschaft der Mitarbeiter erhöhen, indem sie ein größeres Zugehörigkeitsgefühl erhalten (Kieser, 1986).

Bei der Unternehmenskultur kann zwischen sichtbaren und unsichtbaren Elementen unterschieden werden (Bolten, 2007). Die *Perceptas* sind sichtbare Artefakte, Verhaltensweisen und Rituale, die sich direkt empirisch beobachten lassen (Osgood, 1951; Sackmann, 2004). Im Gegensatz dazu kann die *Conceptas* nicht direkt wahrgenommen werden, da die Werte, Normen und Einstellungen sich geschichtlich herausgebildet und manifestiert haben (Fank, 1997).

Sichtbare Rituale sind bei AfB beispielsweise häufige Besprechungen der Vorgesetzten mit ihren Mitarbeitern und dem Betriebssozialarbeiter. In diesen wöchentlichen Treffen können die Mitarbeiter ihre Probleme schildern oder auch Verbesserungsvorschläge machen. Außerdem werden die Aufgaben für die Woche besprochen. Neben diesen formalisierten Besprechungen gibt es viele Treffen bei akuten Problemen, die durch den Betriebssozialarbeiter bearbeitet werden. Des Weiteren gibt es im Sommer mehrere Grill- und Sommerfeste und im Dezember eine Weihnachtsfeier, zu der die Mitarbeiter aus allen Filialen eingeladen werden. Diese gemeinsamen Aktivitäten erhöhen das Gemeinschaftsgefühl und fördern die Toleranz gegenüber den verschiedensten Beeinträchtigungen. Das führt dazu, dass alle Mitarbeiter die gleiche Denkweise entwickeln und ein starkes „Wir" Gefühl entsteht.

> „Fast alle bei uns kennen sich untereinander und grüßen sich
> am Arbeitsplatz. Das fängt bei den Geschäftsführern an und
> hört bei den Mitarbeitern in der Produktion auf. Wir sind halt
> eine richtig große Familie." (Key-Account-Managerin)

In den Pausen bekommen die Mitarbeiter Getränke und Essen bereitgestellt, damit sie die Pausen für ein besseres kollegiales Verhältnis zusammen verbringen. Viermal im Jahr gibt es eine Betriebskonferenz, bei der die wirtschaftliche Lage des Unternehmens geschildert wird und Mitarbeiter für Verbesserungsvorschläge prämiert werden.

Doch auch auf der *Conceptas*-Ebene gibt es viele Einflüsse auf die Unternehmenskultur. Einer der wichtigsten Werte bei AfB ist der kollegiale Umgang und die gegenseitige Rücksichtnahme der Mitarbeiter untereinander. Das drückt sich in vielen Freundschaften aus, die auch nach der Arbeit ausgelebt werden. Mitarbeiter mit Handicap bekommen oft durch kleine Änderungen beim Produkt oder in den Prozessen Probleme und stoßen schnell an ihre Grenzen, diese zu lösen. Hier wird der Austausch zwischen den einzelnen Mitarbeitern zu einem essentiellen Element, um die Arbeitsabläufe nicht zu verzögern. Dabei entsteht kein Neid, sondern es ist für jeden Mitarbeiter selbstverständlich.

> „Wenn jemand bei uns mal einen schlechten Tag hat, was bei
> einigen Mitarbeitern oft vorkommen kann, dann sind die Kollegen nicht sauer darauf, sondern helfen ihm den Tag gut zu
> überstehen. Natürlich nehmen wir auch darauf Rücksicht, dass
> dann die Arbeit auch nicht so schnell verrichtet werden kann.

Bei Krankheit springt halt ein anderer Mitarbeiter für den Kollegen ein. Das funktioniert über das gesamt Unternehmen hinweg ganz gut." (Geschäftsführer von AfB)

Dabei werden die Gründe für den Ausfall nicht thematisiert, da jeder Mitarbeiter sich der Schwierigkeiten bewusst ist, sodass es als gegebenes Element akzeptiert wird. Alle Menschen werden bei AfB gleichgestellt und begegnen sich auf Augenhöhe.

Freundschaften werden von AfB aktiv gefördert, indem die Mitarbeiter beispielsweise ein gemeinsames Bowlen bezahlt bekommen. Durch dieses freundschaftliche Verhältnis entsteht eine Loyalität untereinander, die das gegenseitige Helfen fördert. Aus der sozialen Mission des Unternehmens erwächst eine philanthropische Einstellung unter den Mitarbeitern ohne Handicap, die mit ihrer Arbeit einen positiven Beitrag für die Gesellschaft leisten. Außerdem existieren noch verschiedene Normen. Bei Problemen können die Mitarbeiter jederzeit den Betriebssozialarbeiter anrufen, der sich umgehend darum kümmert. Der Gründer und erste Geschäftsführer wünscht, dass bei besonders dringenden Angelegenheiten seine Mitarbeiter persönlich zu ihm kommen.

„Ich denke, das gute Klima bei AfB verbreitet am meisten der Gründer. Er hat eine besondere Art, die Leute von seinen Ideen zu überzeugen, dass sie gute Leistungen bringen und sich voll mit ihrer Arbeit identifizieren. Außerdem hat er eine sehr offene Art mit Problemen umzugehen, indem er viel Verständnis für seine Mitarbeiter aufbringt." (Chefin Mobiles Lernen)

„Wir haben einen wahnsinnig genialen Chef, der unglaubliche Ideen hat mit denen er so weit voraus denkt. Da würdest du in zehn Jahren noch nicht mal drauf kommen. Durch diese Ideen und Genialität hat sich AfB so gut entwickelt, so wie es eben jetzt ist." (Mitarbeiterin aus dem Personalbereich)

Die Werte und Normen steuern das kollektive Verhalten. Es entsteht ein gemeinsames Bezugssystem, das die Verständigung vereinfacht und die Handlungen der Mitarbeiter legitimiert. Somit kann die Unternehmenskultur als Koordinationsinstrument angesehen werden, das eine gemeinsame Identifikation und mehr Kontinuität schafft (Kieser, 1986).

„Wir haben hier sehr viele Mitarbeiter, die sich eine Hand oder einen Fuß ausreißen, damit der Laden hier läuft. Hier gibt es deutlich mehr hoch engagierten Mitarbeiter als in anderen Unternehmen. Das ist schon toll." (Mitarbeiterin aus dem Personalbereich)

Abbildung 21 beschreibt die Ausgestaltung der relevanten Bereiche der Unternehmenskultur und deren Beziehungen zueinander. Das soziale Ziel, möglichst viele Menschen mit Handicap einzustellen, ist der entscheidende Faktor für das Geschäftsmodell von AfB. Dieses erzeugt eine philanthropische Grundeinstellung bei den Mitgliedern und verhilft so zu einer stärkeren Motivation unter den Mitarbeitern. Die Strukturen und Prozesse werden modifiziert, um das gesellschaftliche Ziel zu erreichen. Entscheidend ist hierbei auch die Umwelt von AfB, da die Strategie nur durch die Kooperationspartner und deren CSR-Engagement umgesetzt werden kann.

Soziale Verantwortung und gegenseitige Rücksichtnahme sind somit Werte, die die Art der Arbeitserledigung bei AfB beeinflussen. Aufgaben können oft nur mit gegenseitiger Unterstützung und Rücksichtnahme erledigt werden, da die Vorgesetzten und auch die Betriebssozialarbeiter nicht alle Tätigkeiten zu jeder Zeit überwachen können und die Standardisierungen auch nicht immer ausreichend sind.

Um diese gegenseitige Rücksichtnahme umsetzen zu können, benötigen die Mitglieder ohne Handicap eine hohe Anpassungs- und Veränderungsfähigkeit, da immer neue Menschen mit unbekannten Beeinträchtigungen der Organisation beitreten. So hat AfB bestimmte Lernmechanismen entwickelt, um auf neue unvorhergesehene Situationen flexibel reagieren zu können. Es gibt verschiedene Schulungen, die auf diese Situationen vorbereiten. Diese sind ebenfalls in der Ideologie verankert, da sich jeder Mitarbeiter bewusst ist, dass nicht alle Angestellten bei AfB das gleiche leisten können.

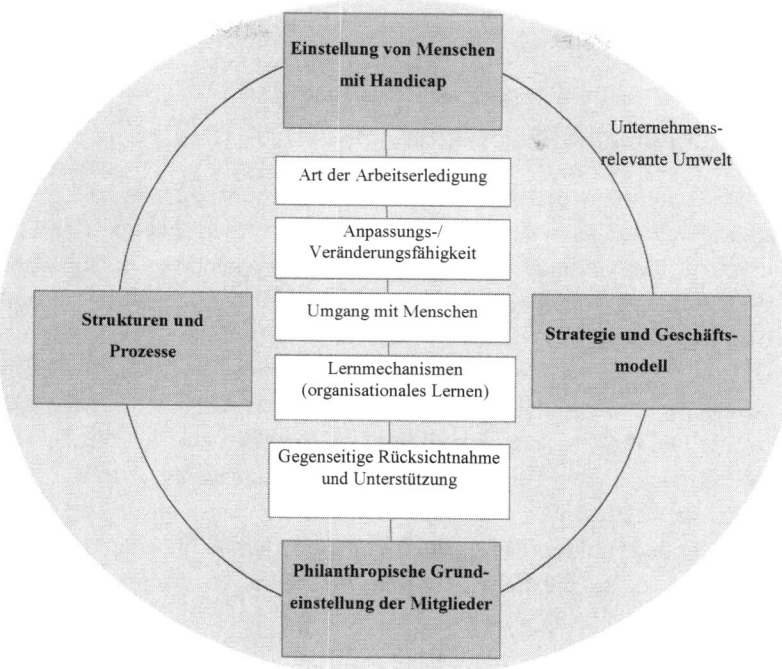

Abbildung 21: Relevante Bereiche der Unternehmenskultur von AfB (Weiterentwicklung von Sackmann, 2004)

Neben der hohen Motivation unter den Mitarbeitern ohne Beeinträchtigung sind die Menschen mit Handicap ebenfalls sehr motiviert, da sie durch die Arbeit in einem marktorientierten Unternehmen eine stärkere Integration erfahren als beispielsweise in einer Werkstatt. Diese Motivation wirkt sich ebenfalls auf die Ideologie aus, da so die gesamte Organisation in ihrem Selbstzweck, neue Arbeitsplätze für Menschen mit Handicap zu schaffen, bestärkt wird. Diese gegenseitige Rücksichtnahme, die Unterstützung und die gleichzeitige Motivation der Mitarbeiter bilden die Eckpfeiler der Ideologie von AfB. Diese nimmt deshalb innerhalb der Organisation eine zent-

rale Position ein, da die gegenseitige Abstimmung eine soziale Ausrichtung
fördert, um so den Koordinationsaufwand durch die direkte Überwachung
zu senken.

## 4.3  Zusammenführung der Einflussfaktoren und Auswir-
kungen auf das Geschäftsmodell

Die Besonderheiten von AfB mit der hohen Anzahl an Mitarbeitern mit
Handicap können in zwei Kategorien eingeteilt werden: Externe Einflüsse
und interne Auswirkungen. Externe Faktoren, ausgehend von der allgemeinen Gesellschaft, von den Kooperationspartnern oder vom Staat, beeinflussen die Konfiguration von AfB. Unternehmen stehen unter Druck, sich sozial, kulturell oder ökologisch zu engagieren, um die gesellschaftliche Legitimität der Organisation zu erhalten (DiMaggio & Powell, 1983). Die
Strategie und das Geschäftsmodell von AfB schaffen einen Raum für Unternehmen, um diesem gesellschaftlichen Druck entgegenzutreten: Die Kooperationspartner stellen AfB ihre IT-Hardware meist unentgeltlich zur
Verfügung und erhalten als Gegenleistung die Datenlöschung und ein CSR-
Engagement durch die Schaffung von Arbeitsplätzen für Menschen mit
Handicap.

Da der Staat Menschen mit Handicap unter einen besonderen Schutz stellt,
beeinflusst er mit rechtlichen Rahmenbedingungen und Vorgaben Unternehmen wie AfB, die diesen Menschen einen Arbeitsplatz geben. Beispielsweise besitzen die Führungskräfte und Abteilungsleiter kein Wissen
über die Handicaps ihrer Angestellten, da diese Information unter den Datenschutz fällt. Gleichzeitig hilft der Staat Integrationsunternehmen wie
AfB durch Steuervergünstigungen oder Zuschüsse bei der Betreuung der
Mitarbeiter. Es wirken noch weitere externe Einflüsse wie die Marktstruktur oder die aktuelle Konjunktur auf das Untersuchungsobjekt ein, deren
Beeinflussung auf die Konfiguration von AfB vernachlässigt werden kann,
da hier der Staat und die Kooperationspartner deutlich dominanter sind.
Neben den externen Einflüssen existieren viele interne Auswirkungen auf
AfB durch die Anstellung von Menschen mit Handicap.

Wie in Kapitel 4.2 dargestellt, können verschiedene Bereiche identifiziert werden, an denen die Auswirkungen durch die Menschen mit Handicap deutlich gezeigt werden kann: die strategische Ausrichtung durch die Geschäftsführung, das Personalmanagement, das Produktionsmanagement und die Unternehmenskultur. Der letztgenannte Punkt spiegelt sich in allen Arbeitsbereichen von AfB wider, wird aber am stärksten von der Geschäftsführung vermittelt.

Im Produktionsmanagement, also der Aufarbeitung der IT-Hardware, arbeitet der größte Teil der Menschen mit Handicap. Deshalb weist dieser Teil der Organisation eine hohe Adaption an die verschiedenen Bedürfnisse der Mitarbeiter auf. Für einen reibungslosen Ablauf der Arbeitsprozesse wurde ein spezielles Produktionsplanungs- und Steuerungssystem entwickelt, das an die entstehenden Notwendigkeiten angepasst wurde. Hierbei wird zum einen deutlich, dass alle Abläufe einer hohen Vereinfachung unterliegen, um möglichst vielen Mitarbeitern unabhängig von der Art ihres Handicaps die Arbeit zu ermöglichen. Zum anderen sollen aus ökonomischen Gründen eine hohe Anzahl an IT-Hardware in der Produktion aufgearbeitet werden, um das langfristige Überleben der Organisation zu sichern.

Gleichzeitig existiert eine hohe Anpassung im Personalmanagement, die sich am deutlichsten in der starken Individualisierung der Führung zeigt. Aufgrund der Heterogenität der Mitarbeiter erfordert die Führung eine hohe Sensibilität, da auf jede Person individuell eingegangen werden muss. Jede Führungskraft muss das eigene Verhalten an dem jeweiligen Mitarbeiter ausrichten, da diese eine spezielle Betreuung benötigen. Diese individuelle Führung wird durch die Betriebssozialarbeiter, die die Vorgeschichte und die Einschränkung jeden Mitarbeiters kennen, unterstützt. Der Betriebssozialarbeiter übernimmt neben der Führungskraft einer jeden Abteilung koordinative Aufgaben in Bezug auf die Einschränkung der Mitarbeiter. Die starke Einbeziehung des Betriebssozialarbeiters wird durch verschiedene staatliche Vorgaben nötig, die eine Weitergabe von Informationen über die Handicaps der Angestellten verbietet. Parallel werden Schulungen im richtigen Umgang mit den behinderten Menschen angeboten.

Die Anstellung von Menschen mit Handicap erfordert außerdem spezielle Mechanismen und Prioritäten beim Einstellungsverfahren von neuen Mitarbeitern. Vor einer Festanstellung absolvieren die Bewerber verschiedene Praktika, um einerseits deren Einsatzmöglichkeiten zu testen und andererseits festzustellen, ob sie in das jeweilige Teamgefüge passen. Mit den richtigen Mitarbeitern in einem Team funktionieren die Arbeitsabläufe reibungslos, da Menschen mit Handicap, im Gegensatz zu Menschen ohne Handicap, sich auch bei monotonen Arbeiten ausdauernd motivieren.

Diese Motivation wird auch bei den gesunden Kollegen hervorgerufen, da AfB eine besondere Unternehmenskultur besitzt. Die Mitarbeiter identifizieren sich stark mit dem Unternehmen, da sie von der sozialen Ausrichtung überzeugt sind. Durch die besondere Ausgestaltung der Werte und Normen entwickelt AfB eine Unternehmenskultur, die das Miteinander unter den Kollegen fördert. So entsteht eine philanthropische Grundeinstellung unter den Mitarbeitern.

In Abbildung 22 werden die Erkenntnisse aus der Fallstudie mit den Besonderheiten von AfB zusammengefasst und in eine Beziehung gestellt.

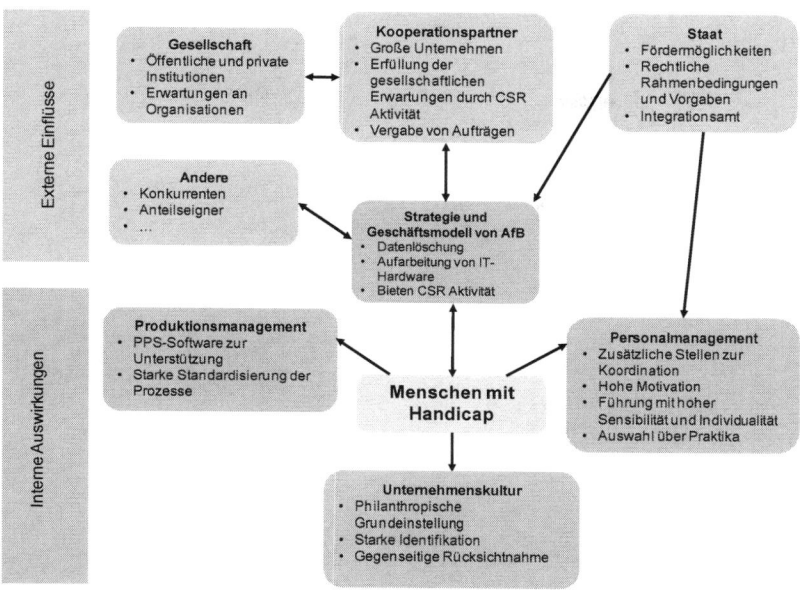

Abbildung 22:    Zusammenfassung der Besonderheiten von AfB

Die Erkenntnisse aus der Analyse der Fallstudie und die theoretischen Grundlagen aus dem zweiten Kapitel werden im Folgenden dazu genutzt, eine Konfiguration von AfB zu entwickeln und die Besonderheiten gegenüber anderen Organisationen formaltheoretisch herauszustellen.

# 5 Auswertung und Diskussion

Einer der wichtigsten Einflussfaktoren auf die Konfiguration von für AfB stellen die Menschen mit Handicap dar. Wie Kapitel vier zeigt, beeinflusst deren Anstellung die gesamte Organisation (Senner, 2002), wie beispielsweise das gesamte Personalmanagement, Produktionsmanagement oder Unternehmenskultur. Nun sollen diese Erkenntnisse auf die in Kapitel 2.3 und 2.4 vorgestellten Theorien übertragen werden.

## 5.1 Neoinstitutionalismus

### 5.1.1 Multiplizität von Logiken außerhalb der Organisation

Im Neoinstitutionalismus spielt die Umwelt für Unternehmen eine entscheidende Rolle, um langfristig überleben zu können (vgl. Kapitel 2.1). Jede Organisation kann sich in einem Kontinuum zwischen dem Einfluss der technischen und institutionellen Umwelt verankern lassen (Meyer & Rowan, 1977: 354). Einerseits gibt es Unternehmen, die unter strenger Marktkontrolle stehen und wenig von der institutionellen Umwelt beeinflusst werden. Anderseits arbeiten Unternehmen unter genau entgegengesetzten Voraussetzungen, d.h. in einer schwachen technischen aber starken institutionellen Umwelt (Scott, 1998). Beispielunternehmen für den Einfluss der Umwelt werden in Abbildung 23 dargestellt.

| Institutionelle Umwelten | | |
|---|---|---|
| | Stärker | Schwächer |
| **Technische Umwelten** Stärker | Versorgungsunter- nehmen Banken Krankenhäuser | Produzierende Un- ternehmen Pharmazeutische Unternehmen |
| Schwächer | Psychiatrische Kli- niken Schulen Kirchen | Restaurants Fitnessclubs |

Abbildung 23:     Kombinationen technischer und institutioneller Umwelten (in Anlehnung an Scott, 1998: 138)

Um entscheiden zu können, welcher Teil der Umwelt den größten Einfluss
auf die Organisation von AfB besitzt, werden die verschiedenen Stakeholder vorgestellt.

AfB wird in einen pluralistischen Rahmen von Stakeholdern eingebettet, da
diese sehr unterschiedliche Erwartungen besitzen, die die Organisation erfüllen muss. Dabei nimmt der Staat als einer der Hauptakteure eine zentrale
Rolle ein. Dieser ermöglicht es AfB, als gemeinnützige GmbH zu arbeiten
und gibt dem Unternehmen den Status des Integrationsunternehmens. Auf
der einen Seite legitimiert der Staat so AfB als gesellschaftlich anerkannte
Organisation, die Menschen mit Handicap eine Anstellung gibt. Andererseits erhält das Unternehmen monetäre Unterstützung, um den Menschen
mit Handicap die nötige Infrastruktur zu bieten. Die Organisation intera-
giert mit verschiedenen Institutionen des Staates wie beispielsweise der
Arbeitsagentur, dem Integrationsamt oder lokalen Politikern. Diese erwarten, dass das Unternehmen möglichst vielen Menschen bei der Inklusion in
die Gesellschaft hilft, indem es Arbeitsplätze schafft.

Nur mit dieser Legitimation als Integrationsunternehmen funktioniert das in Kapitel 4 beschriebene Geschäftsmodell von AfB. Große Unternehmen wie Siemens oder ThyssenKrupp verkaufen alte IT-Hardware an AfB, die dann die Datenlöschung übernehmen, um diese auf dem Gebrauchtmarkt zu veräußern. Nur durch die IT-Hardware von großen Partnerunternehmen kann AfB finanziell unabhängig sein, um als marktwirtschaftliches Unternehmen agieren zu können. Dabei erwarten die Kooperationspartner eine professionalisierte Arbeitsweise, sodass keine sensiblen Daten an die Öffentlichkeit gelangen. Des Weiteren fördern sie mit ihrem Engagement, IT-Hardware zur Verfügung zu stellen, die weitere Anstellung von Menschen mit Handicap. Für dieses Engagement erhalten sie ein Zertifikat und eine Aufstellung, wie viele Menschen mit Handicap dafür beschäftigt wurden. Diese Handlung beeinflusst wiederum die Stakeholder der Kooperationspartner, da diese ein vermehrtes soziales Engagement erwarten. So erhalten die großen Konzerne durch die Kooperation mit AfB eine höhere Legitimität von der Gesellschaft. Das dargestellte Engagement wird von den Unternehmen als CSR-Aktivität aufgefasst. Nach der CSR-Pyramide von Carroll und Buchholtz (2006) kann diese Unterstützung von AfB auf der höchsten Ebene eingruppiert werden, da sie ohne gesetzliche Regelungen ein gesellschaftliches Engagement zeigen. Somit kann AfB auch als CSR-Projekt für andere Unternehmen angesehen werden, da das Geschäftsmodell eine soziale Mission erfüllt. Natürlich erfolgt diese Unterstützung von Menschen mit Handicap nicht uneigennützig, da die Gesellschaft mittlerweile erwartet, dass sich Unternehmen sozial oder ökologisch engagieren. Bei Nichterfüllung dieser Erwartungen wird ihnen die Legitimität entzogen, sodass beispielsweise weniger Menschen die Produkte kaufen oder der Staat weniger Zuschüsse gibt.

Diese Kooperationspartner sind neben dem Staat die zweiten wichtigen Stakeholder von AfB, die dem Unternehmen essentielle Ressourcen zur Verfügung stellen (Jones et al., 2012). Sie lenken das organisationale Verhalten von AfB entscheidend (Kraatz & Block, 2008). Neben diesen beiden existieren noch weitere Stakeholder in der Umwelt von AfB, wie Mitarbeiter, Kunden, Banken oder Konkurrenten. Die drei letztgenannten Umweltgruppen stehen im Kontrast zu den Erwartungen des Staates. Sie fordern ein möglichst effizientes Unternehmen, so dass die Produkte preiswert sind, ein angemessener Umsatz erzielt wird, um die Kredite zu tilgen.

Bei einer Betrachtung der Umwelt von AfB wird deutlich, dass durch den Einfluss der öffentlichen Organisationen eine starke Einbettung in die institutionelle Umwelt erfolgt. Gleichzeitig muss AfB auch hohe Erwartungen aus der technischen Umwelt erfüllen, die allerdings ein wenig geringer ausfallen, da diese Erwartungen ohne die institutionelle Umwelt nicht existieren würden. So entsteht eine hohe Dualität in den Erwartungen der Umwelt von AfB. Auf der einen Seite muss das Unternehmen möglichst sozial arbeiten und viele Menschen mit Handicap anstellen und auf der anderen Seite möglichst effizient arbeiten, um am Markt nachhaltig existieren zu können. Sie müssen diesen beiden entgegengesetzten Erwartungen gerecht werden. So wird AfB in zwei verschiedene institutionelle Logiken eingebettet: der sozialen und der kommerziellen Logik. Somit kann AfB als hybride Organisation angesehen werden, da sie marktwirtschaftliche und soziale Erwartungen in Einklang bringen muss (Battilana & Dorado, 2010). Die Herausforderung besteht darin, die Erwartungen dieser beiden Logiken zu erfüllen, ohne dass geschäftsschädigende Konflikte entstehen (Greenwood et al., 2011).

Nach Greenwood et al. (2010) hängt die vorherrschende Logik einer Organisation von vielen Kontextfaktoren ab, die Stinchcombe (1965: 169) auch als „organizational imprinting" beschreibt. Er verdeutlicht, dass Organisationen während ihrer gesamten Existenz von den Umweltbedingungen in der Gründungsphase beeinflusst werden. Auch bei AfB wird das deutlich. Aus der Historie des Social Businesses lässt sich ableiten, dass es nach der Gründung eher der sozialen Logik zugeordnet werden konnte. Das Unternehmen entstand aus einem Projekt in einer Behindertenwerkstatt, ohne den Anspruch, Gewinne erzielen zu wollen. Die soziale Logik kann also als dominant angesehen werden (Thornton, Jones, & Kury, 2005), wodurch die Organisation eine soziale Identität (vgl. Kapitel 4.2.4) und eine hohe Legitimität erhielt. Nachdem dieses Projekt sich zu einem Unternehmen wandelte, kam eine weitere Logik hinzu – die kommerzielle Logik. Nun musste die Organisation sich selber und ihre Angestellten finanzieren und benötigte dafür die Akzeptanz aus dieser für AfB neuen Umwelt. In Abbildung 24 werden diese beiden Logiken gegenübergestellt und mit den Eigenschaften von AfB verglichen. Dabei wird deutlich, dass AfB Elemente der sozialen und der kommerziellen Logik integriert, jedoch auch Eigenschaften aufweist, die zwischen beiden Logiken angesiedelt sind.

| | Soziale Logik | Kommerzielle Logik | AfB |
|---|---|---|---|
| Rechtsform | Non-Profit: Verein oder Stiftung | For-Profit: AG oder GmbH | Gemeinnützige GmbH |
| Eigentümer | Missionshüter | Kapitalgeber | Mitarbeiter |
| Einsatz des Gewinnes | Reinvestition | Von Kapitalgeber bestimmt | Reinvestition |
| Struktur | Autonome Einheiten | Nach Branchen ausgerichtete Einheiten und starke Kontrolle | Autonome Einheiten mit lockerer Kontrolle |
| Governance | Integration von lokalen Akteuren bei den Entscheidungen | Kein Integration von lokalen Akteuren nötig | Starke Integration von lokalen Akteuren |
| Lokalisation | Einbeziehung von lokalen Gegebenheiten | Standardisierung unabhängig vom Ort | Starke Lokalisierung durch unterschiedliche Gesetze |
| Markenidentität | Lokalisiert | Einheitlich | Einheitlich |
| Überwachung | Lokal | Zentral | Zentral |
| Zugehörigkeit | Arbeit | Industrie | Industrie und Arbeit |
| Ehrenamtliche Arbeit | Hoch | Keine | niedrig |

Abbildung 24:     Vergleich der unterschiedlichen Logiken von AfB (in Anlehnung an Pache & Santos, 2013b: 984-985)

Die Phase des Überganges von einer Logik zu mehreren Logiken erhöht den Druck auf das Unternehmen, da die Sterblichkeit von Organisationen in einer neuen Umwelt steigt (Johnson, 2007). Diese Art von Wandel kann die Identität von Organisationen angreifen und somit eine Unsicherheit erzeugen, die die Organisation in ihrer Arbeit hemmt und zur Umstrukturierung zwingt (Jacobs, Christe-Zeyse, Keegan, & Pólos, 2008). Daraus resultierende neue organisatorische Formen benötigen auch immer eine neue von der Gesellschaft akzeptierte Identität, um Legitimität zu erhalten (Peretti, Negro, & Lomi, 2008).

Der Wandel kann als Weiterentwicklung des Stinchcombe'schen Ansatzes (1965) interpretiert werden. Die originäre Logik muss damit nicht mehr die dominante sein, sondern wird von einer anderen Logik abgelöst. Dieses Vorgehen wird mit der Metapher eines Trojanischen Pferdes umschrieben (Pache & Santos, 2013b). Dabei wird davon ausgegangen, dass hybride Unternehmen über ihre ursprüngliche Logik hinaus Elemente aus der Logik entnehmen, die die Umwelt von ihnen erwartet.

An der Fallstudie von AfB wird darüber hinaus deutlich, dass dieser Wandel auch wieder zur ursprünglichen Logik zurück verlaufen kann, so dass eine Pendelbewegung abgeleitet werden könnte. So wird jetzt wiederum die soziale Logik in den Fokus gerückt, indem eigene CSR-Maßnahmen, wie beispielsweise das Ausstatten von Schulen mit IT-Hardware oder eine eigene Public Relations-Abteilung, institutionalisiert werden.

Unabhängig davon, welche Logik die dominante ist, müssen Unternehmen simultan beiden Logiken gerecht werden, um die an sie gerichteten Erwartungen zu erfüllen. Pache und Santos (2013b) identifizieren drei Strategien von hybriden Organisation, die die Erwartungen von der sozialen und der kommerziellen Logik erfüllen: Entkoppeln, Kompromissfindung und selektives Koppeln. Diese Strategien führen dazu, dass die Organisation Legitimität von beiden Logiken erhält, um so die Überlebenswahrscheinlichkeit zu steigernd. Dabei geht sie von der Logik ihrer Herkunft aus und übernimmt Elemente der anderen Logik. AfB müsste sich also der neuen Logik

öffnen, um marktwirtschaftlich nachhaltig existieren zu können. So vollzog
die Organisation verschiedene Maßnahmen, um der neuen Umwelt gerecht
zu werden.

Beim Entkoppeln setzen Organisationen symbolisch von der Umwelt er-
wartete Maßnahmen um, die in der wirklichen Struktur aber kaum verankert sind. AfB nutzt diese Strategie und führt im Jahr 2008 eine Zertifizierung nach der D    IN ISO 9001 durch, um den Kooperationspartnern Qualität und eine umfassende Dokumentation zu signalisieren. Doch Walgenbach (1998) beschreibt, dass die Effizienzwirkung dieser Zertifizierung
marginal ausfällt und Unternehmen diese nur vornehmen, um eine positive
Wirkung auf ihre Stakeholder auszuüben. Gleichzeitig führte AfB neue Positionen wie einen weiteren Geschäftsführer, der nur für kommerzielle Belange zuständig ist oder eine Public Relations Abteilung ein. AfB trennt
also die normative von der operativen Struktur, um Legitimitätsbedrohun-
gen zu entgehen (Bromley & Powell, 2012). Das heißt, die eigentlichen
Tätigkeiten werden von den zur Umwelt gesendeten Signalen entkoppelt.

Kraatz und Block (2008) sehen in der Kompromissfindung ebenfalls eine
Strategie, um verschiedene Erwartungen aus der Umwelt zu erfüllen. So
verhandelt AfB trotz der sehr diversifizierten Handicaps der Mitarbeiter
regelmäßig mit dem Integrationsamt über Standardisierungen am Arbeitsplatz. Außerdem werden die Mitarbeiter am Unternehmen beteiligt, obwohl
sie nur wenig Mitspracherecht bei Entscheidungen im Unternehmensablauf
ausüben können. Bei der Kompromissfindung erfüllt AfB die kleinstmögli-
chen Erwartungen, um trotzdem noch die Legitimität zu erhalten. Das
Problem besteht für das Social Business bei dieser Strategie, dass es nicht
die höchstmögliche Unterstützung von der Umwelt bekommt.

Beim selektiven Koppeln werden ausgewählte Aktivitäten aus beiden Logiken miteinander kombiniert, um von der gesamten Umwelt Legitimität zu
erhalten. Um neue Kooperationspartner zu gewinnen, mietete das Unternehmen neue Räumlichkeiten mit einer großen Lagerhalle und einer eigenen Produktionsabteilung an. Diese wurden mit effizienter Sicherheitstech-

nik ausgestattet, sodass niemand Fremdes das Werksgelände betreten kann. Die Außendarstellung erfuhr eine radikale Änderung weg von dem Image einer Behindertenwerkstatt zu dem eines professionell organisierten Unternehmens. Außerdem bot diese neue Werkshalle die Möglichkeit des personellen Wachstums, da eine höhere Anzahl von Menschen mit Handicap einen Arbeitsplatz erhalten konnten. Auf der einen Seite wurden die Erwartungen des Staates, mehr Menschen mit Handicap einzustellen erfüllt. Auf der anderen Seite erlangte AfB durch die Professionalisierung eine höhere Legitimität von der kommerziellen Logik. Beide Logiken erwarten also diese Dinge und AfB hat sie miteinander kombiniert und geschickt an die jeweiligen Stakeholder kommuniziert. So erfüllt nun AfB die Erwartungen der kommerziellen Seite und erhielt vermehrt Zuschläge für alte IT-Hardware. Außerdem folgten weitere Zuschüsse des Staates, um mehr Menschen mit Handicap zu beschäftigen. Deshalb ist das selektive Koppeln die bessere Strategie, um den verschiedenen Erwartungen der Umwelt gerecht zu werden.

## 5.1.2 Multiplizität von Logiken innerhalb der Organisation

Nachdem nun die Erwartungen der Umwelt von AfB untersucht wurde, können die Auswirkungen der entgegengesetzten Logiken auf die Struktur der Organisation gezeigt werden. Dacin, Dacin, und Tracy (2011) beschreiben, dass gerade in Social Businesses Konflikte innerhalb der Organisation durch die konkurrierenden Logiken entstehen. Bei der Lösung dieser organisationalen Probleme unterbreiten Forscher verschiedene Vorschläge. So beschreiben McPherson & Sauder (2013), dass diese beiden Denkrichtungen nebeneinander koexistieren, ohne dass ein Konflikt ausgetragen wird oder dass sie einen fortlaufenden Streit ausfechten (Battilana & Dorodo, 2010). Auf der einen Seite entsteht die Argumentation, dass sich das Risiko des Scheiterns der Organisation durch Konflikte erhöht (Tracey, Phillips, & Jarvis, 2011) und auf der anderen Seite identifizieren Forscher eine höhere Innovationskraft und Nachhaltigkeit durch Strukturreibung (Kraatz & Block, 2008).

Besharov und Smith (2014) entwickelten ein Framework, mit dem sie Organisationen nach ihren internen Konflikten klassifizieren. Dafür identifizieren sie zwei Hauptdimensionen: Kompatibilität und Zentralität. Die Kompatibilität erklärt, wie stark die verschiedenen Logiken innerhalb der Organisation in Konkurrenz zueinander stehen. Je stärker diese ausfällt, desto größer wird der Konflikt. Wie oben beschrieben wird AfB durch die kommerzielle und die soziale Logik beeinflusst. Diese beiden Denkweisen unterscheiden sich in ihren Grundwerten fundamental. Auf der einen Seite möchte AfB eine möglichst hohe Anzahl Menschen mit Handicap beschäftigen und auf der anderen Seite einen möglichst hohen Gewinn erzielen. Deshalb sind die bestimmenden Logiken nicht kompatibel zueinander.

Wenn eine Logik den Kern einer Organisation tangiert, dann hat sie einen großen Einfluss auf die Handlungsweisen und kann als zentral bezeichnet werden. Beispielsweise lösen zwei Logiken geringe Konflikte innerhalb der Organisation aus, wenn sie an der Peripherie liegen (Besharov & Smith, 2014). Bei AfB tangieren beide Logiken den Kern der Organisation, weil sie ohne die Legitimität von beiden nicht existieren kann. Deshalb herrscht eine hohe Zentralität. Hierbei wird deutlich, dass bestimmte Positionen jeweils die kommerzielle und die soziale Logik repräsentieren. Bei AfB instanziieren die zwei Geschäftsführer die kommerzielle Logik und die Menschen mit Handicap repräsentieren die soziale Logik.

Besharov und Smith (2014) entwickelten ein Framework für verschiedene Ausprägungen der Kompatibilität und Zentralität, das in Abbildung 25 dargestellt wird. Beide Dimensionen werden als Kontinuum verstanden, in das jede Organisation eingeordnet werden kann. Beispielsweise tritt innerhalb einer Organisation kein Konflikt auf, wenn eine Logik den Kern der Organisation berührt und die andere nicht oder wenn beide Logiken miteinander kompatibel sind.

| | | Grad der Kompatibilität | |
| --- | --- | --- | --- |
| | | Niedrig | Hoch |
| Grad der Zent-ralität | Niedrig | Moderater Konflikt | Kein Konflikt |
| | Hoch | Umfassender Konflikt | Minimaler Konflikt |

Abbildung 25:     Typen der Logikmultiplizität innerhalb von Organisationen (in Anlehnung an Besharov & Smith, 2014: 371)

Bei einer Einordnung von AfB in dieses Framework kann festgestellt werden, dass die beiden Logiken, die in der Organisation vorherrschend sind, eine Inkompatibilität und eine hohe Zentralität aufweisen. Somit entsteht nach dem Framework von Besharov und Smith (2014) ein intensiver Konflikt. Die Mitarbeiter mit Handicap repräsentieren die soziale Logik und die Geschäftsführer die kommerzielle Logik von AfB. Hier entstehen Konflikte, die gelöst werden müssen (Pache & Santos, 2013b) wofür AfB einen entscheidenden Mechanismus entwickelt hat: Die Position des Betriebssozialarbeiters vereint die kommerzielle und die soziale Logik in einer Instanz und harmonisiert deshalb diesen Konflikt innerhalb der Organisation. So müssen entweder die Betriebssozialarbeiter einzeln oder untereinander diesen Konflikt austragen, um die beste Entscheidung für die Organisation zu treffen.

AfB startete als Projekt einer Behindertenwerkstatt und erfüllte deshalb die soziale Logik. Für die kommerzielle Logik mussten erst Strukturen aufgebaut werden. Mittlerweile ist aber eine Synthese aus diesen beiden konkurrierenden Logiken entstanden (Thornton, Jones, & Kury, 2005). So entstand eine neue organisationale Form, die sich an die beiden Logiken angepasst hat (Rao, Monin, & Durand, 2005; Stark, 1996).

## 5.2  Konfigurationstheorie

Dabei wird deutlich, dass die Konfiguration von AfB zu zwei organisationalen Prototypen tendiert: Maschinenbürokratie und missionsorientierte
Organisation. In den folgenden Abschnitten soll die Fallstudie mit der Literatur dieser beiden Konfigurationen reflektiert werden, um so ein besseres
Verständnis für AfB aufzubauen.

### 5.2.1 Maschinenbürokratische Charakteristika von AfB

Um möglichst vielen Menschen mit Handicap die Arbeit bei AfB zu ermöglichen, erfolgt eine hohe Standardisierung der Arbeitsprozesse. Dies
stellt den wichtigsten Koordinationsmechanismus einer Maschinenbürokratie dar und begründet damit die Einordnung von AfB in diese prototypische
Konfiguration.

Der Begriff Maschinenbürokratie entstand im 19. Jahrhundert und setzt
sich zusammen aus den Worten Maschine und Bürokratie. Durch den Einsatz von Maschinen und die damit einhergehende Mechanisierung der Produktion entstanden Routinen, die den Produktionsprozess vereinfachten
und das Effizienzziel in den Vordergrund stellten (Kern, 1992). Gleichzeitig erschafft die Bürokratisierung eine Routine in der Administration einer
Organisation (Morgan, 2006). Organisationen wurden im Folgenden in Anlehnung an Maschinen entworfen und bürokratische Organisation genannt[2].
Taylor wendete die Grundgedanken der Bürokratie an und entwarf so das
*Scientific Management.* Er stellt fünf grundsätzliche Prinzipien auf, die auf
Spezialisierung und Arbeitsteilung beruhen und der Homo Economicus
These entsprechen (Taylor, 1911):

1. Übernahme der Verantwortung für den Arbeiter durch den
   Vorgesetzten

2. Einsatz von wissenschaftlichen Methoden

3. Auswahl des Mitarbeiters, der am besten auf die Stelle passt

---

[2] Die Begriffe Maschinenbürokratie und Bürokratie werden im Folgenden synonym verwendet.

4. Weiterbildung der Arbeiter für mehr Effizienz

5. Überwachung der Arbeitsleistung

Das *Scientific Management* wird zur Optimierung in der Produktion angewendet. Im Gegensatz dazu fokussiert die *Administrative Management* Literatur eher auf die strukturellen Beziehungen zwischen der Produktion, dem Personalmanagement und anderen Abteilungen. Die Effizienz wird durch Spezialisierung und Abteilungsbildung maximiert (Simon, 1976).

Der Bürokratieansatz greift diese beiden Richtungen auf und entwickelt leistungsfähige Strukturen, die durch festgesetzte Regeln charakterisiert sind. Wobei das Bürokratiemodell von Weber nicht mit dem Maschinenmodell gleichgesetzt werden kann. Er beruht auf gut ausgebildetem Personal in der Administration und einer auf Dauer eingerichteten Verwaltung (Weber, 1956). Dieses gut ausgebildete Personal besitzt die rationale Kompetenz zur Anleitung und Verteilung der anfallenden Aufgaben. Die dadurch entstehende legale Autorität dient als Grundlage für die Aktivitäten in Organisationen (Walton, 2005).

## 5.2.1.1 Standardisierung der Arbeit

Wie in der Maschinenbürokratie herrscht bei AfB eine hohe Standardisierung der Arbeitsprozesse. Die verschiedenen Arbeitsschritte werden in möglichst kleine Teile zerlegt, um eine Vereinfachung der Aufgaben vorzunehmen und einer Überforderung der Mitarbeiter entgegenzuwirken. Die Mitarbeiter dulden nicht nur die vielen Standardisierungen in der Produktion, sondern sie sind durch verschiedene psychische oder geistige Beeinträchtigungen darauf angewiesen, dass die Arbeit so einfach wie möglich gehalten wird. Somit unterscheidet sich die Intention der Standardisierung bei AfB stark von dem reinen Effizienzziel der Maschinenbürokratie, jedoch besitzt AfB dadurch den gleichen Hauptkoordinationsmechanismus wie die Maschinenbürokratie. Diese Standardisierung wird durch die Bildung von festen Routinen und Regeln erreicht, die durch die PPS-Software unterstützt werden.

Die expliziten Routinen beinhalten neben den kleinschrittigen Arbeitsabläufen auch exakte Pausenzeiten oder feste Plätze für Hilfsgeräte am Arbeitsplatz. Die Einhaltung der zeitlichen und ordnungsbezogenen Vorgaben
wird von den Mitarbeitern erwartet, da nur so ein reibungsloser Arbeitsablauf zu gewährleisten ist. Negative Effekte der Standardisierung, wie der
Verlust der Motivation der Mitarbeiter (Morgan, 2006), müssen mit dem
Nutzen der Standardisierung abgewogen werden. Die Mitarbeiter mit Handicap bei AfB sprechen jedoch insbesondere auf die Motive der Integration
in den Arbeitsalltag sowie der Vermeidung von Überforderung an, so dass
die negativen Auswirkungen der Standardisierung bei AfB vergleichsweise
gering ausfallen. Diese Standardisierung der Arbeit tritt am häufigsten im
operativen Kern auf und ist von der Organisation zu entwickeln und stetig
anzupassen. Diese Arbeit übernimmt die Technostruktur.

Der Technostruktur kommt bei AfB eine große Bedeutung zu, da hier die
Standardisierungen für den operativen Kern entwickelt und umgesetzt werden. So obliegt einer besonderen IT-Abteilung ausschließlich die Aufgabe,
die PPS-Software zu verwalten und weiterzuentwickeln. Bei der Entwicklung und Umsetzung der Standardisierungen kooperiert diese Abteilung mit
dem Betriebssozialarbeiter, da allein er eine Einschätzung der Auswirkungen der verschiedenen Beeinträchtigungen auf den Arbeitsalltag vornehmen kann. Daraus resultiert, dass der Betriebssozialarbeiter auch eine zentrale Rolle in der Technostruktur einnimmt.

### 5.2.1.2 Gestaltungsparameter

Neben der Standardisierung besitzt das Social Business eine hohe Aufgabenspezialisierung. Die Aufgaben werden tayloristisch strukturiert, d. h. in
eine Vielzahl kleiner Tätigkeiten aufgeteilt, die verschiedenen Mitarbeitern
zugeordnet sind. Jeder Mitarbeiter entwickelt sich so zu einem Spezialisten
für sein Aufgabenspektrum. Gleichzeitig erfahren die Arbeitsplätze eine
Spezialisierung, die den Mitarbeitern mit Handicap entsprechen und für
diese notwendig sind (Ulich & Wülser, 2012). Durch die damit einhergehende reduzierte Aufgabenkomplexität können höhere Lerneffekte der Mitarbeiter und Qualitätssteigerungen realisiert werden (Pfeiffer, Dörrie, &

Stoll, 1977). Gleichzeitig führen geringere Anlernzeiten dazu, dass der Qualifikation der Mitarbeiter eine geringere Bedeutung zugemessen werden kann und der Zugang zu den Aufgaben leichter möglich ist. Dies sind Vorteile, die AfB insbesondere in Bezug auf die Mitarbeiter mit Handicap nutzen kann.

Dadurch erhöhen sich jedoch auch die Arbeitsschritte innerhalb des operativen Arbeitsflusses. Es entsteht eine starke horizontale Aufgabenspezialisierung, die ausschließlich im operativen Kern vorherrscht und die maschinenbürokratischen Eigenschaften von AfB betont. Die in der Literatur (z. B. (Frese, 1976)) beschriebenen Nachteile dieser Spezialisierung wie Monotonie, einseitige Beanspruchung und Entfremdung vom Arbeitsergebnis werden bei AfB nicht auftreten, da die Menschen mit Handicap spezielle Verhaltensmuster zeigen, bei denen kein Motivationsverlust durch Spezialisierung beobachtbar war. In den weiteren Bereichen der Organisation ist im Vergleich zum operativen Kern eine geringere Spezialisierung zu verzeichnen, die der Organisationsform der Einfachstruktur ähnelt.

Eine effiziente Arbeitsstandardisierung und Spezialisierung entstehen aus organisatorischen Regeln und Informationsflüssen und stellen wichtige Charakteristika der Maschinenbürokratie und von AfB dar. Aus spezifischen Stellebeschreibungen, Regeln und Regularien entsteht eine Verhaltensformalisierung (Mintzberg, 1979). So ist jeder Arbeitsplatz durch eine ausführliche bebilderte Anweisung beschrieben, die die Position und die Arbeitsabläufe vermerkt und allgemein verständlich formuliert ist. Weiterhin sind verschiedene Regeln und Vorschriften formuliert worden, die unternehmensweite Gültigkeit besitzen. Diese Spezifikationen der Positionen, Abläufe und Regeln werden von den Mitarbeitern in der Technostruktur erzeugt. So kann die Unsicherheit der Mitarbeiter reduziert werden, um deren Verhalten besser vorherzusagen und zu kontrollieren (Mintzberg et al., 2003). Dies ist insbesondere in Bezug auf Menschen mit Handicap von Bedeutung, die eine leistungs- und fähigkeitsadäquate Zuordnung der Arbeitsplätze zur Erledigung ihrer Aufgaben und zur Integration in den ersten Arbeitsmarkt benötigen (Brandenburg & Nieder, 2009; Schmal & Niehaus, 2004).

Weiterhin gibt die Durchführung von Trainings zur Unterstützung der Arbeitsstandardisierung einen Hinweis auf maschinenbürokratische Organisationen. Bei AfB werden insbesondere Trainings für die Zielgruppe der Mitarbeiter des operativen Kerns angeboten, in denen die Arbeitsabläufe sowie die Benutzung der PPS-Software ausführlich erläutert werden. Auch in diesem Gestaltungsparameter wird die Einordnung von AfB in die Maschinenbürokratie deutlich.

### 5.2.1.3 Situative Faktoren

Morgan (2006) argumentiert, dass bestimmte Bedingungen existieren, in denen eine Bürokratie am besten funktioniert:

- Die Aufgabe ist eindeutig und unkompliziert.

- Die Umwelt ist ausreichend stabil.

- Das gleiche Produkt wird häufig hergestellt.

- Es herrscht hohe Präzision.

- Die Mitarbeiter akzeptieren eine hohe Standardisierung.

Bei einem Vergleich dieser fünf Bedingungen mit der Organisation von AfB fällt auf, dass die Arbeitsbedingungen von AfB durch diese fünf Eigenschaften gut beschrieben werden. Die Mitarbeiter mit Handicap erhalten möglichst unkomplizierte Aufgaben, die möglichst frei vom eigenen Ermessungsspielraum sind. Die Produkte ähneln einander stark und die Aufgaben sind präzise beschrieben. Die Organisation von AfB als Maschinenbürokratie ist demnach auch aus theoretischer Sicht zielführend.

Die Standardisierungen und Automatisierungen bedingen eine nur träge Anpassung an sich ändernde Umweltbedingungen (Hannan & Freeman, 1984). Jede Einflussnahme von außen verhindert somit das optimale Funktionieren der Organisation. Deshalb gelangen Maschinenbürokratien eher in stabilen (oder durch die Unternehmen stabilisierten) Umwelten zum Einsatz (Mintzberg et al., 2003). Bei der Beschreibung der Umwelt von AfB muss insbesondere zwischen dem Beschaffungsmarkt und dem Absatzmarkt unterschieden werden. Beim Beschaffungsmarkt kooperiert AfB mit anderen Unternehmen, die ihre nicht mehr benötigte Hardware im Austausch für die Datenlöschung und ein CSR-Zertifikat zur Verfügung stellen. Auf dem Absatzmarkt arbeitet AfB in der IT-Branche, die in vielen Bereichen eher als dynamisch und komplex eingestuft werden kann. Doch im Fall von AfB ähneln sich die Produkte, die weiterverarbeitet werden, stark, so dass es jeweils wenige Anpassungen geben muss. Hierbei können drei Hauptgruppen (Computer, Drucker und Monitore) unterschieden werden, die jeweils fast homogen sind. Deshalb kann die Branchenumwelt von AfB als stabil beschrieben werden. Dies ist jedoch eine Notwendigkeit, da die Menschen mit Handicap andernfalls der Überforderung ausgesetzt wären. Hier zeigt sich ebenfalls, dass eine stabile Umwelt die bürokratischen Strukturen unterstützt: In der Produktion von AfB werden nur wenige Anpassungen notwendig, falls bisher unbekannte Hardware betreut werden muss.

Bei der Ausgestaltung der Konfiguration von AfB nehmen auch einige externe Einflussfaktoren eine entscheidende Rolle ein. Der Staat übt durch seine Gesetze großen Einfluss auf die Organisation aus. Für AfB existiert eine Vielzahl von Regularien, wie beispielsweise eine Barrierefreiheit oder die Schaffung von unterstützenden Positionen, die vom Staat auferlegt werden (siehe Abschnitt 4.1.3). Die Auseinandersetzung mit diesen rechtlichen Grundlagen muss sorgfältig und intensiv erfolgen, da das Überleben der Organisation sowie die erfolgreiche Integration der Menschen mit Handicap in das Arbeitsleben hiervon abhängen (Ulich & Wülser, 2012). Das Einhalten dieser Gesetzte zwingt AfB u. a. dazu, viele Dinge nicht nur aus der betriebswirtschaftlichen, sondern auch aus der sozialen Richtung zu betrachten. Diese staatlichen Richtlinien verhelfen den Betriebssozialarbeitern zu einer starken Machtposition (siehe oben), die zu Konflikten innerhalb der Organisation führen kann. Die strategische Spitze tendiert dazu, Entscheidungen aus Effizienz- oder Finanzgründen zu treffen, wogegen die Betriebssozialarbeiter vorrangig die menschliche Ebene betrachten (Loidl-Keil, 2005). Diese Interessenkonflikte werden durch die staatlichen Vorgaben noch verstärkt.

Durch das föderale System in Deutschland gilt darüber hinaus in jedem Bundesland eine andere Rechtsprechung bezüglich der Menschen mit Handicap, so dass von AfB entsprechend verschiedene Richtlinien einzuhalten sind. Diese Gesetze und Richtlinien sind durch AfB bei der Arbeit zu berücksichtigen, da sonst einerseits die Beschäftigung von Menschen mit Handicap unmöglich wäre und andererseits wichtige Fördermaßnahmen wegfielen. Hieraus resultiert, dass die Personalplanung jeder Filiale an den Gesetzen seines Bundelandes ausgerichtet wird. Dabei wird eine enge Zusammenarbeit mit den Betriebssozialarbeitern realisiert, die die Experten auf diesem Gebiet verkörpern. Diese starken externen Einflussfaktoren unterstützen weiterhin die Bürokratisierung der Organisation AfB und führen zu einer weiteren Zentralisierung der Machtbefugnisse (Mintzberg, 1979). Innerhalb der Organisation ist eine Vielzahl der Machtbefugnisse in der strategischen Spitze konzentriert, jedoch weist AfB auch eine dezentralisierte Macht auf, die bei den Betriebssozialarbeitern angesiedelt ist.

Durch das Streben nach Standardisierung wird Effizienz zum dominanten Ziel bürokratischer Organisationen, die deshalb automatisierte Produktionstechnologien einsetzen (Mintzberg, 1979). Die Produktion von AfB und die dort verwendete Technologie kann nach der Art der Outputerzeugung zwischen Einzelfertigung und Massenfertigung eingeordnet werden. Die Produkte unterscheiden sich ausschließlich in Details, wie beim Prozessor oder dem Arbeitsspeicher. Die Fertigungstechnik orientiert sich an der ablaufgebundenen Werkstattfertigung, bei der die Aufgabenerledigung eine aufeinander abgestimmte Reihenfolge besitzt (Prozessfolgeprinzip), die Anordnung jedoch nach dem Verrichtungsprinzip vorgenommen wurde (Kilger, 1986). Der Prozess bei AfB startet beim Wareneingang, führt über die Erfassung und Datenlöschung bis hin zur Aufarbeitung und Säuberung der IT-Hardware. Die Gleichartigkeit der Produkte begünstigt diese Form der Fertigungstechnik, da die einzelnen Verrichtungen in den Abteilungen sich auch bei einem anderen Modell kaum unterscheiden (Kieser & Walgenbach, 2010; Kilger, 1986). Durch die verwendete PPS-Software erfolgt eine Unterstützung der Planung und Abstimmung der einzelnen Produktionsprozesse. So kann von einem regulierenden technischen System ausgegangen werden, das wiederum ein Merkmal der Maschinenbürokratie darstellt.

## 5.2.1.4 Weitere empirische Untersuchungen

Verschiedene empirische Untersuchungen erweitern das Bild auf die Maschinenbürokratie und ergänzen so die zuvor genannten Erkenntnisse (Crozier, 1964; Pugh et al., 1968).

Nach Weber (1956) schafft die Bürokratie starre Strukturen, die nur durch hohen Aufwand verändert werden können. Sie sind somit schwer zerstörbar (Walton, 2005) und gehen mit der Gefahr einher, eine schnelle Anpassung der Organisation an sich ändernde Umweltbedingungen zu erschweren bzw. zu verhindern (Morgan, 2006). Die Instanzen und Beziehungen der Mitglieder innerhalb einer Bürokratie können als Institutionen angesehen werden, die als selbstverständlich hin genommen werden (Zucker, 1977). Diese Institutionen (wie beispielsweise die Geschäftsleitung oder der Betriebssozialarbeiter) besitzen unterschiedliche Machtbefugnisse. Die strategische Spitze nutzt die durch ihre Position begründete (formale) Autorität, um die langfristigen Ziele der Organisation zu definieren und gegenüber den Mitarbeitern durchzusetzen (Fairholm, 2009). Die strategische Spitze bei AfB entscheidet in Zusammenarbeit mit den jeweiligen Vorgesetzten über ihr hierarchisches Potential über die Entlohnung, Anreizsysteme, Arbeitsbedingungen oder die Arbeitsaufteilung in den Abteilungen. Diese Strukturen sind auch bei AfB nur schwer änderbar und die maschinenbürokratischen Merkmale von AfB werden weiter deutlich. Es ist jedoch anzumerken, dass AfB durch einige Besonderheiten, wie z. B. die Position des Betriebssozialarbeiters, eine Anpassung an Änderungen der Umwelt trotz starrer Strukturen durchführen kann und die negativen Effekte der Starrheit vergleichsweise geringen Einfluss ausüben.

Diese Organisationsform betont also die hierarchischen Strukturen und stellt einen Bezug zu Autorität und Verantwortung her (Blau, 1955). Diese hierarchische Struktur kann bei AfB nur zum Teil für die Menschen mit Handicap beobachtet werden. Die Standardisierung der Arbeit verhilft bei AfB zu einer bürokratischen Kontrolle und einer einfacheren Koordination

(Walton, 2005). In der Literatur wird konstatiert, dass die Intensität der Überwachung hierdurch abnimmt, da Mitarbeiter ihre Arbeit genau kennen und somit weniger Störungen auftreten (Baron, Burton, & Hannan, 1999). Doch einige Mitarbeiter mit Handicap benötigen hierarchische Strukturen mit einer direkten Überwachung durch ihren Vorgesetzten, da ihre Arbeit aufgrund ihrer Beeinträchtigungen kontinuierlich überprüft werden muss. Diese Überprüfung und Kontrolle wird allerdings nicht ausschließlich von der direkten Führungskraft übernommen, sondern auch vom Betriebssozialarbeiter. Durch seine pädagogische Ausbildung und das Wissen über die verschiedenen Beeinträchtigungen der Mitarbeiter ist er in vielen Situationen besser geeignet, direkte Anweisungen zu geben. Er besitzt daher im operativen Kern neben seiner Funktion als Abteilungsleiter eine direkte Weisungsbefugnis. Das heißt, alle Mitarbeiter arbeiten durch die oben aufgezeigten Routinen selbständig, bis es zu einem nicht vorhergesehen Ereignis kommt, dass das Eingreifen eines Vorgesetzten erfordert. Dies kann bei AfB entweder der Abteilungsleiter oder der Betriebssozialarbeiter sein. Demzufolge existiert bei AfB eine doppelte direkte Überwachung durch den Vorgesetzten und den Betriebssozialarbeiter.

Somit existiert eine Hierarchie aufgrund des Stellengefüges und gleichzeitig durch die exklusiven Informationen des Betriebssozialarbeiters. Diese können als formelle und informelle Hierarchie bezeichnet werden (Diefenbach & Sillince, 2011). Die Betriebssozialarbeiter machen einmal pro Tag einen Rundgang durch die Abteilungen des operativen Kernes, unterhalten sich mit den Mitarbeitern über Probleme und geben entsprechende Anweisungen, diese zu beheben.

Neben der direkten Kontrolle durch die Vorgesetzten oder den Betriebssozialarbeiter gelangen bei AfB auch computergestützte Systeme zur Planung und Kontrolle zum Einsatz. Dies ist im operativen Kern stark ausgeprägt, da hier die meisten Mitarbeiter mit Handicap arbeiten und somit beispielsweise über die PPS-Software eine Kontrolle der Arbeit vollzogen werden kann.

Neben diesen hierarchiebezogenen Aspekten sind auch die Gruppierung von Einheiten und die Abteilungsbildung bei AfB näher zu untersuchen.

Auf der einen Seite erfolgt eine funktionale Abteilungsbildung in der Zentrale, bei der zusammenhängende Aktivitäten zu einer Abteilung zusammengefasst werden, wie es in bürokratischen Organisationen normalerweise ebenfalls vorkommt (Mintzberg et al., 2003). So können sich die Mitarbeiter mit Handicap vollständig auf ihre Aktivitäten konzentrieren, ohne die präzisen Ziele der Organisation zu kennen. Diese Zielkenntnis führte zu einer Überforderung einiger Mitarbeiter. Auf der anderen Seite erfolgt eine Gruppierung nach Orten. Es werden jeweils dort Filialen mit allen Funktionsbereichen eröffnet, an denen genügend Kooperationspartner gewonnen wurden. Die jeweiligen Filialen sind so klein, dass es dort meist keine Abteilungsleiter sondern nur einen Filialleiter gibt. Trotzdem kann die funktionale Ausrichtung als Hauptgruppierungsmechanismus angesehen werden, bei dem hauptsächlich Interdependenzen bezüglich der Prozesse und der Arbeitsflüsse auftreten (Mintzberg et al., 2003). Bei AfB treten im operativen Kern noch zusätzliche soziale Interdependenzen bezüglich der zwischenmenschlichen Arbeitsbeziehungen auf. Die Abteilungsbildung ist stark vom Charakter der einzelnen Mitglieder abhängig (siehe Abschnitt 4.2.2). Es kann bei AfB also zu den für Maschinenbürokratien typischen Konflikten zwischen den Interessen der Organisation und der Mitarbeiter kommen (Morgan, 2006). Hierbei ist zu bemerken, dass AfB darauf abzielt, die sozialen Interdependenzen aufzulösen und damit nicht eindeutig der Maschinenbürokratie zuzuordnen ist.

Zusammenfassend lässt sich feststellen, dass AfB eine Vielzahl von Eigenschaften der Maschinenbürokratie aufweist, jedoch insbesondere die in der Literatur bekannten negativen Auswirkungen der starren Unternehmensstrukturen, der konfligierenden Interessen und der Standardisierung bei AfB nicht beobachtet werden können. AfB ähnelt in diesen Bereichen eher der missionsorientierten Konfiguration, die im Folgenden dargestellt wird.

## 5.2.2 Missionsorientierte Charakteristika von AfB

### 5.2.2.1 Unternehmenskultur

Die missionsorientierte Organisation wird insbesondere durch die Unternehmenskultur[3] geprägt (Mintzberg et al., 2003). Das Kulturkonzept lehnt sich an das Forschungsfeld der Anthropologie an (Sackmann, 1992). Hierbei wurden beispielsweise das Management einer Organisation als symbolische Aktivität (Pfeffer, 1981) oder die gesamte Organisation mit ihren Symbolen, Legenden oder Geschichten betrachtet (Martin & Powers, 1983). Kultur kann somit als die Wurzel einer Organisation angesehen werden, in der die allgemeinen Verhaltensweisen abgespeichert sind (Smircich, 1983). Neben den harten Erfolgsfaktoren wie Strategie und Struktur einer Organisation konnten sich nun auch die weichen Faktoren mit der Unternehmenskultur durchsetzen, wodurch sich die Rolle des Individuums verstärkte (Schmidt, 2008). Das Interesse an diesem Forschungsgebiet stieg durch die wachsende globale Vernetzung, die Konzentration von Unternehmen und die hieraus resultierenden Integrationsprobleme (Sackmann, 2004). Bei dem Versuch, Unternehmenskultur zu definieren, wird deutlich, dass dieser Begriff in der Literatur vielseitig verwendet und dadurch auch zahlreich definiert wurde. Osterhold (2000) definiert mit dem Unternehmensprofit, der Kundenzufriedenheit und der Mitarbeiterzufriedenheit die Eckpfeiler der Unternehmenskultur. Erfolgreiche Unternehmen benötigen die richtige Balance zwischen diesen drei Faktoren. Sackmann (2004) beschreibt Unternehmenskultur wiederum als die Gesamtheit der grundlegenden Überzeugungen aller Personen im Unternehmen. Diese Grundsätze dienen als Orientierung und steuern das kollektive Verhalten (Steinmann & Schreyögg, 2005). Schmidt (2008: 176) sieht die Unternehmenskultur eher als philosophisches, „sinnbezogenes Problemlösungsprogramm, das ein Unternehmen erst zu einem Unternehmen macht". Weiterhin wird die Unternehmenskultur über Komponenten wie Werte, Annahmen oder Überzeugungen (Schein, 1985) definiert, so dass unter Unternehmenskultur die Gesamtheit der Normen und Werte verstanden werden

---

[3] Ideologie und Unternehmenskultur sollen im Folgenden als Synonyme verwendet werden.

kann, die das Verhalten der Mitglieder der Organisation prägen (Ebers, 1988; Schreyögg, 2000). Deshalb kann das Unternehmenskulturkonzept nur schwer operationalisiert werden (Sackmann, 1992).

Die eben beschriebenen Werte und Normen, die die Unternehmenskultur ausmachen, werden bei AfB durch die Mitarbeiter und die Geschäftsführung geformt. Die Geschäftsführer von AfB beeinflussen die Kultur, da durch sie eine soziale Mission in der Organisation entsteht, die Werte wie gegenseitige Rücksichtnahme und Vertrauen entstehen lassen. Hierbei übernimmt der Gründer des Unternehmens eine Vorbildfunktion für viele Mitarbeiter, indem er bestimmte Verhaltensweisen vorlebt und die Kultur so entscheidend beeinflusst. Einer der wichtigsten Werte von AfB ist die gegenseitige Rücksichtnahme. Falls ein Angestellter Hilfe benötigt, wird ihm durch seine Kollegen die notwendige Unterstützung gewährt. Die Mitarbeiter sind sich der Situation bewusst, dass unterschiedliche Niveaus der Leistungsfähigkeit eine entsprechende Rücksicht verlangen. Die Standardisierung der Normen über die Ideologie bildet somit eine Grundlage der Koordination von AfB, die häufig kein direktes Eingreifen durch den Vorgesetzten erfordert.

## 5.2.2.2 Gestaltungsparameter

Die missionsorientierten Organisationen sind durch den Gestaltungsparameter der Dezentralisierung gekennzeichnet (Mintzberg et al., 2003). Durch die staatlichen Richtlinien der Schweigepflicht besitzen nur die Betriebssozialarbeiter die Informationen über die Handicaps der Mitarbeiter. Sie konzentrieren personenspezifisches Wissen, das für das Personalmanagement der Menschen mit Handicap unerlässlich ist. Die Betriebssozialarbeiter besitzen deshalb eine Expertenmacht bezüglich der Menschen mit Handicap, die sie gegenüber der strategischen Spitze geltend machen können (Fairholm, 2009). Dies führt zu einer Dezentralisierung von Entscheidungen. Gleichzeitig können hierbei Divergenzen zwischen den Machtpositionen des Betriebssozialarbeiters und der strategischen Spitze entstehen, die sich abhängig von der machtpolitischer Situationen innerhalb der Organisation entscheiden (Ammeter, Douglas, Gardner, Hochwarter, & Ferris,

2002). Durch die Aktivität der Betriebssozialarbeiter in verschiedenen Elementen der Organisation erfolgt eine (auf die Menschen mit Handicap begrenzte) Dezentralisation: Durch seine Funktionen im Hilfsstab und in der Technostruktur entsteht eine horizontale und durch seine Position als Abteilungsleiter eine vertikale Machtaufteilung. Auf diese Macht kann der Experte zwar nicht immer zurückgreifen, da diese situationsgebunden ist (Reihlen & Lesner, 2012). Insgesamt stellt sein Expertenwissen jedoch für AfB einen kritischen Faktor dar, der als informelle Machtquelle innerhalb der Organisation bezeichnet werden kann.

Die Dezentralität von AfB kann weiterhin durch die Betrachtung der Filialleiter begründet werden. Die Filialleiter besitzen hohe Machtbefugnisse, da die jeweils betreuten regionalen Bereiche unabhängig von der Zentrale arbeiten. Sie besitzen ein Netzwerk aus Kundenkontakten, die zum großen Teil auf persönlicher Basis beruhen. Die Filialleiter weisen damit eine Beziehungsmacht auf, da bei ihrem Austritt das persönliche Netzwerk verloren ginge (Walter & Gemünden, 1998). Die dezentralen Strukturen von AfB und die damit einhergehende Autonomie der Mitarbeiter bei der Entscheidungsfindung sind somit entscheidende Kriterien, AfB in die missionsorientierte Organisationsform einzuordnen.

Eine weitere Eigenschaft, die AfB mit missionsorientierten Unternehmen gemein hat, ist die regelmäßige Durchführung von Trainings, die die Normen der Organisation stützen. Um die Filial- und Abteilungsleiter stärker für die Bedürfnisse ihrer Mitarbeiter zu sensibilisieren, bietet AfB als Teil der Kultur regelmäßige Seminare und Workshops an. Diese werden entweder von den Betriebssozialarbeitern oder von externen Experten durchgeführt. Durch Rollenspiele oder kleine Fälle werden die Führungskräfte in konfliktreiche Situationen versetzt und müssen in Gruppenarbeiten Lösungen finden. Anschließend werden diese Lösungen präsentiert und diskutiert.

Die Koordination über die Unternehmenskultur und die regelmäßigen Trainings können als organisationsspezifische Sozialisationsprozesse interpretiert werden, die eine Stärkung der Identifikation der Mitarbeiter mit dem Unternehmen bewirken. Dies führt dann zu einer gemeinsamen Identität, die durch die Unternehmenskultur geschaffen wird (Ashforth & Mael, 1989). Durch die Sozialisation und entsprechende Selektion bei der Personalauswahl entsteht bei AfB eine homogene Gesamtheit der Mitarbeiter (Alvesson & Kärreman, 2006). Diese Eigenschaften verbinden wiederum AfB mit der missionsorientierten Organisationsform.

Weiterhin sind die Berücksichtigung der sozialen Interdependenzen und die Nutzung vielfältiger Kontaktsysteme Eigenschaften, die der missionsorientierten Organisation zugeschrieben werden. Bei AfB wird die Abteilungsbildung insbesondere im operativen Kern aufgrund von persönlichen Eigenschaften der Mitarbeiter vorgenommen, da die Berücksichtigung der Charaktere der Mitarbeiter insbesondere für Menschen mit Handicap von Bedeutung für eine erfolgreiche Aufgabenerfüllung ist. Diese Beachtung der sozialen Interdependenzen wird noch gestärkt, indem eine Vielzahl von Kontaktsystemen genutzt wird. Hierzu zählen regelmäßige Treffen, in denen Mitarbeiter ihre Sorgen und Ängste kommunizieren können, und die Möglichkeit informeller Anpassungen über den Betriebssozialarbeiter. Es kann also festgestellt werden, dass AfB aufgrund zahlreicher Gestaltungsparameter in die missionsorientierte Konfiguration eingeordnet werden kann.

### 5.2.2.3 Situative Faktoren

Organisationen streben danach, ihre Aktivitäten und ihre Struktur an die Erwartungen der Gesellschaft anzupassen (Dowling & Pfeffer, 1975). Diese Anpassung führt zu einer Legitimierung der Handlungen. In den letzten Jahrzenten zeigt sich die gestiegene Erwartung an Organisationen, sich gesellschaftlich zu engagieren (Hiß, 2006). Durch das Ziel, möglichst vielen Menschen mit Handicap eine Anstellung zu verschaffen, erhält AfB eine besondere Legitimität von der Gesellschaft, da diese das Engagement stark honoriert (vgl. Kapitel 5.1). Vor dem Hintergrund des Einflusses der staatlichen Vorgaben wirken damit diffuse externe Einflüsse auf die Organisation von AfB und nähern diese der Missionsorganisation an.

Missionsorientierte Organisationen sind weiterhin häufig alt und weisen geringe Mitarbeiterzahlen auf. Weiterhin sind sie durch eine einfache, jedoch dynamische Umwelt gekennzeichnet und weisen auch ein einfaches technisches System auf. Somit können kaum weitere Gemeinsamkeiten der situativen Faktoren der missionsorientierten Organisation und AfB festgestellt werden. AfB ist daher nicht eindeutig der missionsorientierten oder der maschinenbürokratischen Organisation zuzuordnen.

## 5.2.3 Entwicklung einer Konfiguration für AfB

### 5.2.3.1 Konfiguration von AfB mit Hilfe der Elemente nach Mintzberg

Es kann konstatiert werden, dass AfB keiner der dargestellten prototypischen Konfigurationen von Mintzberg (1979) zugeordnet werden kann. Dies liegt darin begründet, dass jeweils nur eine begrenzte Anzahl an Eigenschaften übereinstimmt und andere wiederum gegenteilig ausgeprägt sind. Bei AfB sind also zwei entgegengesetzte Tendenzen beobachtbar, die sich in der Maschinenorganisation bzw. in der missionsorientierten Organisation widerspiegeln: Dem nach dem Effizienzziel strebenden Prozess der Standardisierung steht die Ideologie gegenüber, die den Mitarbeitern durch gemeinsame Normen und Werte ein starkes Gefühl des Miteinanders verleiht. In Abbildung 26 sind die Hauptkoordinationsmechanismen, die Gestaltungsparameter und die situativen Faktoren von der Maschinenbürokratie, der Missionsorganisation und von AfB vergleichend gegenübergestellt.

| | | Maschinenbürokratie | Missionsorientierte Organisation | AfB |
|---|---|---|---|---|
| **Koordination und Elemente** | Wichtigster Koordinationsmech anismus | Standardisierung der Arbeit | Standardisierung der Normen | Standardisierung von Arbeit und Normen |
| | Wichtigstes Organisationseleme nt | Technostruktur | Ideologie | Betriebssozialarbeiter als Teil von Technostruktur und Ideologie |
| **Gestaltungsparameter** | Spezialisierung | Hoch | Gering | Hoch im operativen Kern |
| | Formalisierung | Hoch | Gering | Hoch im operativen Kern |
| | Training | Hoch als Mittel zur Arbeitsstandardisierung | Hoch als Mittel zur Normstandardisierung | Hoch als Mittel zur Arbeits- und Normstabilisierung |
| | Sozialisation | Geringe Identifikation mit dem Unternehmen, geringe Autonomie der Mitarbeiter | Hohe Identifikation mit dem Unternehmen, hohe Autonomie der Mitarbeiter | Hohe Identifikation mit dem Unternehmen, geringe Autonomie der Mitarbeiter im operativen Kern |
| | Bildung von Abteilungen | Arbeitsfluss- und Prozessinterdependenzen | Sozial- und Prozessinterdependenzen | Sozialinterdependenzen im operativen Kern |
| | Planungs- und Kontrollsysteme | Institutionalisiert | Individuell | Individuell und institutionalisiert |
| | Kontaktinstrumente | Wenige | Vielfältig | Vielfältig |
| | Dezentralisierung | Gering (limitiert horizontal) | Hoch | Gering (limitiert vertikal und horizontal) |
| **Situative Faktoren** | Alter und Größe | Alt und groß | Mittelalt und klein | Jung und Mittelstand |
| | Umwelt | Einfach und stabil | Einfach und dynamisch | Einfach und stabil |
| | Machtstruktur | Hoher externer Einfluss | Diffuser externer Einfluss | Hoher externer Einfluss |
| | Technisches System | Regulierendes technisches System | Simpel oder nicht vorhanden | Regulierendes technisches System |

Abbildung 26:     Vergleich von AfB mit der Maschinenbürokratie und der Missionsorganisation

Anhand dieser Gemeinsamkeiten und Unterschiede kann zusammenfassend festgestellt werden, dass AfB trotz punktueller Ähnlichkeiten keiner dieser beiden Prototypen von Mintzberg (2003) zugeordnet werden kann. Hieraus entsteht die Notwendigkeit, eine neue Konfiguration für AfB zu entwickeln. Dieser Herausforderung soll zunächst durch eine Rekombination der verschiedenen konfigurationstheoretischen Merkmale nach Mintzberg

(1979) begegnet werden. Die Ausgestaltung der sechs Elemente von AfB kann wie folgt konkretisiert werden:

1. Ein Großteil der Macht ist in der strategischen Spitze konzentriert.

2. Die mittlere Ebene ist nur schwach in Form der Filialleiter ausgeprägt.

3. Der operative Kern ist durch Standardisierung und Spezialisierung stark ausgeprägt und enthält die Mehrheit der Menschen mit Handicap.

4. Eine stark ausgeprägte Technostruktur entwickelt die Standardisierung für den operativen Kern.

5. Der gering ausgeprägte Hilfsstab bietet Beratungsleistungen für die Führungskräfte an.

6. Die Ideologie ist von großer Bedeutung und übernimmt einen Hauptteil der Koordination über die Standardisierung der Normen.

Eine geeignete Zusammenstellung der Organisationselemente von AfB führt zu der in Abbildung 27 dargestellten Gestalt.

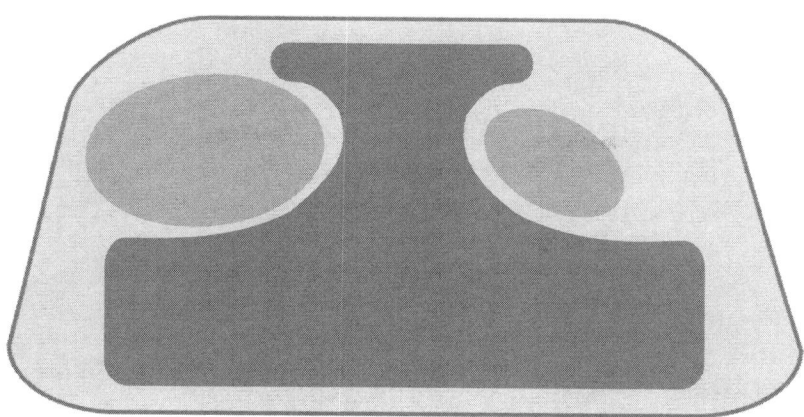

Abbildung 27:     Konfiguration   von   AfB   (Weiterentwicklung   von
                  Mintzberg, 1979)

Um die Konfiguration umfassend zu beschreiben, können weiterhin die genutzten Koordinationsmechanismen dargestellt werden (Groth, 1999). Dafür sind im oberen Teil der Abbildung 28 die grundlegenden Koordinationsmechanismen von Mintzberg abgebildet, wobei die jeweils grau hinter-
legten Mechanismen auch bei AfB zum Einsatz gelangen. Hierbei sind
nicht nur die Hauptkoordinationsmechanismen aufgeführt, sondern ebenfalls die nachrangigen Mechanismen für die Konfiguration von AfB, wie
beispielsweise die direkte Überwachung. Im unteren Teil wird die Ausgestaltung der Grundmechanismen durch die Menschen mit Handicap bei
AfB dargestellt. Die jeweilige praktische Ausgestaltung in der Organisation
wird in der vierten Ebene dargestellt.

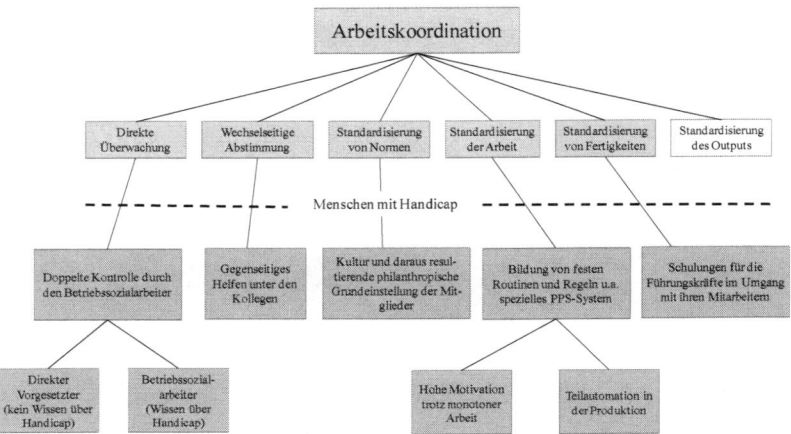

Abbildung 28:        Koordinationsmechanismen von AfB (Erweiterung auf
                     der Grundlage von Mintzberg (1979))

Die direkte Überwachung erfolgt über die Vorgesetzten und die Betriebssozialarbeiter. Diese Dopplung entsteht durch die staatliche Vorgabe des
Datenschutzes bezüglich der Handicaps. Die gegenseitige Abstimmung erfolgt über die Unterstützung und Anpassung unter den Kollegen. In der Organisation ist eine Standardisierung der Normen beobachtbar, wodurch eine
Unternehmenskultur entsteht, die eine philanthropische Grundeinstellung
der Mitarbeiter hervorbringt. Insbesondere unter den Menschen ohne Handicap ist diese Einstellung stark ausgeprägt. Einen der wichtigsten Mechanismen zur Koordination stellt die Standardisierung der Arbeit dar, die den
Menschen mit Handicap die Erfüllung ihre Aufgaben ermöglicht. Die
Standardisierung der Fertigkeiten erfolgt über Schulungen und Trainings
der Abteilungsleiter des operativen Kerns. Hiermit werden einerseits Informationen über potentielle Beeinträchtigungen vermittelt und andererseits die Sensibilität der Führungskräfte erhöht. Durch diese Ausbildung
kann eine individuelle und angepasste Führung realisiert werden.

Die Standardisierung des Outputs wird bei AfB vernachlässigt, da diese
Arbeitskoordination bei Menschen mit Handicap keine Wirkung zeigt oder

als nicht zielführend betrachtet werden kann. Somit finden klassische Managementmaßnahmen bei AfB keine Anwendung zur Koordination der Mitarbeiter. Jedoch benutzt AfB genügend andere Mechanismen, so dass eine Koordination über die Standardisierung des Outputs auch nicht notwendig wird.

AfB besitzt weitere einmalige Merkmalszusammenstellungen. So erfordert die Differenzierung des operativen Kernes durch die stark spezialisierte Arbeit einen weiteren Koordinationsmechanismus: Der Betriebssozialarbeiter hat die Befugnis, den Mitarbeitern des operativen Kerns direkte Anweisungen zu erteilen. Somit kann er den direkten Vorgesetzten eine Entlastung und Hilfestellung im Umgang mit ihren Mitarbeitern bieten. Im Gegensatz zu der aus anderen Organisationsformen (z. B. der Maschinenbürokratie) bekannten Expertenkompetenz ist die Ausgestaltung der Machtbefugnisse des Betriebssozialarbeiters bei AfB einmalig.

5.2.3.2 Kritische Analyse der Konfiguration von AfB mit Hilfe der Elemente nach Mintzberg

Die Einordnung von AfB in der Mitte zweier prototypischer Konfigurationen geht mit einigen Problemen einher. Die Charakteristika der Maschinenbürokratie und der missionsorientierten Organisation sind als teilweise gegensätzlich einzustufen. Innerhalb der Organisation kann es deshalb zu scheinbaren Widersprüchen und Konflikten zwischen den Elementen, Parametern und Faktoren kommen, die von der Organisation gelöst werden müssen (McPhee & Poole, 2001; Lydi 2013). So treten bei AfB organisatorische Interdependenzen auf, die bei der Harmonisierung der Effizienz- und Sozialziele berücksichtigt werden müssen. Diese Widersprüche sind in Abbildung 29 dargestellt.

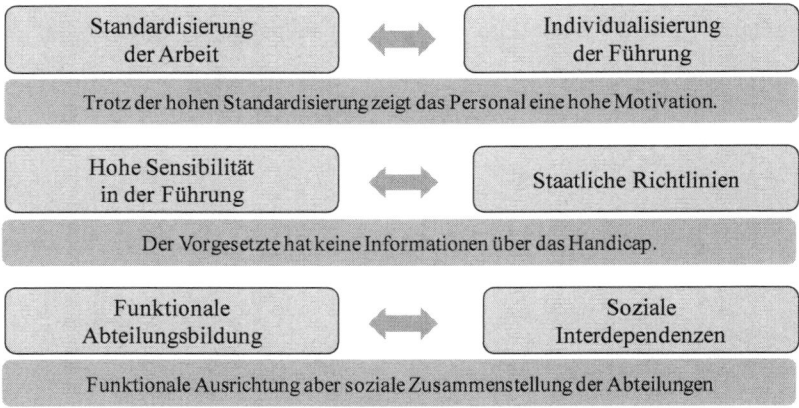

Abbildung 29:      Widersprüche innerhalb von AfB

Die erste Gegensätzlichkeit ist darin begründet, dass bei AfB die hohe Arbeitsstandardisierung als Koordinationsmechanismus Verwendung findet. Diese Standardisierungen entwickelt der Betriebssozialarbeiter in Zusammenarbeit mit den Mitarbeitern der Technostruktur. Dabei nutzt er das Wissen über die Menschen mit Handicap, um die Verwendbarkeit der Arbeitsplätze für möglichst viele Menschen einzuschätzen. So plant und entwickelt er ein System aus Standardisierungen, das im Anschluss von Mitarbeitern aus der Technostruktur umgesetzt wird, wobei die PPS-Software

einen wichtigen Teil bildet. Gleichzeitig dürfen die Abteilungsleiter ihr
Verhalten gegenüber ihren Mitarbeitern jedoch nicht standardisieren.
Vielmehr muss die Führung speziell auf jeden Angestellten ausgerichtet
werden, da die individuellen Einschränkungen nach entsprechender perso-
nalisierte Hilfe und Unterstützung verlangen. Eine Standardisierung kann
daher ausgeschlossen werden.

Zur Auflösung des ersten Konflikts bietet der Betriebssozialarbeiter als Teil
des Hilfsstabes Beratungsleistungen für die Abteilungsleiter im operativen
Kern an. Bei Problemen der Führungskräfte mit ihren Mitarbeitern wird er
als Mediator bestellt. Im operativen Kern besitzt der Betriebssozialarbeiter
weiterhin eine direkte Weisungsfunktion, wodurch eine zusätzliche Kontrolle in der Produktion gewährleistet wird. So können auch hier die Vorgesetzten bei der Koordination ihrer Mitarbeiter durch den Betriebssozialarbeiter unterstützt werden. Gleichzeitig bietet er durch informellen Austausch unterstützende Leistungen für die Mitarbeiter des operativen Kerns.
Weiterhin tragen die Menschen ohne Handicap zur Milderung der Gegensätzlichkeit bei, indem sie ihren eingeschränkten Kollegen bei aufkommen-
den Problemen Rücksichtnahme und Unterstützung anbieten. Diese Hilfe
entlastet die Abteilungsleiter und erlaubt ihnen so mehr Spielraum, Probleme zu priorisieren und intensiv zu bearbeiten. Durch die Kombination aus
der Unterstützung durch den Betriebssozialarbeiter und die direkten Kollegen kann trotz der Standardisierungen eine Individualisierung der Führung
erzielt werden. So kann die Organisation einen reibungslosen Produktions-
ablauf und gleichzeitig eine Mitarbeiterführung nach dem Bedürfnisprinzip
gewährleisten.

Der zweite Widerspruch entsteht durch die Individualisierung der Führung
und die staatlichen Vorgaben des Datenschutzes. Mit jedem Mitarbeiter
sind häufige Gespräche notwendig, um das Wohlbefinden und somit auch
den reibungslosen Arbeitsablauf zu unterstützen. Demgegenüber steht das
Informationsdefizit bezüglich der verschiedenen Beeinträchtigungen der
Mitarbeiter. Der Staat schreibt gesetzlich vor, dass die Informationen über
die Beeinträchtigungen der Mitarbeiter in Unternehmen dem Datenschutz
unterliegen. Er gibt damit eine „legitime Ordnung" für soziales Handeln
vor, an der sich die Organisationsmitglieder orientieren müssen (Weber,

1956: 16). Ohne das Wissen über das Handicap können die Abteilungsleiter jedoch nur in begrenztem Maße die geforderte Individualität und Sensibilität in der Führung ausüben: Die staatlich gegebenen institutionellen Rahmenbedingungen stehen damit im Gegensatz zur Ausübung der unternehmerisch geforderten sensiblen Mitarbeiterführung.

Die Überwindung des Konfliktes liegt in der Position des Betriebssozialarbeiters begründet. Sie sind die einzigen Personen bei AfB, die die Handicaps kennen dürfen. Sie übernehmen die institutionalisierte Funktion, den Datenschutz von den Menschen mit Handicap zu sichern. Durch ihre direkte Weisungsbefugnis können sie ihr Wissen bei der operativen Arbeit einsetzen, um den Mitarbeitern direkte Hilfestellungen zu bieten. Selbst bei strategischen Entscheidungen bezüglich der Menschen mit Handicap besitzt der Betriebssozialarbeiter ein Vetorecht in den Entscheidungen der strategischen Spitze. Die Geschäftsleitung repräsentiert hierbei den rationalen Ansatz des ökonomischen Prinzips, d. h. bei Anstellung möglichst vieler Menschen mit Handicap einen möglichst hohen Gewinn zu erwirtschaften (Laux & Liermann, 2005). Im Gegensatz dazu handelt der Betriebssozialarbeiter im Sinne der sozialen Identität der Organisation. Er versucht, die Arbeitsbedingungen für die Menschen mit Handicap so gut wie möglich zu gestalten (Ashforth & Mael, 1989). Bei Konflikten wird meist im Dialog entschieden, welche Alternative gewählt wird.

Die dritte Gegensätzlichkeit besteht darin, dass bei AfB eine funktionale Ausrichtung bei der Bildung von Abteilungen realisiert wurde, wobei diese jedoch gleichzeitig durch soziale Interdependenzen beeinflusst wird. Eine funktionale Abteilungsbildung entsteht meist durch die Berücksichtigung von Skalen- oder Prozessinterdependenzen (Mintzberg et al., 2003). Doch bei AfB treten gleichermaßen soziale Interdependenzen auf, die für ein erfolgreiches Wirtschaften mit Menschen mit Handicap Beachtung finden müssen, da die Charaktere in einem Team besonders gut aufeinander abgestimmt werden müssen.

Diese Abstimmung der Interdependenzen und die Zusammensetzung der verschiedenen Teams übernimmt ebenfalls der Betriebssozialarbeiter, der sich durch Gespräche und Beobachtungen intensiv mit den verschiedenen

Einschränkungen und Persönlichkeiten auseinandersetzt. Er entscheidet die Gruppenzusammensetzung vorrangig in Abhängigkeit des Charakters des Bewerbers, so dass die Qualifikation nur eine nachrangige Rolle spielt. Dieser Sachverhalt ist bei AfB unkritisch, da die Tätigkeiten vollständig während der Arbeit erlernt werden können. Das Primat der Personenorientierung und der sozialen Beziehung bei AfB, das den funktionalen Gegebenheiten vorherrscht, widerspricht der klassischen Managementlehre, die auf einer mechanistischen Unternehmensvorstellung basiert, bei der das formale System die sozialen Komponenten ersetzt (Reihlen, 1997).

Insgesamt lässt sich schließen, dass eine Vielzahl der Widersprüche innerhalb der Organisation von AfB durch die Position des Betriebssozialarbeiters und die kollegiale Zusammenarbeit unter den Mitarbeitern aufgelöst werden. Dies wird jedoch in der vorliegenden (Re-)Konfiguration der Mintzbergschen Organisationselemente nicht ausreichend repräsentiert.

### 5.2.3.3 Generierung einer Social Business-spezifischen Konfiguration von AfB

Zur umfassenden Abbildung der Organisation von AfB sind die Koordinationsmechanismen zur Auflösung der scheinbaren Widersprüche und damit zur parallelen Umsetzung gesellschaftlicher und ökonomischer Ziele in einer erweiterten Konfiguration herauszuarbeiten. Mit diesem Ziel wird ein weiterer Hauptkoordinationsmechanismus innerhalb der Konfiguration von AfB eingeführt: Die mediatorische Koordination. Die mediatorische Koordination ist in verschiedene Funktionen innerhalb des Unternehmens erkennbar, die durch den Betriebssozialarbeiter, die Mitarbeiter des operativen Kerns oder die Abteilungsleiter ausgeführt werden können und darauf abzielen, den Menschen mit Handicap die Erfüllung ihrer Aufgaben zu ermöglichen. Die mediatorische Koordination beinhaltet dabei Personen und Funktionsbereiche, die in verschiedenen Elementen der Organisation angesiedelt sind: in der Technostruktur, im Hilfsstab, im operativen Kern und in der strategische Spitze. Die einzelnen Funktionen werden in Abbildung 30 in einen Zusammenhang gebracht, sodass eine Weiterentwicklung der beschriebenen prototypischen Konfiguration von AfB entsteht.

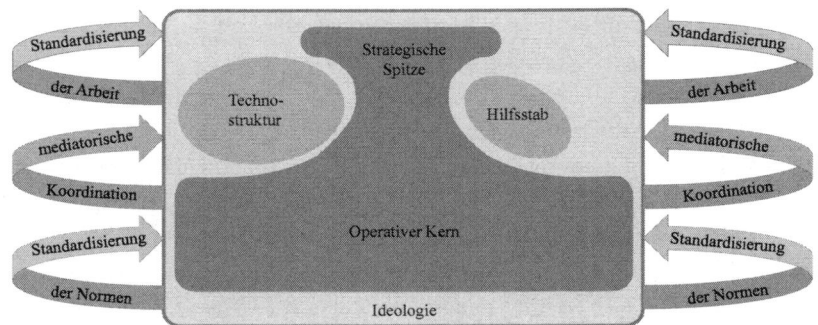

1.  Planung von Systemen zur Standardisierung
2.  Vetorecht bei Entscheidungen bezüglich der Menschen mit Handicap
3.  Informelle Kommunikation bei Bedarf und Macht durch Wissen über Handicaps
4.  Beratungsleistungen für die Abteilungsleiter durch Betriebssozialarbeiter

Abbildung 30:        Weiterentwickelte Konfiguration von AfB

Wie in Abbildung 30 gezeigt, werden die Systeme zur Standardisierung der
Arbeitsabläufe durch die mediatorische Koordination in Form des Betriebssozialarbeiters bzw. der Abteilungsleiter abgestimmt und festgelegt (1).
Durch das Wissen über die Handicaps der Mitarbeiter gewinnt der Betriebssozialarbeiter einen Wissensvorsprung gegenüber der strategischen
Spitze. Diese in der Richtung atypische Informationsasymmetrie geht mit
großen Machbefugnissen einher, die sich in dem ihm eingeräumten Vetorecht bei Entscheidungen der strategischen Spitze manifestieren. Die Ausübung des Vetorechts ist somit Teil der mediatorischen Koordination (2).
Weiterhin unterstützt die mediatorische Koordination den informellen hete-
rarchischen Informationsaustausch, der zur Koordination der Abteilungen
des operativen Kerns beiträgt. So kann im Rahmen der direkten Weisungen
die Berücksichtigung der besonderen Bedürfnisse der Menschen mit Handicap erfolgen. Führt dies zu Entscheidungen, die dem Rationalitätspostulat
ökonomischer Handlungen widersprechen, sind die Maßnahmen der mediatorischen Koordination zuzuordnen (3). Darüber ist die Beratung der Abteilungsleiter bei Problemen in Bezug auf die Mitarbeiter mit Handicap der
mediatorischen Koordination zuzuordnen. Die so entstehende Stabsstelle

auf unterer hierarchischer Ebene ist eine Besonderheit von Social Business und Teil der mediatorischen Koordination (4).

Das Konzept der mediatorischen Koordination kann wie folgt definiert werden:

> *Die mediatorische Koordination umfasst alle Maßnahmen eines Social Business, die darauf abzielen, den Widerspruch zwischen sozialer und ökonomischer Zielsetzung konstruktiv aufzulösen und damit die Umsetzung der sozialen Mission des Unternehmens zu gewährleisten.*

Sie kann sich den Instrumenten der direkten Weisung, der Durchführung von Trainings, der Mediation, der Beratung und der Strategie- und Instrumentenentwicklung bedienen. Sie ist damit von der Unternehmenskultur abzugrenzen, deren indirekte Koordination durch Werte und Normen als Ergänzung und Grundlage für die direkten Maßnahmen und Entscheidungen der mediatorischen Koordination fungiert. Mit Hilfe der mediatorischen Koordination kann schließlich eine umfassende Konfiguration von AfB abgebildet werden.

## 5.3 Herausforderungen der Organisation

Nach der Entwicklung einer umfassenden Konfiguration für AfB sollen im folgenden Abschnitt zukünftige Herausforderungen der Organisation durch die Anstellung der Menschen mit Handicap aufgezeigt werden, wobei zwischen internen und externen Einflüssen unterschieden werden kann.

Im Rahmen der internen Einflüsse wird auf die Veränderungen fokussiert, die mit einem Unternehmenswachstum einhergehen. Mit zunehmender Größe werden weitere Betriebssozialarbeiter benötigt, um eine angemessene Betreuung der Menschen mit Handicap zu gewährleisten. Da den Betriebssozialarbeitern durch die starken Machtbefugnisse jedoch eine bedeutende Rolle zukommt, wird die personelle Auswahl zu einem entscheidenden Faktor für AfB. Eine ungünstige Besetzung der Positionen könnte zu

Entscheidungen führen, die eine Gefahr für das Überleben der Organisation darstellen.

Weiterhin ist zu beachten, dass die Konfiguration von AfB zu einem großen Teil auf dem Koordinationsmechanismus der Standardisierung der Normen bzw. der Unternehmenskultur basiert. Die Etablierung der Unternehmenskultur und die Sozialisation neuer Mitarbeiter nimmt jedoch eine gewisse Zeit in Anspruch, so dass eine schnelle Vergrößerung nur bedingt durchführbar ist (Mintzberg et al., 2003). Darüber hinaus wird die Sozialisation durch das Verhalten und den Vorbildcharakter der drei Geschäftsführer unterstützt. Doch die Erhöhung der Filialzahl führt zwangsläufig zu einer geringeren Betreuungsquote, so dass der Effekt der Koordination durch die Unternehmenskultur verwässert und die Verbundenheit der Mitarbeiter mit dem Unternehmen sinkt. Dieses Problem ist auch bei anderen Organisationstypen wie den *Professional Service Firms* bekannt (Maister, 1985). Eine Möglichkeit der Festigung der Unternehmenskultur besteht im Aufbau eines Social Franchise-Systems. Unternehmer könnten durch eine Gebühr das Konzept von AfB übernehmen und eine eigene Filiale betreiben. Die Geschäftsführer müssten hierbei eine kriteriengeleitete Auswahl der Franchisenehmer treffen, die ihre Vorstellung von der Unternehmenskultur repräsentiert.

Neben den internen Herausforderungen muss sich AfB auch mit externen Einflüssen auseinandersetzen. Bei Veränderungen der Umwelt bewirken Standardisierungen jedoch eine große Trägheit innerhalb der Organisation (Hannan & Freeman, 1984), so dass insbesondere durch die Menschen mit Handicap eine langfristige Anpassung nötig ist.

Externe Einflüsse können zum einen durch den Staat ausgeübt werden. Die deutsche Regierung überarbeitet momentan die Eingliederungshilfe für Menschen mit Handicap, die mit 13 Milliarden Euro den größten Anteil am Etat des Sozialhaushalts im Jahr 2010 ausmachte (Statistisches Bundesamt, 2010). So entstehen Überlegungen, die länderspezifischen Regelungen auf Bundesebene zu vereinheitlichen und das gesamte Fördersystem zu reformieren. Diese Veränderungen hätten großen Einfluss auf das Geschäftsmodell von AfB, das von der gesetzlichen Förderung abhängt. Diese Ände-

rungen der institutionellen Rahmenbedingungen müssen von der Geschäftsführung antizipiert und die strategische Unternehmensplanung auf die veränderten Umweltbedingungen abgestimmt werden (Zelewski, 1986).

Auch bei Veränderungen der Marktumgebung entstünden AfB Probleme,
da in dem Geschäftsmodell von relativ stabilen Umweltbedingungen ausgegangen wird. Hierbei üben diese Veränderungen gleichzeitigen Einfluss
auf den Beschaffungs- und den Verkaufsmarkt aus. Bei einer Änderung der
Hardwarestandards (z. B. durch ein neues dominantes Design (Utterback,
1994)) innerhalb der IT-Branche müsste eine Adaption der Arbeitsstandardisierung mit hohen Kosten und einer langen Dauer vollzogen werden.
Doch auch geringfügige Änderungen der Hardware, wie beispielsweise die
bevorzugte Nutzung von Tablets mit Android- oder IOS-System vor Perso-
nalcomputern mit Windowssystemen, stellen eine Herausforderung für AfB
dar. Für diese Betriebssysteme existiert bisher keine zertifizierte Methode
zur Datenlöschung (BITKOM, 2008). Die Partnerunternehmen würden diese Geräte nicht zum Weiterverkauf zur Verfügung stellen, sondern eine
Verschrottung vornehmen, da die Datensicherheit nicht garantiert werden
kann. AfB müssten also Anpassungen auf Beschaffungs- und Verkaufsseite
vornehmen.

Bei der Erschließung ausländischer Beschaffungs- und Verkaufsmärkte
entstehen ebenfalls Probleme, da in jedem Land unterschiedliche institutionelle Rahmenbedingungen existieren, die AfB beim Aufbau einer Filiale
beeinflussen. Die Ausrichtung des Geschäftsmodells orientiert sich bisher
hauptsächlich an der deutschen Gesetzeslage, so dass von den Vorschriften
und Fördermöglichkeiten anderer Länder neue Anforderungen an die Organisation ausgehen.

Einen weiteren wichtigen externen Faktor stellen die Kooperationspartner
von AfB dar, die die gebrauchte IT-Hardware liefern. Diese erhalten für die
Bereitstellung der Hardware ein Zertifikat ihres gesellschaftlichen Enga-
gements. Doch im Wachstum des Social Business-Sektors ist eine steigende Anzahl von Möglichkeiten für große Unternehmen begründet, sich gesellschaftlich zu engagieren. Hierbei sind zwei Entwicklungen denkbar.
Einerseits könnte dies durch Multiplikatoreffekte zu einer Erhöhung der

Anzahl möglicher Kooperationspartner führen. Gleichzeitig ist jedoch auch eine Zunahme der Konkurrenz unter den Social Businesses denkbar, so dass die Anzahl der Kooperationspartner sinkt. AfB sollte daher versuchen, Maßnahmen im Rahmen des Beschaffungsmarketings (Koppelmann, 2003) einzuleiten, um die bereits gewonnen Kooperationspartner zu halten und neue hinzuzugewinnen.

Den Herausforderungen der externen und internen Einflüsse kann AfB mit der Einführung von Frühwarnsystemen entgegentreten, um relevante Entwicklungen frühzeitig zu erkennen und entsprechende Gegenmaßnahmen einzuleiten (Wild, 1982).

## 5.4 Übergreifende Reflexion des Falles

Social Business stehen per definitionem vor der Herausforderung, die Stiftung des gesellschaftlichen Nutzens und die ökonomische Nachhaltigkeit in Einklang zu bringen. AfB schafft dies mit Hilfe des Mechanismus der mediatorischen Ebene, die dazu dient, die Umsetzung der sozialen Mission zu gewährleisten und auftretende Widersprüche zwischen der gesellschaftlichen und der ökonomischen Logik aufzulösen. Auch andere Social Businesses schaffen in ihrer Organisation Strukturen, um diese Widersprüche aufzulösen. Für die Reflexion sollen hierbei zwei verschiedene Arten von Organisationen identifiziert werden: Social Businesses, die ebenfalls Menschen mit Handicaps beschäftigen, und Social Businesses mit einem anderen gesellschaftlichen Fokus. Es erfolgt eine Darstellung von Autistenintegrationsunternehmen, die die besondere Begabung dieser Menschen nutzen und die Vorstellung einer Augenklinik in Indien. Hierbei soll gezeigt werden, dass auch in anderen Social Businesses eine mediatorische Koordination vorhanden ist.

*Specialisterne, auticon* und *Passwerk* stellen Menschen mit Asperger-Autismus an, um deren besondere Fähigkeiten im Bereich der Aufmerksamkeit oder Gedächtnisleistung zu nutzen. Diese Menschen charakterisiert eine ausgeprägte Kontakt- und Kommunikationsstörung, da sie nonverbale und paraverbale Signale nicht deuten und diese ebenfalls nicht intuitiv sen-

den können (Rühl, Bölte, & Poustka, 2001). Diese Störung wird meist in
den ersten Lebensjahren erkannt und gilt als starkes Entwicklungsdefizit
des zentralen Nervensystems (Boucher, 2008). Menschen mit diesem Handicap erhalten kaum eine Chance, einen Arbeitsplatz zu finden, da sie
durch die sozialen Defizite von ihren Mitmenschen als sonderbar wahrgenommen werden (Remschmidt & Hebebrand, 2001). So können nur wenige
Menschen mit diesem Syndrom in den Arbeitsmarkt integriert werden
(Dalferth, 2009).

Trotz ihrer Beeinträchtigungen weisen Menschen mit Asperger-Syndrom
eine Intelligenz im normalen bis oberen Spektrum auf, so dass keine Störungen in der Sprachentwicklung auftreten (Kamp-Becker & Bölte, 2011).
In Deutschland werden die Betroffenen sozialrechtlich als Schwerbehinderte eingestuft. Doch Autisten mit dem Asperger-Syndrom weisen gegenüber
anderen Menschen bestimmte Stärken auf. Sie besitzen eine hohe Konzentrationsfähigkeit und die Ausdauer, detailreiche Aufgaben mit einer hohen
Präzision zu lösen (Boucher, 2008). Thorkil Sonne war einer der ersten, der
die Vorteile von Autisten für bestimmte Tätigkeiten erkannte, so dass er
2004 das Social Business *Specialisterne* gründete. Sein Unternehmen stellt
Autisten als Experten für das Testen und die Fehlererkennung komplexer
Software an (Austin, Busquets, & Wareham, 2008). Menschen ohne Handicap würden bei dieser Tätigkeit schnell ermüden, doch Autisten haben
durch ihre ausdauernden analytischen Fähigkeiten Spaß an der Arbeit, beispielsweise elektronische Banksysteme auf ihre Genauigkeit zu testen
(Wareham & Sonne, 2008). Die Autisten benötigen in neuartigen Situationen ihrer Arbeit spezielle Hilfe (Wareham & Sonne, 2008). Für solche
Problemfälle existieren Betreuungsmitarbeiter bei *Specialisterne*, die die
Situation analysieren und Hilfe anbieten, damit der Autist effizient weiter-
arbeiten kann (Austin et al., 2008). Des Weiteren hat jeder Autist einen
Vorgesetzten, der ausschließlich für ihn zuständig ist und die Probleme aus
der Umwelt filtert, um die soziale Struktur so einfach wie möglich zu halten. Im Unterschied zu AfB stellt *Specialisterne* ausschließlich Autisten an,
so dass sich die Organisation auf dessen Verhaltensweisen einstellen kann.
Bei AfB besteht eine größere Heterogenität unter den Menschen mit Handicap, so dass formalisiertes Führungsverhalten nicht möglich ist. Die Ab-

teilungsleiter müssen sich auf jeden ihrer Mitarbeiter individuell einstellen. Trotzdem besitzt *Specialisterne* durch die speziellen Betreuungsmitarbeiter und die Vorgesetzten, die die spezielle Situation berücksichtigen, ebenfalls Mechanismen, die mit der mediatorischen Koordination von AfB gleichzusetzen sind. Weiterhin ist für *Specialisterne* der institutionelle Rahmen entscheidend für das Geschäftsmodell, da es in Dänemark deutlich stärker unterstützt wird als in anderen europäischen Ländern. Deshalb kann das Unternehmen als Social Franchise schwer außerhalb von Dänemark expandieren. Für AfB besteht ebenfalls ein Problem in der internationalen Expansion, da die Gesetze in den europäischen Nachbarländern sehr heterogen sind und somit das Geschäftsmodell aus Deutschland nicht auf alle Länder übertragen werden kann.

Ein ähnliches Geschäftsmodell besteht bei dem auf dem dänischen Beispiel basierten Unternehmen Auticon, das im Jahr 2011 in Deutschland gegründet wurde und Autisten als Berater anstellt (www.auticon.de). Auticon testet, prüft und analysiert, analog zu Specialisterne, Softwaresysteme von verschiedenen Unternehmen. Spezielle Stellen bilden die Schnittstelle zwischen dem Kunden und den Autisten, damit die charakteristischen Eigenschaften noch besser genutzt werden können. Diese *Job Coaches* sind die Ansprechpartner für den Kunden und bereiten die Autisten auf ihren Einsatz beim Kunden vor. Diese autismusspezifischen *Job Coaches* stellen eine praktische Umsetzung des *Supported Employment* Ansatzes (siehe Kapitel 4.1.3) dar. Gleichzeitig stehen sie ihnen in beruflichen wie auch privaten Fragen beratend zur Seite und erhalten entsprechende Schulungen (www.auticon.de). Sie müssen Expertise im Bereich der psychologischen Betreuung und in der Informationstechnologie besitzen, um diese Schnittstelle ausfüllen zu können. Diese beiden Beispiele verdeutlichen anschaulich, dass auch andere Social Businesses, die ihr Geschäftsmodell auf Menschen mit Handicap ausgerichtet haben, spezielle Strukturelemente entwickelt haben, um Paradoxa innerhalb der Konfiguration zu mildern. So gibt es bei *Specialisterne* eine spezielle Abteilung, die ausschließlich Hilfestellungen anbietet und bei *auticon* die *Job Coaches*, um die sozialen Defizite der Autisten auszugleichen und gleichzeitig ihre speziellen Fähigkeiten effizienter zu nutzen. Für das Geschäftsmodell von *auticon* und *Specialister-*

*ne* sind diese Mitarbeiter unersetzbar, da nur sie die nötigen analytischen Fähigkeiten und Ausdauer besitzen. Die *Job Coaches* bei *auticon* und auch der Hilfsstab bei *Specialisterne* besitzen eine ähnliche Machtposition wie der Betriebssozialarbeiter bei AfB und führen analog zur gegenseitigen Unterstützung der Mitarbeiter bei AfB Maßnahmen zur Integration der Menschen mit Handicap durch. Gleichzeitig kann eine ähnliche Unternehmenskultur mit starker Identifikation mit dem Unternehmen beobachtet werden (Austin et al., 2008). Hier wird damit das Vorhandensein einer mediatorischen Koordination deutlich.

Das Spektrum von Social Businesses umschließt nicht nur die Inklusion von Menschen mit Handicap in die Gesellschaft, sondern es besteht aus vielen weiteren Bereichen, in denen gesellschaftliche Probleme gelöst werden müssen. Beispielsweise bestehen zahlreiche Joint Ventures aus der Grameen Bank und großen Unternehmen aus Europa wie Danone oder BASF (siehe Abschnitt 2.1.4). Die *Aravind* Krankenhäuser in Indien sind ein weiteres bekanntes Beispiel für ein gut funktionierendes Social Business. Das Ziel dieses Unternehmens ist es, möglichst vielen armen Menschen die Operation gegen den Grauen Star zu ermöglichen (Mehta & Shenoy, 2011). Der Gründer setzt in seiner Organisation eine konsequente Effizienzsteigerung der Dienstleistung, angefangen bei der Diagnose bis hin zur Nachsorge, um (Spiegel, 2011a). Beispielsweise bildet er Menschen in Screening Camps dazu aus, in den Dörfern Symptome des Grauen Stars zu erkennen, so dass die Dienstleistung eines Arztes zur Diagnose überflüssig wird (Matalobos, Pons, & Pahls, 2010). Die Fachärzte übernehmen nur noch die Operationen, um Kosten bei den anderen Prozessen der Dienstleistung zu senken. So konnten die Kosten für die Operationen um 95 % reduziert werden. Die einen Patienten zahlen je nach Einkommen gestaffelte Beträge, die allerdings noch weit unter dem Durchschnitt sonstiger Operationen liegen (Mehta & Shenoy, 2011). Die anderen fast 60 % der Patienten konnten durch eine Querfinanzierung kostenlose Operationen erhalten (Spiegel, 2011a). Durch die vorgenommenen Standardisierungen der Arbeit und die speziell strukturierten Abläufe erreichen die Krankenhäuser eine deutlich höhere Qualität als die Konkurrenten und können trotzdem nachhaltig am Markt existieren. Bei *Aravind* und AfB bewirken die Standardisierungen, dass die soziale Mission umgesetzt werden kann. Sie hat allerdings unterschiedliche Ursachen, da bei *Aravind* die gesellschaftliche Mission auf die möglichst geringen Kosten für die Kunden und bei AfB auf die Integration der Mitarbeiter mit Handicap abzielt.

Die standardisierten Abläufe bis zur Diagnose und Operation werden von Krankenschwestern und Helfern ausgeführt. Sie bilden das Bindeglied zwischen den Patienten und der eigentlichen Dienstleistung. Durch diese vor- und nachgelagerten Standardisierungen kann jeder Arzt bis zu 2000 Operationen jährlich durchführen. Der Durschnitt liegt in Indien bei 400 (Matalobos et al., 2010). Diese hohe Anzahl an Operationen kann nur durch das Etablieren von vielen unterstützenden Mitarbeitern geleistet werden, die die Patienten in der Klinik betreuen und zur jeweils nächsten Station begleiten. Der Gründer *Aravind* Govindappa Venkataswamy hat in seinem Unternehmen eine Unternehmenskultur entwickelt (Matalobos et al., 2010), die ähnliche Werte und Normen zeigt wie die von AfB. Hier ist exemplarisch vor allem die Vision zu nennen, die Welt positiv umzugestalten. Viele internationale Ärzte wurden von *Aravind* angezogen, weil sie einerseits den Menschen direkt helfen können und andererseits von den unkonventionellen Methoden überzeugt sind. So sind die Mitarbeiter stark von der Mission getrieben, bedürftige Menschen mit ihrer Arbeitsleistung zu unterstützen, so dass ihre Motivation hoch ist (Matalobos et al., 2010). Hier zeigen sich wiederum Parallelen zu AfB, da die dortigen Mitarbeiter ohne Handicap ähnliche Motive besitzen. Trotzdem muss auch *Aravind* die Effizienz- und Sozialziele in der Struktur der Organisation harmonisieren. Dies wird größtenteils über das unterstützende Personal realisiert, dessen Maßnahmen zur Realisierung der sozialen Mission der mediatorischen Koordination bei AfB gleichgesetzt werden kann. Auch die Unternehmenskultur und die umgesetzte Vision des Gründers zeigt eine zu AfB ähnliche Struktur.

Der soziale Puls muss dabei innerhalb der Organisation mit der nachhaltigen ökonomischen Ausrichtung in Einklang gebracht werden. Dies geschieht über die besondere Ausgestaltung der Konfiguration mit Hilfe der mediatorischen Koordination, deren Maßnahmen das Spannungsfeld zwischen gesellschaftlicher und ökonomischer Ausrichtung balancieren.

# 6 Schlussbetrachtung

## 6.1 Zusammenfassung

Muhammad Yunus rief durch den Erhalt des Friedensnobelpreises 2006 eine neue Welle von Unternehmensgründungen im Social Business-Sektor und eine ganze Forschungsbewegung hervor. Social Businesses sind marktwirtschaftlich arbeitende Unternehmen, die primär eine soziale Mission erfüllen (Wilson & Post, 2011). Die gesellschaftliche und ökonomische Ausrichtung erzeugt dabei scheinbare Widersprüche. Um die Auflösung dieser Herausforderungen offenzulegen und zu analysieren, gilt es, die Konfiguration von Social Businesses detailliert zu untersuchen.

Vor diesem Hintergrund ist es zunächst das Ziel dieser Arbeit, ein Social Business detailliert in einer Fallstudie darzustellen und damit das Forschungsfeld abzugrenzen und zu beschreiben. Hierfür wurde das Unternehmen AfB ausgewählt, das 40 – 50 % Menschen mit Handicap beschäftigt und in der IT-Hardware-Branche tätig ist. Es wurde über 15 Tage begleitet, wobei 20 umfassende Interviews mit Mitarbeitern der verschiedenen Ebenen und Abteilungen durchgeführt wurden. Das in der Fallstudie dargestellte praktische Vorgehen wird dann in den zugehörigen theoretischen Zusammenhang eingeordnet, um die Überlegungen zu strukturieren und kritisch zu hinterfragen. Hier zeigt sich, dass die Anstellung von Menschen mit Handicap einen großen Einfluss auf viele Geschäftsbereiche der Organisation, vor allem jedoch auf die Geschäftsführung, das Personal- und Produktionsmanagement und die Unternehmenskultur ausübt.

So stellt sich aus neoinstitutionalistischer Sichtweise heraus, dass einerseits eine starke Pluralität bei den Stakeholdern von AfB herrscht, wobei insbesondere der Staat und die Kooperationspartner eine große Rolle spielen. Diese Situation sorgt dafür, dass die Organisation im Spannungsfeld zwischen den kommerziellen und sozialen Erwartungen der Umwelt steht und somit Strategien zum Umgang mit den resultierenden Konflikten und zur Wahrung der Legitimität zum Einsatz gelangen.

Anderseits kann ein Wandel in den Logiken konstatiert werden. So folgt auf das in der Herkunft begründete „Imprinting" als Behindertenwerkstatt eine Hinwendung zur kommerziellen Logik. Diese erste Bewegung der Handlungsmaximen ist in der Literatur bekannt (Pache & Santos, 2013b). Bei AfB kann jedoch eine weitere Veränderung beobachtet werden, die einer Bewegung zurück zur originären, sozialen Logik gleicht. Diese Pendelbewegung wurde bisher in der Literatur nicht beschrieben und kann daher als Beitrag der Arbeit zur neoinstitutionalistischen Theorie angesehen werden.

Weiterhin kann aus konfigurationstheoretischer Sicht der typische Aufbau eines Social Business herausgearbeitet werden. Dabei bilden die von Mintzberg (1979) aufgestellten Prototypen von Konfigurationen den Ausgangspunkt der Analyse. Insbesondere wird der Frage nachgegangen, wie sich die Konfiguration eines Unternehmens ändert, wenn es primär ein soziales Ziel verfolgt. Die Analyse zeigt, dass AfB Merkmale der Maschinenbürokratie und der missionsorientierten Organisation aufweist. Doch durch die ökonomischen und gleichzeitig gesellschaftlichen Ziele zeigt das Social Business zusätzlich weitere, bisher in der Literatur nicht beschriebene Charakteristika, die in der Umsetzung der gesellschaftlichen Zielstellung begründet sind.

Diese Ergebnisse führen zu einer Theorie, die auf einer erweiterten Konfiguration von AfB beruht. Bei dieser werden alle Maßnahmen, die darauf abzielen, den Widerspruch zwischen sozialer und ökonomischer Zielsetzung konstruktiv aufzulösen und damit die Umsetzung der sozialen Mission gewährleisten, in dem speziell hierfür geschaffenen Mechanismus der *mediatorischen Koordination* zusammengefasst. Hierzu gehören Spezifika von AfB wie Stabsstellen auf den unteren Ebenen, Informationsasymmetrie entgegen der Hierarchie und eine starke Position des Betriebssozialarbeiters. Dieser Mechanismus löst die Paradoxa innerhalb der Konfiguration von AfB auf und kann als Bindeglied zwischen der gesellschaftlichen und ökonomischen Logik des Social Business angesehen werden. Die mediato-

rische Koordination stellt somit den Beitrag der Arbeit zur theoretischen
Fundierung von Social Businesses und zur Anwendung und Erweiterung
der Konfigurationstheorie dar.

Durch die besondere Ausgestaltung der Konfiguration von AfB bestehen
für die Zukunft zahlreiche Herausforderungen. Durch die Abhängigkeit von
der Position des Betriebssozialarbeiters muss die zukünftige Besetzung mit
viel Sorgfalt ausgewählt werden. Eine falsche Entscheidung kann die Existenz der Organisation bedrohen. Da die Unternehmenskultur stark vom
Gründer geprägt wird, besteht bei weiterem Wachstum des Unternehmens
die Gefahr, dass die Unternehmenskultur verwässert. Das hätte einen deutlich höheren Aufwand zur Koordination der Mitarbeiter zur Folge.

Die Reflexion des Falles von AfB zeigt, dass auch andere Social Businesses den Mechanismus der mediatorischen Koordination besitzen: Unternehmen wie *Specialisterne* oder *auticon* arbeiten mit Autisten, um deren
besondere Begabung zu nutzen. Da diese Menschen Schwierigkeiten mit
sozialen Kontakten besitzen, müssen hier Positionen in die Struktur integriert werden, die dieses Defizit kompensieren. Auch bei dem Vergleich
mit dem Social Business *Aravind* wird deutlich, dass es Parallelen zu AfB
gibt. Sie besitzen eine Unternehmenskultur mit ähnlichen Werten und eine
Konfiguration mit einer hohen Standardisierung. Diese hat jedoch andere
Ursachen als bei AfB. Durch die unterstützenden Mitarbeiter, die hohe
Standardisierung und die gleichzeitig hohe Identifikation nutzt *Aravind* jedoch ebenfalls die mediatorische Koordination, die leicht anders ausgeprägt
ist, aber die zwei Dimensionen der Zielstellung trotzdem harmonisiert.

## 6.2  Grenzen des Forschungsansatzes als Implikation für weitere Forschung

Mithilfe des grundlegenden Argumentationsstrangs dieser Studie wird
deutlich, dass Social Businesses durch ihre zweidimensionale Zielstellung
Unterschiede in der Konfiguration zu konventionellen Unternehmen aufweisen. Diese Besonderheit wird in der vorliegenden Arbeit prototypisch
für ein Social Business mit Menschen mit Handicap untersucht. Die ge-

wonnen Informationen lassen zwar eine Definition charakteristischer Eigenschaften eines bisher wenig untersuchten Forschungsgegenstands zu, können jedoch noch nicht generalisiert werden. Es besteht daher weiterer Forschungsbedarf darin, die Konfiguration mit Hilfe zusätzlicher Fallstudien (Cross case-Analyse) von anderen Social Businesses, die Menschen mit Handicap anstellen, zu verifizieren. Durch einen Vergleich mit dem Fall AfB können Überschneidungen oder Unterschiede zwischen verschiedenen Fällen herausgearbeitet werden (Eisenhardt, 1989). Anschließend bietet die multiple Fallstudie eine bessere Grundlage für die Bildung einer Theorie, da diese so akkurater und leichter generalisierbar wird (Eisenhardt & Graebner, 2007). Weiterhin könnten Social Businesses mit anderen Geschäftsmodellen in eine weitere multiple Fallstudie integriert werden, um hier auf einer abstrakteren Ebene Unterschiede und Übereinstimmungen zu analysieren. Auf diese Weise können eventuell weitere Konfigurationen von Social Businesses entdeckt und bestehende Konzepte präzisiert werden.

Bei der Auswertungsmethode der Grounded Theory liegt das Ziel darin, eine neue Theorie durch eine breite Datenbasis zu generieren. Jedoch wird die Interpretation der Daten stark durch die subjektive Sichtweise des Forschers geprägt, so dass sich die Analysen nicht auf andere Objekte übertragen lassen (Fiss, 2009). Die Wahl anderer Muster und Achsenkategorien in den Daten kann zu anderen Ergebnissen führen. Zwar wurden viele Qualitätskriterien der qualitativen Forschung (wie die Verifizierung des Kategoriensystems durch die Präsentation in verschiedenen Vorträgen und Diskussionen) eingehalten, die Objektivität kann jedoch nicht vollständig erreicht werden. Deshalb können die Ergebnisse dieser Arbeit in einer anschließenden quantitativen Studie überprüft werden, um generelle Schlussfolgerungen zur Konfiguration von Social Businesses zu ziehen.

Diese Arbeit stützt sich auf eine Querschnittsanalyse des Unternehmens AfB, weshalb nur wenige Aussagen über die Entwicklung der Konfiguration getroffen werden können. Eine Längsschnittstudie könnte weitere Ergebnisse liefern, ob die entwickelte Konfiguration als stabil bezeichnet werden kann oder sie sich im Zeitverlauf, etwa durch weiteres Wachstum oder die Anpassung an veränderte Kontingenzfaktoren, ändert. Speziell für

Social Businesses könnte hier untersucht werden, ob sich so eine Organisation langfristig stärker in die soziale oder die ökonomische Richtung entwickelt.

Zur Untersuchung der Konfiguration eines Social Business könnte ebenfalls eine detaillierte Analyse genutzt werden, um weitere Daten zum besseren Verständnis dieser Organisation zu gewinnen. Hier könnte der Fokus auf einzelne Aspekte, wie beispielsweise der Vertrieb, das Beschaffungsmanagement oder die Ideologie als Untersuchungsobjekt gelegt werden. Gerade der letztgenannte Bereich birgt hohes Potential für weitere Forschungsarbeiten im Bereich Social Business, da dieser durch die soziale Mission besonders stark ausgeprägt ist.

# 7 Literatur

*Abgabenordnung* 2013. http://www.gesetze-im-internet.de/ao_1977/. 13.05.2013.

Abott, A. 1988. *The system of profession: An essay on the division of expert labor*. Chicago: University of Chicago Press.

Adenauer, S. 2004. Die (Re-) Integration leistungsgewandelter Mitarbeiter in den Arbeitsprozess. *Angewandte Arbeitswissenschaft*, 181: 1-18.

Alvesson, M., & Kärreman, D. 2006. Professional service firms as collectivities: A cultural and processual view. *Research in the Sociology of Organizations*, 24: 211-239.

Alvord, S. H., Brown, L. D., & Letts, C. W. 2004. Social entrepreneurship and social transformation: An exploratory study. *The journal of applied behavioral science*, 40(3): 260-282.

Ammeter, A. P., Douglas, C., Gardner, W. L., Hochwarter, W. A., & Ferris, G. R. 2002. Toward a political theory of leadership. *The Leadership Quarterly*, 13(6): 751-796.

Ansoff, H. I. 1965. *Corporate strategy: business policy for growth and expansion*. New York: McGraw-Hill Book.

Arbeitsagentur 2013. *Schwerbehinderte 2013 in Deutschland*.

Ashforth, B. E., & Mael, F. 1989. Social identity theory and the organization. *Academy of Management Review*, 14(1): 20-39.

Austin, J., Stevenson, H., & Wei-Skillern, J. 2006. Social and commercial entrepreneurship: Same, different, or both? *Entrepreneurship Theory and Practice*, 30(1): 1-22.

Austin, R. D., Busquets, J., & Wareham, J. 2008. *Specialisterne: Sense & details*. Harvard Business Publishing.

Baker, M. J. 2011. Capitalism and social business. *Social Business*, 1(2): 115-127.

Bantel, K. A. 1998. Technology-based,"adolescent" firm configurations: strategy identification, context, and performance. *Journal of Business Venturing*, 13(3): 205-230.

Barnard, C. I. 1938. *The functions of the executive*. Cambridge, MA: Harvard University Press.

Baron, J. N., Burton, M. D., & Hannan, M. T. 1999. Engineering bureaucracy: The genesis of formal policies, positions, and structures in high-technology firms. *Journal of Law, Economics, and Organization*, 15(1): 1-41.

Bärtsch, B., & Rössler, W. 2008. *Supported Employment. Der Weg zurück in den ersten Arbeitsmarkt*. Psychiatrische Universitätsklinik Zürich, Forschungsbereich Klinische und Soziale Psychiatrie. https://www.unizh.ch/pukwest/de/aktuell/resultate. Pdf. 10.03.2014.

Basher, M. 2010. Promotional role of microcredit: Evidence from the Grameen Bank of Bangladesh. *Journal of International Development*, 22(4): 521-529.

Bassen, A., Jastram, S., & Meyer, K. 2005. Corporate social responsibility. *Zeitschrift für Wirtschafts-und Unternehmensethik*, 6(2), 231-236.

Battilana, J., & Dorado, S. 2010. Building sustainable hybrid organizations: The case of commercial microfinance organizations. *Academy of Management Journal*, 6: 1419–1440.

Battilana, J., Leca, B., & Boxenbaum, E. 2009. How Actors Change Institutions: Towards a Theory of Institutional Entrepreneurship. *Academy of Management Annals*, 3(1): 65-107.

Bea, F. X., & Haas, J. 2012. *Strategisches Management*. Konstanz: UTB.

Becker, U., Hockerts, H. G., & Tenfelde, K. 2010. *Sozialstaat Deutschland: Geschichte und Gegenwart*. Bonn: Dietz.

Beckmann, M. 2011. Social Entrepreneurship–Altes Phänomen, neues Paradigma moderner Gesellschaften oder Vorbote eines Kapitalismus 2.0?. In H. Hackenberg & S. Empter (Hrsg.), *Social Entrepreneurship – Social Business: Für die Gesellschaft unternehmen:* 67-85: Wiesbaden: Springer.

Beckmann, M., Hielscher, S., & Pies, I. (2014). Commitment Strategies for Sustainability: How Business Firms Can Transform Trade-Offs Into Win–Win Outcomes. *Business Strategy and the Environment*, 23(1), 18-37.

Beckmann, M., Zeyen, A., & Krzeminska, A. 2014. Mission, finance, and innovation: The similarities and differences between social entrepreneurship and social business In A. Grove, & G. A. Berg (Hrsg), *So-*

*cial business. Theory, practice, and critical perspectives.* Heidelberg: Springer.

Behrend, C. 2005. Demografischer Wandel und Konsequenzen für die betriebliche Personalpolitik. In T. Schott (Hrsg.), *Eingliedern statt ausmustern. Möglichkeiten und Strategien zur Sicherung der Erwerbstätigkeit älterer Arbeitnehmer :* 23-37. Weinheim: Juventa.

Benner, D. 2003. *Wilhelm von Humboldts Bildungstheorie: Eine problemgeschichtliche Studie zum Begründungszusammenhang neuzeitlicher Bildungsreform.* Weinheim: Juventa.

Berger, P. L., & Luckmann, T. 1967. *The social construction of reality.* New York: Anchor.

Berger, U., & Bernhard-Mehlich, I. 2006. Die Verhaltenswissenschaftliche Entscheidungstheorie. In A. Kieser, & M. Ebers (Hrsg.), *Organisationstheorien* (6.Auflage): 169-214. Stuttgart: Kohlhammer.

Besharov, M. L., & Smith, W. K. 2012. *Paradoxes of social enterprises: Sustaining utilitarian and normative identities simultaneously.* Ithaca: Cornell University Press.

Besharov, M. L., & Smith, W. K. 2014. Multiple institutional logics in organizations: Explaining their varied nature and implications. *Academy of Management Review, 39*(3): 364-381.

Bieker, R. 2005. *Werkstätten für behinderte Menschen. Berufliche Teilhabe zwischen Marktanpassung und individueller Förderung.* Stuttgart: Kohlhammer.

BIH 2014. *Fachlexikon ABC Behinderung & Beruf.* Wiesbaden: Universum Verlag GmbH.

Billis, D. 2010. *Hybrid organizations and the third sector: Challenges for practice, theory and policy.* New York: Palgrave Macmillan.

Binagwaho, A., & Sachs, J. 2005. *Investing in development: A practical plan to achieve the Millennium Development Goals.* London: Earthscan.

Birkhölzer, K. 2011. Internationale Perspektiven sozialen Unternehmertums. In P. Jähnke, G. B. Christmann & K. Balgar (Hrsg.), *Social Entrepreneurship. Perspektiven für die Raumentwicklung*: 23-36. Wiesbaden: Springer.

BITKOM 2012. *Die Entwicklung der ITK-Märkte 2012/2013.*

BITKOM 2008. *Leitfaden zum sicheren Datenlöschen*. Berlin: BITKOM.

Blau, P. M. 1955. *The dynamics of bureaucracy: A study of interpersonal relations in two government agencies*. Chicago: U. P..

BMU 2009. Innovation durch CSR. Die Zukunft nachhaltig gestalten. http://www.4sustainability.de/fileadmin/redakteur/bilder/Publikation en/BMU_2009_Innovation_durch_CSR.pdf Abgerufen: 27.01.2015

Böhm, S. A., Dwertmann, D. J., & Baumgärtner, M. K. 2010. Kritische Erfolgsfaktoren der Eingliederung von Menschen mit Behinderung in das Berufsleben. *Schweizerische Zeitschrift für Heilpädagogik*, 3: 6-12.

Bolten, J. 2007. *Einführung in die interkulturelle Wirtschaftskommunikation*. Stuttgart: UTB.

Bornstein, D. 2007. *How to change the world: Social entrepreneurs and the power of new ideas*. New York: Oxford University Press.

Bornstein, D., & Davis, S. 2010. *Social entrepreneurship: What everyone needs to know*. New York: Oxford University Press.

Borsche, T. 1990. *Wilhelm von Humboldt*. München: Beck.

Bortz, J., & Döring, N. 2006. *Forschungsmethoden und Evaluation für Human- und Sozialwissenschaftler*. Heidelberg: Springer.

Boucher, J. 2008. *The autistic spectrum: Characteristics, causes and practical issues*. Los Angeles: Sage.

Brandenburg, U., & Nieder, P. 2009. *Betriebliches Fehlzeiten-Management: Instrumente und Praxisbeispiele für erfolgreiches Anwesenheits- und Vertrauensmanagement*. Wiesbaden: Gabler.

Brandsen, T., Dekker, P., & Evers, A. (Hrsg.) 2010. **Civicness in the governance and delivery of social services**. Baden Baden: Nomos.

Bresser, R., & Millonig, K. 2003. Institutional capital: Competitive advantage in light of the new institutionalism in organization theory. *Schmalenbach Business Review*, 55: 220-241.

Brunsen, N. 1989. *The organization of hypocrisy. Talk, decisions and actions in organizations.* Chichester: John Wiley & Sons.

Bryman, A., & Bell, E. 2007. *Business research methods*. New York: Oxford University Press.

Buber, R., & Holzmüller, H. 2009. Qualitative *Marktforschung: Konzepte-Methoden-Analysen*. Wiesbaden: Springer .

Buchele, R. B. 1967. *Business policy in growing firms: A manual for evaluation*. San Francisco: Chandler Publishing Company.

Bühner, R., Stiller, P., & Tuschke, A. 2004. Legitimität und Innovation. *Zeitschrift für betriebswirtschaftliche Forschung*, 56: 715-736.

Bundesamt 2010. *Statistik der Sozialhilfe. Eingliederungshilfe für behinderte Menschen*.

Burns, T., & Stalker, G. M. 1961. *The management of innovation*. London: Tavistock.

Butterwegge, C. 2001. *Wohlfahrtsstaat im Wandel. Probleme und Perspektiven der Sozialpolitik*. Opladen: Leske + Budrich.

Carroll, A. B., & Buchholtz, A. K. 2014. *Business and society: Ethics, sustainability, and stakeholder management*. 9. Aufl. Stamford: Cengage Learning.

Carroll, A. B., & Buchholtz, A. K. 2006. *Business and society: Ethics and stakeholder management* (6. Auflage). Mason: Thompson

Chandler, A. D. 1977. *The visible hand: The managerial revolution in American business*. Cambridge: Harvard University Press.

Chandler, A. D. 1962. *Strategy and structure*. Cambridge: MIT press.

Chevalier, K. 2004. *Auf den Schultern der Schwachen: Wohlfahrtsverbände in Deutschland*. Köln: Deutscher Instituts-Verlag.

Collins, O. F., & Moore, D. G. 1970. *The organization makers: A behavioral study of independent entrepreneurs*. New York: Appleton-Century-Crofts.

Corsten, H., & Gössinger, R. 2012. *Produktionswirtschaft: Einführung in das industrielle Produktionsmanagement* (13. Auflage). München: Oldenbourg.

Crozier, M. 1964. *The bureaucratic phenomenon*. Chicago: The University of Chicago Press.

Cyert, R. M., & March, J. 1963. *A behavioral theory of the firm*. New York: Prentice-Hall.

D'Aunno, T. A., Succi, M., & Alexander, J. A. 2000. The role of institutional and market forces in divergent organizational change. *Administrative Science Quarterly*, 45: 679–703.

Dacin, P. A., Dacin, M. T., & Matear, M. 2010. Social entrepreneurship: Why we don't need a new theory and how we move forward from here. *The Academy of Management Perspectives*, 24(3): 37-57.

Dalferth, M. 2009. Persönliches *Budget und Autismus. Neue Möglichkeiten der sozialen und beruflichen Inklusion*. Impulse, 4(51): 42-44.

Dart, R. 2004. The legitimacy of social enterprise. *Nonprofit management and leadership*, 14(4): 411-424.

Davis, G. F., Diekmann, K. A., & Tinsley, C. H. (1994). The decline and fall of the conglomerate firm in the 1980s: The deinstitutionalization of an organizational form. *American Sociological Review*, 59(4): 547-570.

Dees, J. G. 1998. *The meaning of social entrepreneurship*. http://www.caseatduke.org/doc-uments/dees_sedef.pdf. 08.07.2013.

Defourny, J., & Nyssens, M. 2012. *The EMES approach of social enterprise in a comparative perspective*. EMES European Research Network, Working Paper.

Defourny, J., & Nyssens, M. 2010. Conceptions of social enterprise and social entrepreneurship in Europe and the United States: convergences and divergences. *Journal of Social Entrepreneurship*, 1(1): 32-53.

Dess, G. G., Newport, S., & Rasheed, A. 1993. Configuration research in strategic management: Key issues and suggestions. *Journal of Management*, 19(4): 775-795.

Díaz-Foncea, M., & Marcuello, C. 2012. Social enterprises and social markets: models and new trends. *Service Business*. 4(3): 1-23.

Diefenbach, T., & Sillince, J. A. A. 2011. Formal and informal hierarchy in different types of organization. *Organization Studies*, 32(11): 1515-1537.

DiMaggio, P. J. 1988. Interest and Agency in Institutional Theory. In L. G. Zucker (Hrsg.), *Institutional Partners and Organizations*: 3-21 Cambridge: Ballinger.

DiMaggio, P. J., & Powell, W. W. 1991. Introduction. In: W. W. Powel, P. J. DiMaggio (Hrsg.), *The new institutionalism in organizational analysis*: 1-38. Chicago: Chicago Uiversity Press.

DiMaggio, P. J., & Powell, W. W. 1983. The iron cage revisited: Institutional isomorphism and collective rationality in organizational fields. *American Sociological Review*, 48(2): 147-160.

Dodge, H. R., Fullerton, S., & Robbins, J. E. 1994. Stage of the organizational life cycle and competition as mediators of problem perception for small businesses. *Strategic Management Journal*, 15(2): 121-134.

Domschke, W., & Scholl, A. 2003. *Grundlagen der Betriebswirtschaftslehre*. Berlin: Springer.

Donnachie, I. 2005. Robert Owen: *Owen of new lanark and new harmony*. Edinburgh: Tuckwell Press.

Doose, S. 2007. Unterstützte Beschäftigung. Ein neuer Weg der Integration im Arbeitsleben im internationalen Vergleich. In H. Schulze (Hrsg.) *Schule, Betriebe und Integration*. Hamburg: BAG UB.

Dorado, S. 2006. Social entrepreneurial ventures: different values so different process of creation, no? *Journal of Developmental Entrepreneurship*, 11(04): 319-343.

Dowling, J., & Pfeffer, J. 1975. Organizational legitimacy: Social values and organizational behavior. *Pacific Sociological Review*, 18(1): 122-136.

Drumm, H. J. 2008. *Personalwirtschaft*. Berlin: Springer.

Ebers, M. 1988. Der Aufstieg des Themas „Organisationskultur "in problem-und disziplingeschichtlicher Perspektive. In E. Dülfer (Hrsg.), *Organisationskultur*: 23-47. Stuttgart: Kohlhammer.

Ebers, M., & Gotsch, W. 2006. Institutionenökonomische Theorien der Organisation. In A. Kieser, & M. Ebers (Hrsg.), *Organisationstheorien* (6. Auflage): 247-308. Stuttgart: Kohlhammer.

Eisenhardt, K. M. 1989. Building theories from case study research. *Academy of Management Review*, 14(4): 532-550.

Eisenhardt, K. M., & Graebner, M. E. 2007. Theory building from cases: opportunities and challenges. *Academy of Management Journal*, 50(1): 25-32.

Ellis, T. 2010. *The new pioneers: Sustainable business success through social innova*tion and social entrepreneurship. New York: Wiley.

Emerson, J., & Twersky, F. 1996. *New social entrepreneurs: The success, challenge and lessons of non-profit enterprise creation*. San Francisco: The Roberts Foundation, Homeless Economic Development Fund.

Europäische Kommission 2001. *Grünbuch europäische Rahmenbedingungen für soziale Verantwortung der Unternehmen*. Luxemburg: Amt für amtliche Veröffentlichungen der Europäischen Gemeinschaft.

Fairholm, G. W. 2009. *Organizational power politics. Tactics in organizational leadership*. Santa Barbara: Praeger.

Fank, M. 1997. *Unternehmenskultur: Perspektiven für Wissenschaft und Praxis*. München: Oldenbourg.

Fayol, H. 1929. *Allgemeine und industrielle Verwaltung*. München und Berlin: Oldenbourg

Fiss, P. C. 2009. Case studies and the configurational analysis of organizational phenomena. In D. Byrne & C. C. Ragin (Hrsg.), *Handbook of case study methods*: 424-440. London: Sage.

Fiss, P. C. 2011. Building better causal theories: A fuzzy set approach to typologies in organization research. *Academy of Management Journal*, 54(2): 393-420.

Flick, U. 2011. *Qualitative Sozialforschung*. Reinbek: Rowohlt.

Flick, U. 2007. *Qualitative Sozialforschung: Eine Einführung*. Reinbek: Rowohlt.

Freeman, J., Carroll, G. R., & Hannan, M. T. 1983. The liability of newness: Age dependence in organizational death rates. *American Sociological Review*, 48(5): 692-710.

Frese, E. 1976. *Aufbauorganisation*. Gießen: Dr. Götz Schmidt.

Friedman, M. 1970. The social responsibility of business is to increase its profits. *New York times magazine*. 13: 32-33.

Galbraith, J. R. 1974. Organization design: An information processing view. *Interfaces*, 4(3): 28-36.

Gephart, R. P. 2004. Qualitative research and the Academy of Management Journal. *Academy of Management Journal*, 47(4): 454-462.

Gergs, H.-J. 2011. Ende des Sozialmanagements und Aufstieg des Social Entrepreneurship? Führung sozialer Unternehmen im 21. Jahrhundert. In H. Hackenberg & S. Empter (Hrsg.), *Social Entrepreneurship – Social Business: Für die Gesellschaft unternehmen*: 173-188. Wiesbaden: Springer.

Gergs, H.-J. 2007. Vom Sozialmanagement zum Social Entrepreneurship – Sozialen Mehrwert schaffen durch unternehmerisches Denken und Handeln. In J. König, C. Oerthel, H.-J. Puch (Hrsg.), *Mehrwert des Sozialen. Gewinn für die Gesellschaft*: 173-185. München: Allitera.

Ghalib, A., & Hossain, F. 2008. *Social business enterprises - maximising social benefits or maximising profits? The case of grameen-danone foods limited*. Manchester: Brooks World Poverty Institute Working Paper.

Glaser, B., & Strauss, A. 1967. *The discovery of grounded theory: Strategies for qualitative research*. New York: Aldin.

Glynn, M. A. 2000. When cymbals become symbols: Conflict over organizational identity within a symphony orchestra. *Organization Science*, 11: 285–298.

Göldner, R., Rudow, B., Neubauer, W., Krüger, W., & Paeth, L. 2006. Arbeit und Gesundheit für leistungsgewandelte Mitarbeiter. Erfahrungen aus der Automobilindustrie. *Arbeitsmedizin, Sozialmedizin, Umweltmedizin*, 41(12): 566-573.

Gouldner, A. W. 1954. *Patterns of industrial bureaucracy*. New York: Free Press.

Greenwood, R., Díaz, A. M., Li, S. X., & Lorente, J. C. 2010. The multiplicity of institutional logics and the heterogeneity of organizational responses. *Organization Science*, 21: 521–539.

Greenwood, R., & Hinings, C. R. 1993. Understanding strategic change: The contribution of archetypes. *Academy of Management Journal*. 36(5): 1052-1081.

Greenwood, R., Raynard, M., Kodeih, F., Micelotta, E., & Lounsbury, M. 2011. Institutional complexity & organizational responses. In J. P. Walsh & A. P. Brief (Eds.), *Academy of Management annals*, 5. Auflage. Essex: Routledge.

Groth, L. 1999. *Future organisation design. The scope for the it-based enterprise*. London: Wiley.

Grove, A., & Berg, G.A. 2014. Social business: Defining and situating the concept. In A. Grove, & G. A. Berg (Hrsg.), *Social business. Theory, practice, and critical perspectives*. Heidelberg: Springer.

Guinnane, T. W. 1997. Regional organizations in the German cooperative banking system in the late 19th century. *Research in Economics*, 51(3): 251-274.

Gutmann, P. 1996. *Secure deletion of data form magnetic and solid-state memory*, USENIX Security Symposium Proceedings. San Jose: Creative Commons.

Hackenberg, H., & Empter, S. 2011. Social Entrepreneurship und Social Business: Phänomen, Potentiale, Prototypen – Ein Überblick. In H. Hackenberg & S. Empter (Hrsg.), *Social Entrepreneurship–Social Business: Für die Gesellschaft unternehmen*: 11-26. Wiesbaden: Springer.

Hall, R. H. 2002. *Organizations. Structures, processes, and outcomes*. New York: Prentice-Hall.

Hambrick, D. C. 1982. Environmental scanning and organizational strategy. *Strategic Management Journal*, 3(2): 159-174.

Hambrick, D. C. 1984. Taxonomic approaches to studying strategy: some conceptual and methodological issues. *Journal of Management*, 10(1): 27-41.

Hambrick, D. C., & Mason, P. A. 1984. Upper echelons: The organization as a reflection of its top managers. *Academy of Management Review*, 9(2): 193-206.

Hamel, G., & Prahalad, C. K. 1995. *Wettlauf um die Zukunft: Wie Sie mit bahnbrechenden Strategien die Kontrolle über Ihre Branche gewinnen und die Märkte von morgen schaffen*. Wien: Ueberreuter.

Hannan, M. T., & Freeman, J. 1984. Structural inertia and organizational change. *American Sociological Review*, 49(2): 149-164.

Hannan, M. T., & Freeman, J. 1977. The population ecology of organizations. *American Journal of Sociology*, 82(5): 929-964.

Hansmann, H. 1987. Economic theories of nonprofit organization. In W. W. Powell (Hrsg.), *The nonprofit sector: A research handbook*: 27-42. New Haven: Yale University Press.

Harding, R., & Cowling, M. 2006. *Social entrepreneurship monitor*. London: Global Entrepreneurship Monitor.

Hassel, A., & Schiller, C. 2010. *Der Fall Hartz IV. Wie es zur Agenda kam und wie es weiter geht*. Frankfurt am Main: Campus Verlag.

Haugh, H. 2005. A research agenda for social entrepreneurship. *Social Enterprise Journal*, 1(1): 1-12.

Heinecke, A. 2009. Dialogue in the dark. In P. Earl Steele, A. Obem, & D. Starzyńska (Hrsg.), *Creating change. Innovations in the world of disability*.: 46-51. Warschau: Ashoka: Innovators for the public.

Heinze, R. G. 2009. *Rückkehr des Staates? Politische Handlungsmöglichkeiten in unsicheren Zeiten*. Wiesbaden: VS für Sozialwissenschaften Verlag.

Heinze, R. G., Schneiders, K., & Grohs, S. 2011. Social Entrepreneurship im deutschen Wohlfahrtsstaat – Hybride Organisationen zwischen Markt, Staat und Gemeinschaft. In H. Hackenberg & S. Empter (Hrsg.), *Social Entrepreneurship – Social Business: Für die Gesellschaft unternehmen*:86-102. Wiesbaden: Springer.

Heinze, T. 2001. *Qualitative Sozialforschung: Einführung, Methodologie und Forschungspraxis*. München: Oldenbourg Verlag.

Herzberg, F. 1966. *Work and the nature of man*. Cleveland: Ty Crowell Co..

Hibbert, S. A., Hogg, G., & Quinn, T. 2005. Social entrepreneurship: Understanding consumer motives for buying The big issue. *Journal of Consumer Behaviour*, 4(3): 159-172.

Hinte, W. 2006. Geschichte, Quellen und Prinzipien des Fachkonzepts „Sozialraumorientierung". In W. Budde, F. Früchtel, & W. Hinte (Hrsg.), *Sozialraumorientierung. Wege zu einer veränderten Praxis*. Wiesbaden: Verlag für Sozialwissenschaften.

Hiß, S. 2006. *Warum übernehmen Unternehmen gesellschaftliche Verantwortung? Ein soziologischer Erklärungsversuch*. Frankfurt am Main: Campus.

Hoffmann, A. J., Ventresca M. J. 2002. *Organizations, policy, and the natural environment. Institutional and strategic perspectives.* Stanford: Standford University Press.

Hofmann, A. 2002. Normung zur psychischen Belastung – aus Sicht der Arbeitgeber. *DIN-Mitteilungen*, 81(8): 525-528.

Holtbrügge, D. 2005. *Personalmanagement.* Wiesbaden: Springer.

Horsch, J. 2000. *Personalplanung: Grundlagen - Gestaltungsempfehlungen - Praxisbeispiele.* Berlin: Herne.

Integrationsamt 2011. *ABC Behinderung & Beruf, Handbuch für die betriebliche Praxis.* 2. Auflage. Hauptführsorgestellen (Hrsg.).

Jacobs, G., Christe-Zeyse, J., Keegan, A., & Pólos, L. 2008. Reactions to organizational identity threats in times of change: Illustrations from the german police. *Corporate Reputation Review*, 11: 245 – 261.

Jay, J. 2013. Navigating paradox as a mechanism of change and innovation in hybrid organizations. *Academy of Management Journal,* 56: 137–159.

Johnson, G., & Greenwood, R. (2007). Institutional theory and strategy. In M. Jenkins, V. Ambrosini, & N. Collier (Hrsg.), **Advanced strategic management. A multi-perspective approach**, 2. Auflage: 11-29. Basingstoke, New York: Palgrave Macmillan.

Jones, C., Maoret, M., Massa, F. G., & Svejenova, S. 2012. Rebels with a cause: Formation, contestation, and expansion of the de novo category "modern architecture," 1870–1975. *Organization Science,* 23: 1523–1545.

Jung, H. 2011. *Personalwirtschaft.* München: Oldenbourg Verlag.

Kahle, E. 1988. Unternehmensführung und Unternehmenskultur. *Zeitschrift für Betriebswirtschaft*, 58: 1228-1241.

Kaiser, H. 2004. FILM- Förderung der Integration Leistungsgewandelter Mitarbeiter. *Bewegungstherapie und Gesundheitssport*, 20(2): 56-58.

Kamp-Becker, I., & Bölte, S. 2011. *Autismus.* Stuttgart: UTB.

Kern, W. 1992. *Industrielle Produktionswirtschaft.* Stuttgart: Poeschel.

Kieser, A. 1986. Unternehmenskultur und Innovation. In E. Staudt (Hrsg.), *Das Management von Innovationen*: 42-50. Frankfurt: Frankfurter Allgemeine Zeitung.

Kieser, A. 2006a. Der Situative Ansatz. In A. Kieser, & M. Ebers (Hrsg.), *Organisationstheorien* (6. Auflage): 215-245. Stuttgart: Kohlhammer.

Kieser, A. 2006b. *Organisationstheorien* (6. Auflage). Stuttgart: Kohlhammer.

Kieser, A., & Walgenbach, P. 2010. *Organisation* (6. Auflage). Stuttgart: Schäffer-Poeschel.

Kieser, A., & Woywode, M. 2006. Evolutionstheoretische Ansätze. In A. Kieser, & M. Ebers (Hrsg.), *Organisationstheorien* (6. Auflage): 309-352. Stuttgart: Kohlhammer.

Kilger, W. 1986. *Industriebetriebslehre Band 1*. Wiesbaden: Gabler.

Kimberly, J. R., & Miles, R. H. 1980. *The organizational life cycle: Issues in the creation, transformation, and decline of organizations*. San Francisco: Jossey-Bass Publishers.

Koppelmann, U. 2003. *Beschaffungsmarketing*. Wiesbaden: Springer.

*Körperschaftssteuergesetz* 2013. http://www.gesetze-im-internet.de/kstg_ 1977/. 18.05.2013.

Kraatz, M. S., & Block, E. S. 2008. Organizational implications of institutional pluralism. In: R. Greenwood, C. Oliver, R. Suddaby, & K. Sahlin-Andersson (Hrsg),*The SAGE handbook of organizational institutionalism*: 243-274. London: Sage.

Kropp, W. 2001. *Systemische Personalwirtschaft: Wege zu vernetzt-kooperativen Problemlösungen*. München: Oldenbourg.

Kubek, B. V. 2012. *Humanität beruflicher Teilhabe im Zeichen der Inklusion*. Wiesbaden: Springer.

Kuckartz, U. 2012. *Qualitative Inhaltsanalyse: Methoden, Praxis, Computerunterstützung*. Weinheim und Basel: Beltz Juventa.

Lampert, C. 2005. Grounded Theory. In L. Mikos, & C. Wegener (Hrsg.), *Qualitative Medienforschung. Ein Handbuch*. Konstanz: UVK Verlagsgesellschaft mbH.

Laux, H., & Liermann, F. 2005. *Grundlagen der Organisation: Die Steuerung von Entscheidungen als Grundproblem der Betriebswirtschaftslehre.* Berlin: Springer.

Lawrence, P. R., Lorsch, J. W., & Garrison, J. S. 1967. *Organization and environment: Managing differentiation and integration.* Division of Research, Graduate School of Business Administration, Harvard University Boston.

Lemieux, V. 1998. Applying Mintzberg's Theories on Organizational Configuration to Archival Appraisal. *Archivaria*, 1(46): 32-85.

Light, P. 2009. Social entrepreneurship revisited. *Stanford Social Innovation Review*, 7(3): 21-22.

Lingane, A., & Olsen, S. 2004. Guidelines for social return on investment. *California Management Review*, 46(3): 116-135.

Locke, K., & Golden-Biddle, K. 2004. An introduction to qualitative research: its potential for industrial and organizational psychology. In S. G. Rogelberg (Hrsg.), *Handbook of research methods in industrial and organizational psychology*: 98-118. Malden: Blackwell.

Loidl-Keil, R. 2005. Integration als Geschäft und Wertschöpfung – Begriffliche Positionsbestimmung Sozialer Integrationsunternehmen als Organisationstyp. In R. Loidl-Kail, & W. Laskowski (Hrsg.), *Evaluationen in Sozialen Integrationsunternehmen. Konzepte, Beispiele, Erfahrungen*: 1-27. München: Hampp.

Luhmann, N. 2001. *Legitimation durch Verfahren.* 6. Auflage. Frankfurt am Main: Suhrkamp.

Luhmann, N. 1997. *Die Gesellschaft der Gesellschaft.* Frankfurt am Main: Suhrkamp.

Lührs, H. 2006. *Kirchliche Arbeitsbeziehungen: Die Entwicklung der Beschäftigungsverhältnisse in den beiden großen Kirchen und ihren Wohlfahrtsverbänden.* Working Paper 33. Universität Tübingen.

Mair, J., & Marti, I. 2006. Social entrepreneurship research: A source of explanation, prediction, and delight. *Journal of world business*, 41(1): 36-44.

Maister, D. H. 1985. The one-firm: What makes it successful, *Sloan Management Review*, Fall 1985: 1-11.

March, J. G., & Simon, H. A. 1958. *Organizations.* Oxford: Wiley.

Marr, R., & Stitzel, M. 1979. *Personalwirtschaft. Ein konfliktorientierter Ansatz.* München: Verlag Moderne Industrie.

Martin, J., & Powers, M. E. 1983. Truth or corporate propaganda: The value of a good war story. In L. R. Pondy, P. Frost, G. Morgan, & T. Dandridge (Hrsg.), *Organizational symbolism*: 93-108. Greenwich: JAI Press.

Maslow, A. H. 1954. *Motivation and Personality.* New York: Harper Row.

Maslow, A. H. 1943. A theory of human motivation. *Psychological Review*, 50(4): 370-396.

Matalobos, A. D., Pons, J., & Pahls, S. 2010. *Aravind eye health care operations.* IE Business School: IE Publishing Department.

Mauksch, S., Engelke, H., & Darkow, I.-L. 2011. *Soziale Vision oder rentables Geschäftsmodell? Social Business in Deutschland 2030.* Wiesbaden: Center für Zukunftsforschung und Wissensmanagement.

Mayring, P. 2002. *Einführung in die qualitative Sozialforschung: Eine Anleitung zu qualitativem Denken.* Weinheim: Beltz.

McGrath, M., & Grant, G. 1992. Supporting 'needs-led' services: Implications for planning and management systems (A case study in mental handicap services). *Journal of Social Policy*, 21(01): 71-97.

McPhee, R. D., & Poole, M. S. 2001. Organizational structures and configurations. In F. M. Jablin & L. L. Putnam (Hrsg.), *The new handbook of organizational communication: Advances in theory, research and methods*: 503-543. Thousands Oaks: Sage.

McWilliams, A., & Siegel, D. S. 2001. Corporate social responsibility: A theory of the firm perspective. *Academy of Management Review*, 26: 117-127.

McWilliams A., Siegel D. S., Wright P. M. 2006. Corporate social responsibility: Strategic implications. *Journal of Management Studies*, 43: 1–18.

Mehta, P., & Shenoy, S. 2011. *Infinite vision: How Aravind became the world's greatest business case for compassion.* San Francisco: Berrett-Koehler.

Meyer, A. D., Tsui, A. S., & Hinings, C. R. 1993. Configurational approaches to organizational analysis. *Academy of Management Journal*, 36(6): 1175-1195.

Meyer, J. W., & Rowan, B. 1977. Institutionalized organizations: Formal structure as myth and ceremony. *American Journal of Sociology*: 340-363.

Meyer, M., & Simsa, R. 2013. NPOs: Abgrenzungen, Definitionen, Forschungszugänge. In R. Simsa, M. Meyer, & C. Badelt (Hrsg.), *Handbuch der Nonprofit-Organisation*. 5. Auflage: 3-15. Stuttgart: Schäffer-Poeschel Verlag.

Miles, M. B., & Huberman, A. M. 1984. *Qualitative data analysis: a sourcebook of new methods*. Thousand Oaks: Sage.

Miles, R. E., & Snow, C. C. 1978. *Organizational strategy, structure, and process*. New York: McGraw-Hill.

Miles, R. E., Snow, C. C., Meyer, A. D., & Coleman, H. J. 1978. Organizational strategy, structure, and process. *Academy of Management Review*, 3(3): 546-562.

Miller, D. 1996. Configurations revisited. *Strategic Management Journal*, 17(7): 505-512.

Miller, D. 1990. Organizational configurations: Cohesion, change, and prediction. *Human Relations*, 43(8): 771-789.

Miller, D. 1987. The genesis of configuration. *Academy of Management Review*, 12(4): 686-701.

Miller, D. 1981. Toward a new contingency approach: The search for organizational gestalts. *Journal of Management Studies*, 18(1): 1-26.

Miller, D., & Friesen, P. H. 1983. Successful and unsuccessful phases of the corporate life cycle. *Organization studies*, 4(4): 339-356.

Miller, D., & Friesen, P. H. 1978. Archetypes of strategy formulation. *Management science*, 24(9): 921-933.

Miller, D., Friesen, P. H., & Mintzberg, H. 1984. *Organizations: A quantum view*. Englewood Cliffs: Prentice-Hall.

Mintzberg, H. 2003. The structering of organizations. In H. Mintzberg, J. Lampel, J. B. Quinn, & S. Ghoshal (Hrsg.), *The stratgy process. Concepts, contexts, cases* (2. Auflage): 208-225. Edinburgh: Pearson Education.

Mintzberg, H. 1990. Strategy formation: Schools of thought. In J. W. Fredrickson (Hrsg.), *Perspectives on strategic management*: 105-236. New York: Harper Business.

Mintzberg, H. 1989. *Mintzberg on management: Inside our strange world of organizations*. New York: Simon and Schuster.

Mintzberg, H. 1983. *Structures in fives. Designing Effective Organizations*. Englewood Cliffs: Prentice-Hall.

Mintzberg, H. 1979. *The structuring of organizations: A synthesis of the research*. Englewood Cliffs: Prentice-Hall.

Moores, K., & Yuen, S. 2001. Management accounting systems and organizational configuration: A life-cycle perspective. *Accounting, Organizations and Society*, 26(4): 351-389.

Morgan, G. 2006. *Images of organization*. Thousand Oaks: Sage.

Moss, T. W., Short, J. C., Payne, G. T., & Lumpkin, G. 2011. Dual identities in social ventures: An exploratory study. *Entrepreneurship Theory and Practice*, 35(4): 805-830.

Murphy, G. B., Trailer, J. W., & Hill, R. C. 1996. Measuring performance in entrepreneurship research. *Journal of Business Research*, 36(1): 15-23.

Nadler, D., & Tushman, M. 1988. *Strategic organization design*. Glenview: Foresman and Company.

Nag, R., Corley, K. G., & Gioia, D. A. 2007. The intersection of organizational identity, knowledge, and practice: Attempting strategic change via knowledge grafting. *Academy of Management Journal*, 50(4): 821-847.

Nicholls, A. 2006. *Social entrepreneurship: New models of sustainable social change*. Oxford: OUP.

Nirje, B. 1994. The normalization principle and its human management implications. *The International Social Role Valorization Journal*, 1(2): 19-23.

Nothhaft, H. 2010. *Kommunikationsmanagement als professionelle Organisationspraxis*. Wiesbaden: Springer.

Oberg, A., & Walgenbach, P. 2008. Hierarchical structures of communication in a network organization. *Scandinavian Journal of Management*, 24(3): 183-198.

Osgood, C. 1951. Culture: Its empirical and non-empirical character. *Southwestern Journal of Anthropology*, 7: 202-214.

Osterhold, G. 2000. *Veränderungsmanagement. Visionen und Wege zu einer neuen Unternehmenskultur*. München: Falken.

Pache, A. C., & Santos, F. 2013a. Embedded in hybrid contexts: How individuals in organizations respond to competing institutional logics. *Research in the Sociology of Organizations*, 39: 3-35.

Pache, A. C., & Santos, F. 2013b. Inside the hybrid organization: Selective coupling as a response to conflicting institutional logics. *Academy of Management Journal*, 56(4): 972-1001.

Pache, A. C., & Santos, F. 2012. Inside the hybrid organization: selective coupling as a response to conflicting institutional logics. *Academy of Management Journal*, 56(4): 972-1001.

Peredo, A. M., & McLean, M. 2006. Social entrepreneurship: A critical review of the concept. *Journal of World Business*, 41(1): 56-65.

Perretti, F., Negro, G., & Lomi, A. 2008. Framing, matching, and form emergence. *Organization Science*, 19: 533–547.

Perrini, F. 2006. *The new social entrepreneurship: what awaits social entrepreneurial ventures?*. Camberly: Edward Elgar Publishing.

Perrow, C. 1970. *Organizational analysis: A sociological view*. London: Tavistock Publications.

Peters, T. J., & Waterman, R. H. 2003. *Auf der Suche nach Spitzenleistungen: Was man von den bestgeführten US-Unternehmen lernen kann*. Frankfurt am Main: Redline Wirtschaft.

Pfeffer, J. 1981. Management as symbolic action: The creation and maintenance of organizational paradigms. In L. L. Cummings, & B. M. Staw (Hrsg.), *Research in organizational behavior* (3. Auflage): 1-52. Greenwich: JAI Press.

Pfeiffer, W., Dörrie, U., & Stoll, E. 1977. *Menschliche Arbeit in der industriellen Produktion*. Göttingen: Vandenhoeck und Ruprecht.

Porter, M. E. 1980. *Competitive strategy: Techniques for analyzing industry and competitors*. New York: Free Press.

Powell, W. W. 1991. Expanding the scope of institutional analysis. In: W. W. Powel, P. J. DiMaggio (Hrsg.), *The new institutionalism in organizational analysis*: 183-203. Chicago: Chicago Uiversity Press.

Powell, W. W., & Sandholtz, K. W. 2012. Amphibious entrepreneurs and the emergence of new organizational forms. *Strategic Entrepreneurship Journal,* 6: 94–115.

Power, M. 1997. The audit society. The rituals of verification. Oxford: Oxford University Press.

Prabhu, G. N. 1999. Social entrepreneurial leadership. *Career Development International,* 4(3): 140-145.

Prahalad, C. K. 2010. *Ideen gegen Armut.* München: Finanzbuch Verlag.

Prahalad, C. 2004. *The Fortune at the bottom of the pyramid.* Upper Saddle River: Wharton School Publishing.

Puch, H.-J. 2001. Der Sozialmarkt in Deutschland. *Blätter der Wohlfahrtspflege,* 5(6).

Pugh, D. S., Hickson, D. J., Hinings, C. R., & Turner, C. 1968. Dimensions of organization structure. *Administrative Science Quarterly,* 13(1): 65-105.

Quddus, M. 2007. Changing the world using social business: Breakthrough ideas from nobel laureate Muhammad Yunus. *Journal of Bangladesh Studies,* 9(2): 38-43.

Rao, H., Monin, P., & Durand, R. 2005. Border crossing: Bricolage and the erosion of categorical boundaries in French gastronomy. *American Sociological Review,* 70: 968–991.

Rauch, J. 2007. This Is Not Charity. *Atlantic Monthly,* 300(3): 64-76.

Reihlen, M. 1997. *Entwicklungsfähige Planungssysteme: Grundlagen, Konzepte und Anwendungen zur Bewältigung von Innovationsproblemen.* Wiesbaden: Dt. Univ.-Verlag.

Reihlen, M., & Lesner, M. 2012. Führungssysteme: Eine machtpolitische Analyse. In B. Knoblauch, T. Oltmanns, I. Hajnal & D. Fink (Hrsg.), *Macht in Unternehmen:* 73 - 98. Wiesbaden: Gabler.

Reihlen, M., & Ringberg, T. 2006. Computer-Mediated Knowledge Systems in Consultancy Firms: Do they work? *Research in the Sociology of Organizations,* 14: 317-347.

Reihlen, M., Smets, M., & Veit, A. 2010. Manament consultancies as institutional agents: Strategies for creating and sustaining institutional capital. *Schmalenbach Business Review* 62: 317-339.

Remschmidt, H., & Hebebrand, J. 2001. Das Asperger Syndrom: Eine aktuelle Übersicht. *Zeitschrift für Kinder- und Jugendpsychiatrie und
Psychotherapie*, 29(1): 59-69.

Rentsch, H. P., & Bucher, P. O. 2005. *ICF in der Rehabilitation*. Idstein:
Schulz-Kirchner Verlag.

Roethlisberger, F. J., & Dickson, W. J. 1939. *Management and the work-
er. An account of a research program conducted by the Western
Electric Company, Hawthorne Works*. Cambridge: Harvard University Press.

Rudow, B., Neubauer, W., Krüger, W., Bürmann, C., & Paeth, L. 2007. Die
betriebliche Integration leistungsgewandelter Mitarbeiter - Ein Ar-
beits- und Personalprojekt aus der Automobilindustrie. *Arbeit*, 16(2):
118-132.

Rühl, D., Bölte, S., & Poustka, F. 2001. Sprachentwicklung und Intelli-
genzniveau beim Autismus Wie eigenständig ist das Asperger-
Syndrom? *Der Nervenarzt*, 72(7): 535-540.

Rühli, E. 1995. Ressourcenmanagement: Strategischer Erfolg dank Kern-
kompetenzen. *Die Unternehmung*, 49(2): 91-105.

Sackmann, S. A. 2004. *Erfolgsfaktor Unternehmenskultur. Mit kulturbe-
wusstem Management Unternehmensziele erreichen und Identifikation schaffen - 6 Best Practice-Beispiele*. Wiesbaden: Gabler Verlag.

Sackmann, S. A. 1992. Culture and subcultures: An analysis of organizational knowledge. *Administrative Science Quarterly*, 37(1): 140-
161.

Sagawa, S., & Segal, E. 2000. Common interest, common good: Creating
value through business and social sector partnership. *California
Management Review*, 42(2): 105-122.

Salamon, L. M., & Anheier, H. K. 1992. In search of the non-profit sector.
The question of definitions. *International Journal of Voluntary and
Nonprofit Organizations*, 3(2): 125-151.

Schanz, G. 2000. *Personalwirtschaftslehre: Lebendige Arbeit in verhal-
tenswissenschaftlicher Perspektive*. München: Vahlen.

Schein, E. H. 1985. *Organisational culture and leadership: A dynamic
view*. San Francisco: Jossey-Bass.

Scherer, F. 1980. *Industrial market structure and economic performance*. Chicago: Rand McNally College Pub. Co..

Schmal, A., & Niehaus, M. 2004. Betriebliche Maßnahmen zur Integration von Mitarbeiter/innen mit Handicap. In G. Steffgen (Hrsg.), *Betriebliche Gesundheitsförderung*: 223-238. Göttingen: Hogrefe.

Schmidt, S. J. 2008. *Unternehmenskultur: die Grundlage für den wirtschaftlichen Erfolg von Unternehmen* (4. Auflage). Weilerswist: Velbrück.

Scholtyseck, J. 1999. *Robert Bosch und der liberale Widerstand gegen Hitler: 1933 bis 1945*. München: Beck.

Schreyögg, G. 2000. *Organisation - Grundlagen moderner Organisationsgestaltung*. Wiesbaden: Gabler.

Schuster, F. E. 1986. *The Schuster report: The proven connection between people and profits*. New York: Wiley.

Schwartz M. S., Carroll A. B. 2003. Corporate social responsibility. A three domain approach. *Business Ethics Quarterly*, 13(4): 503–530.

Scott, W. R. 1998. *Organizations: Rational, natural, and open systems*. 4. Auflage. Upper Saddle River: Prentice Hall.

Scott, W. R. 1983. The organization of environments: Network, cultural, and historical elements. In J. W. Meyer & W. R. Scott (Hrsg.), *Organizational environments: Ritual and rationality*: 155-175. Beverly Hills, CA: Sage.

Scott, W. R. 1981. *Organizations: Rational, natural and open systems*. Englewood Cliffs: Prentice-Hall.

Scott, W. R., & Meyer J. W. 1991. The organization of societal sectors: Propositions and early evidence. In: W. W. Powel, P. J. DiMaggio (Hrsg.), *The new institutionalism in organizational analysis* : 108-140. Chicago: Chicago Uiversity Press.

Seelos, C., & Mair, J. 2005. Social entrepreneurship: Creating new business models to serve the poor. *Business Horizons*, 48(3): 241-246.

Selznick, P. 1949. *TVA and the grass roots: A study of politics and organization*. Berkeley: University of California Press.

Senner, A. 2002. Integrationsfirmen - Ein Weg zur Überwindung von Barrieren auf dem allgemeinen Arbeitsmarkt. In R. Schmidt-Zadel, & N. Pörksen (Hrsg.), *Teilhabe am Arbeitsleben. Arbeit und Beschäfti-*

*gung für Menschen mit psychischen Beeinträchtigungen*: 145-152. Bonn: Psychiatrie-Verlag.

Short, J. C., Moss, T. W., & Lumpkin, G. 2009. Research in social entrepreneurship: Past contributions and future opportunities. *Strategic Entrepreneurship Journal*, 3(2): 161-194.

Short, J. C., Payne, G. T., & Ketchen, D. J. 2008. Research on organizational configurations: past accomplishments and future challenges. *Journal of Management*, 34(6): 1053-1079.

Siggelkow, N. 2007. Persuasion with case studies. *Academy of Management Journal*, 50(1): 20-24.

Siggelkow, N. 2002. Evolution toward fit. *Administrative Science Quarterly*, 47(1): 125-159.

Simon, H. A. 1976. *Administrative behavior. A study of decision-making processes in administrative organizations*. New York: Cambridge University Press.

Smircich, L. 1983. Concepts of culture and organizational analysis. *Administrative Science Quarterly*, 28(3): 339-358.

Smith, A. 2006. An *Inquiry into the Nature and Causes of the Wealth of Nations*. Fairford: Echo Library.

Sozialgesetzbuch IX. 2007. *Rehabilitation und Teilhabe behinderter Menschen*. http://www.sozialgesetzbuch-sgb.de/sgbix/1.html 17.08.2013.

Spiegel, P. 2011a. Social Business - Perspektive der innovativen Versöhnung von Ökonomie und sozialen Anliegen. In P. Jähnke, G. B. Christmann & K. Balgar (Hrsg.), *Social Entrepreneurship. Perspektiven für die Raumentwicklung*: 55-74. Wiesbaden: Verlag für Sozialwissenschaften.

Spiegel, P. 2011b. Social Impact Business - Soziale und ökologische Probleme unternehmerisch lösen. In H. Hackenberg & S. Empter (Hrsg.), *Social Entrepreneurship - Social Business: Für die Gesellschaft unternehmen*: 133-146. Wiesbaden: Springer.

Spiegel, P. 2009. *Muhammad Yunus. Banker der Armen*. Freiburg: Herder Verlag.

Stark, D. 1996. Recombinant property in East European capitalism. *American Journal of Sociology*, 101: 993–1027.

Steinle, C. 1995. Führungsdefinition. In A. Kieser, G. Reber, & R. Wunderer (Hrsg.), *Handwörterbuch der Führung*: 523-533. Stuttgart: Poeschel.

Steinmann, H., & Schreyögg, G. 2005. *Management: Grundlagen der Unternehmensführung. Konzepte, Funktionen, Fallstudien*. Wiesbaden: Gabler.

Stinchcombe, A. L. 1965. Organizations and social structure. In: J. G. March (Hrsg.), *Handbook of Organizations*: 142-193. Chicago: Rand McNally.

Stinchcombe, A. L. 1959. Bureaucratic and craft administration of production: A comparative study. *Administrative Science Quarterly*, 4(2): 168-187.

Stock, R. 2004. Erfolgsauswirkungen der marktorientierten Gestaltung des Personalmanagements. *Zeitschrift für betriebswirtschaftliche Forschung*, 56(5): 237-258.

Strauss, A., & Corbin, J. 1998. *Basics of qualitative research: Techniques and procedures for developing grounded theory*. Thousand Oaks: Sage Publications.

Strauss, A. L., Corbin, J., & Niewiarra, S. 1996. *Grounded Theory: Grundlagen qualitativer Sozialforschung*. Weinheim: Beltz.

Strohmeier, K.-P., & Neu, M. 2011. Auswirkungen des demografischen Wandels auf die sozialen Dienste in den Städten und Gemeinden. In A. Evers, R. G. Heinze, & T. Olk (Hrsg.), *Handbuch Soziale Dienste*: 145-167. Wiesbaden: VS Verlag für Sozialwissenschaften.

Studdard, N. L., & Darby, R. 2011. Social entrepreneurship: managing strategic decisions in social entrepreneurial organisations. *International Journal of Social Entrepreneurship and Innovation*, 1(1): 66-78.

Suchman, M. C. 1995. Managing legitimacy: Strategic and institutional approaches. *Academy of management review*, 20(3): 571-610.

Suddaby, R. 2010. Challenges for Institutional Theory. *Journal of Management Inquiry*, 19(1): 14-20.

Tan, W.-L., Williams, J., & Tan, T.-M. 2005. Defining the 'social'in 'social entrepreneurship': Altruism and entrepreneurship. *International Entrepreneurship and Management Journal*, 1(3): 353-365.

Taylor, C. R. 2009. Carpe crisis: capitalizing on the breakdown of capitalism to consider the creation of social businesses. *New York Law School Law Review*, 54: 743-752.

Taylor, F. W. 1911. *The Principles of Scientific Management*. New York: Harper.

Thommen, J.-P., & Achleitner, A.-K. 2001. *Allgemeine Betriebswirtschaftslehre - Umfassende Einführung aus managementorientierter Sicht*. Wiesbaden: Gabler.

Thompson, J. 1967. *Organizations in action*. New York: McGraw-Hill.

Thornton, P. H., Jones, C., & Kury, K. 2005. Institutional logics and institutional change in organizations: Transformation in accounting, architecture and publishing. *Research in the Sociology of Organizations*, 23: 125–170.

Thornton, P. H., & Ocasio, W. 1999. Institutional logics and the historical contingency of power in organizations: Executive succession in the higher education publishing industry, 1958–1990. *American Journal of Sociology*, 105: 801–843.

Tracey, P., Phillips, N., & Jarvis, O. 2011. Bridging institutional entrepreneurship and the creation of new organizational forms: A multilevel model. *Organization Science*, 22 (1): 60-80.

Trivedi, C., & Stokols, D. 2011. Social enterprises and corporate enterprises fundamental differences and defining features. *Journal of Entrepreneurship*, 20(1): 1-32.

Ulich, E., & Wülser, M. 2012. *Gesundheitsmanagement in Unternehmen* (5. Auflage). Wiesbaden: Springer.

Ulrich, H. 1968. *Die Unternehmung als produktives soziales System: Grundlagen der allgemeinen Unternehmungslehre*. Bern: Haupt.

Umsatzssteuergesetz 2013. http://www.juris.de/purl/gesetze/_ges/UStG. 02.04.2013.

United Nations 2000. *United Nations Millennium Declaration: resolution adopted by the General Assembly*. 55(2).

Utterback, J. M. 1994. *Mastering the dynamics of innovation: How companies can seize opportunities in the face of technological change*. Cambridge: HBS Press.

Venkataraman, S. 1997. The distinctive domain of entrepreneurship research: An editor's perspective. . In J. Katz (Hrsg.), *Advances in entrepreneurship, firm emergence and growth* (3. Auflage): 119-138. Greenwich: JAI Press.

Volery, T., & Hackl, V. 2009. The promise of social franchising as a model to achieve social goals. In A. Fayolle & H. Magley (Hrsg.), *Handbook of research on social entrepreneurship*: 157-181. Northampton: Edward Elgar Publishing.

Volkmann, C. K., Tokarski, K. O., & Ernst, K. 2012. Background, characteristics and context of social entrepreneurship. In C. K. Volkmann, K. O. Tokarski & K. Ernst (Hrsg.), Social entrepreneurship and social business: 3-30. Wiesbaden: Springer.

von Müller, C. 2010. Raiffeisen Banks. *Development*, 14(2): 10-12.

Walgenbach, P. 2006. Neoinstitutionalistische Ansätze in der Organisationstheorie. In A. Kieser, & M. Ebers (Hrsg.), *Organisationstheorien* (6. Auflage): 353-402. Stuttgart: Kohlhammer.

Walgenbach, P. 1998. Zwischen "Show Business und Galeere": Zum Einsatz der DIN EN ISO 9000 in Unternehmen. *Industrielle Beziehungen*, 5: 135-164.

Walter, A., & Gemünden, H. G. 1998. Beziehungspromotoren als Förderer inter-organisationaler Austauschprozesse: Empirische Befunde. In J. Hauschildt, & H. G. Gemünden (Hrsg.), *Promotoren*: 133-158. Wiesbaden: Springer.

Walther, G. 2010. *Nachhaltige Wertschöpfungsnetzwerke: Überbetriebliche Planung und Steuerung von Stoffströmen entlang des Produktlebenszyklus*. Wiesbaden: Springer.

Walter, R. 2011. *Wirtschaftsgeschichte vom Merkantilismus zur Gegenwart* (5. Auflage). Köln: UTB.

Walton, E. J. 2005. The persistence of bureaucracy: A meta-analysis of Weber's model of bureaucratic control. *Organization studies*, 26(4): 569-600.

Wareham, J., & Sonne, T. 2008. Harnessing the power of autism spectrum disorder. *Innovations*, 3(1): 11-27.

Weber, M. 2002. *Wirtschaft und Gesellschaft: Grundriss der verstehenden Soziologie*. 5. Auflage. Tübingen: Paul Siebeck.

Weber, M. 1956. *Wirtschaft und Gesellschaft: Grundriss der verstehenden Soziologie*. Tübingen: Mohr.

White, D., & Naghibi, M. 1998. What's the difference between refurbished and used equipment? *Evaluation Engineering*, 37(2): 40-41.

Wild, J. 1982. *Grundlagen der Unternehmungsplanung*. Wiesbaden: Springer.

Wilson, F., & Post, J. E. 2011. Business models for people, planet (& profits): Exploring the phenomena of social business, a market-based approach to social value creation. *Small Business Economics*, 40(3): 715-737.

Wolf, J. 2011. *Organisation, Management, Unternehmensführung: Theorien, Praxisbeispiele und Kritik*. Wiesbaden: Gabler.

Wührer, G. A. 1995. *Internationale Allianz- und Kooperationsfähigkeit Österreichischer Unternehmen: Beiträge zum Gestaltansatz als Beschreibungs- und Erklärungskonzept*. München: Trauner.

Wunderer, R. 1996. Führung und Zusammenarbeit - Grundlagen innerorganisatorischer Beziehungsgestaltung. *Zeitschrift für Personalforschung*, 10(4): 385-409.

Yin, R. K. 2009. *Case study research: Design and methods* (4. Auflage). Thousand Oaks: Sage.

Yunus, M. 2013. *Speech on the European Social Business Forum*. Wiesbaden.

Yunus, M. 2009. *Creating a world without poverty: Social business and the future of capitalism*. New York: PublicAffairs.

Yunus, M. 2003. Halving poverty by 2015 - we can actually make it happen. *The Round Table*, 92(370): 363-375.

Yunus, M., Moingeon, B., & Lehmann-Ortega, L. 2010. Building social business models: Lessons from the Grameen experience. *Long Range Planning*, 43(2): 308-325.

Yunus, M., & Weber, K. 2010. *Building social business: The new kind of capitalism that serves humanity's most pressing needs*. New York: Public Affairs.

Yunus, M., & Weber, K. 2008. *Die Armut besiegen*. München: Hanser.

Zahra, S. A., Gedajlovic, E., Neubaum, D. O., & Shulman, J. M. 2009. A typology of social entrepreneurs: Motives, search processes and ethical challenges. *Journal of Business Venturing*, 24(5): 519-532.

Zelewski, S. 1986. *Konzepte für Frühwarnsysteme und Möglichkeiten zu ihrer Fortentwicklung durch Beiträge der künstlichen Intelligenz.* Arbeitsbericht 4/1986 am Industrieseminar der Universität Köln.

Zilber, T. B. 2002. Institutionalization as an interplay between actions, meaning and actors: The case of a rape crisis center in Israel. *Academy of Management Journal,* 45: 234–254.

Zimmermann, A. 2011. Interpersonal relationships in transnational, virtual teams: Towards a configurational perspective. *International Journal of Management Reviews*, 13(1): 59-78.

Zucker, L. G. 1977. The role of institutionalization in cultural persistence. *American Sociological Review*, 42: 726-743.

# 8 Anhänge

## Anhang 1: Interviewleitfäden

A) Interviewleitfaden AfB

**Person**

Können Sie sich kurz vorstellen?

Wie sind Sie Unternehmer geworden?

Wie kam es zu der Unternehmensgründung?

Warum haben Sie woanders aufgehört?

**Allgemeines zum Unternehmen**

Wie sind Sie auf die Idee für AfB gekommen?

Könnten Sie die Unternehmenshistorie kurz nachzeichnen?

Wie ist die Hierarchie aufgebaut?

Wie funktioniert die Finanzierung?

Allgemeine Veränderungen gegenüber der Gründungsphase?

Gab es verschiedene Phasen im Verlauf Ihres Unternehmens? Was hat sie ausgemacht? Gab es Schwierigkeiten während der Finanzkriese?

**Kooperationspartner**

Anforderungen an die Kooperationspartner

Welche Voraussetzungen müssen gegeben sein, dass ein neuer Standort entsteht?

Welche Vorteile haben die Kooperationspartner?

Wie kommunizieren sie die Kooperation in der Öffentlichkeit?

Public Relation von Ihnen wird dann zu einem entscheidenden Faktor für die Kooperationspartner

## Menschen mit Handicap

Führung, Personalentwicklung, Verdienst der Angestellten, Fluktuation

Vernetzung mit anderen Filialen

Definition von Behinderung

Was denken Sie, muss AfB anders machen, um Menschen mit Behinderung optimale Arbeitsbedingungen zu geben?

Schulabschluss der Angestellten?

Was ist die unterstützte Beschäftigung? Arbeitsassistenz?

Prozentsatz wo am meisten Menschen mit Behinderung arbeiten? Verwaltung, Teststraße, Lager, Aufarbeitung?

Welche finanzielle Unterstützung gibt es vom Integrationsamt oder vom Arbeitsamt bei der Einstellung von Menschen mit Behinderung?

Welche Arten von Behinderungen gibt es bei den Mitarbeitern.

Wie erfolgt die Personalauswahl, wenn es Konkurrenz zwischen Menschen mit und ohne Behinderung gibt?

## Wettbewerb

Wie gehen sie mit Konkurrenz um? Gibt es ähnliche Angebote wie AfB?

Was könnte hier Ihr Alleinstellungsmerkmal sein?

Vielleicht eine Konkurrenz um Finanzmittel?

Wettbewerb beim Erwerb der Altgeräte und beim Verkauf?

Warum könnte der Wettbewerb bei Social Business anders sein, als bei Commercial Business?

Haben Sie schon einmal über Social Franchise nachgedacht?

## Zukunft

Wie wollen Sie in den nächsten Jahren expandieren, um 500 Arbeitsplätze für Menschen mit Behinderung, zu schaffen? In andere europäische Länder?

B) Interviewleitfaden Kooperationspartner

**Unternehmen**

Können Sie sich kurz vorstellen.

Position im Unternehmen

Aufgabenbereich

**Kooperation**

Wie sind Sie auf AfB aufmerksam geworden?

Wie kam es zu der Kooperation mit AfB?

Können sie den Prozess beschreiben bis zum Vertragsabschluss.

Wie entstand die Motivation für die Kooperation?

Was haben sie vor AfB mit den Computern gemacht?

Hatten Sie vorher einen Partner, dem Sie die Computer verkauft haben?

- Preis

- Auch Datenlöschung

- Abholung der Computer

Welchen Vorteil sehen sie aus der Kooperation mit AfB?

- CSR

- Löschung der Daten

- Verschrottung der Altgeräte

**Wie sieht der Kooperationsvertrag aus?**

- Zeitraum

- Computer und andere Geräte

Können Sie den Prozess beschreiben, wie die Computer zu AfB gelangen?

- Melden des Computer Angebotes bei AfB

- Abholung

- Einsicht in die Datenlöschung per Chip

**Bekommen Sie Geld von AfB für die Computer?**

Gibt es eine Prognose, wie viele Computer und andere Geräte sie AfB zur Verfügung stellen?

Möchten sie gern mehr Computer an AfB geben?

- wenn ja: warum machen sie es nicht? Was hindert sie daran?

**Was könnte AfB besser machen, damit ihr Unternehmen einen größeren Vorteil hat?**

- Nachteile

Wie könnte AfB von Ihrem Unternehmen noch mehr Computer bekommen?

Wie erfolgt die Kommunikation zwischen ihren Unternehmen?

Was erwarten Sie als Gegenleistung neben der Datenlöschung?

- CSR

- Public Relation


**Verfolgen Sie AfB in den Medien?**


**Bei IT-Manager:**

Ihre Abteilung macht jetzt weniger Umsatz, da die gebrauchten Computer nicht mehr verkauft werden können. Dafür hat die CSR Abteilung einen Vorteil. Wird das innerhalb des Unternehmens ausgeglichen?

# Anhang 2: Übersicht des erarbeiteten Codesystems

# Anhang 3: Beziehungen im Codesystem

# Aus unserem Verlagsprogramm:

Max Hartmann
**Responsible Leadership, Strategic Entrepreneurship und
die Wettbewerbsstärke der deutschen Maschinenbauindustrie
im nationalen Diamanten**
*Theoretische Ansätze und empirische Befunde*
Hamburg 2015 / 392 Seiten / ISBN 978-3-8300-8573-7

Susanne Schwab / Petra Watko (Hrsg.)
**Ausschnitte aus der Grazer Inklusionsforschung**
*Empirische Forschungsprojekte in der Inklusiven Pädagogik Band II*
Hamburg 2015 / 172 Seiten / ISBN 978-3-8300-8545-4

Monika Baier
**Umweltgerechtigkeit und Nachhaltigkeit**
*Gerechtigkeitsurteile und ihr Einfluss auf private und politische
Handlungsbereitschaften am Beispiel der Energieproblematik*
Hamburg 2015 / 316 Seiten / ISBN 978-3-8300-8489-1

Stephanie Christina Grassl
**Corporate Social Responsibility, Stakeholderverhalten und Werte**
*Eine empirische Analyse*
Hamburg 2015 / 302 Seiten / ISBN 978-3-8300-8461-7

Frank Witte (Hrsg.)
**3. Sammelband Nachhaltigkeitsmanagement:
Ökonomische Aspekte des nachhaltigen Wirtschaftens**
*Wirtschaftlichkeitsanalysen*
Hamburg 2015 / 220 Seiten / ISBN 978-3-8300-8457-0

Hans-Peter Hummel
**Ableitung und Konkretisierung eines
ethisch fundierten Entrepreneurkonzepts**
*Eine interdisziplinäre Analyse*
Hamburg 2015 / 442 Seiten / ISBN 978-3-8300-8283-5

Zoran Dragičević
**Problematik der Einstellung von begünstigt behinderten
Arbeitskräften im öffentlichen Dienst in Österreich**
*Eine empirische Studie*
Hamburg 2014 / 154 Seiten / ISBN 978-3-8300-8032-9

Katharina Kreklow
**Legitimatorische Implikationen der Leitidee
der Nachhaltigen Entwicklung**
Hamburg 2014 / 414 Seiten / ISBN 978-3-8300-7608-7

VERLAG DR. KOVAČ
FACHVERLAG FÜR WISSENSCHAFTLICHE LITERATUR

Postfach 57 01 42 · 22770 Hamburg · www.verlagdrkovac.de · info@verlagdrkovac.de